Noël 2023

Je te souhaite pour les jours qui viennent beaucoup de sérénité de yoga, la méditation… et la lecture pour t'accompagner. J'espère que ce livre te fera penser à moi pour qui les mains ont toujours eu beaucoup d'importance… elles ont le don de la caresse, de la douceur… Je t'embrasse tendrement ma Douce.

Marie-Claude

À Anton et Angèle, dont les petites mains,
pourtant fragiles, portent mon monde.

Conception graphique : Caroline Keppy (keppyroux.fr)
Editing : Fabienne Waks
Iconographie : Dalloula Haiouani
Secrétariat d'édition : Cécile Pagani

Vous pouvez consulter notre catalogue général
et l'annonce de nos prochaines parutions sur notre site :
www.cherche-midi.com

92, avenue de France
75013 Paris

Dépôt légal : octobre 2023
ISBN : 978-2-7491-7566-9

DORIAN CHAUVET

HISTOIRES DE NOS MAINS

EN QUATRE-VINGT-DIX PORTRAITS ÉTONNÉS

le cherche midi

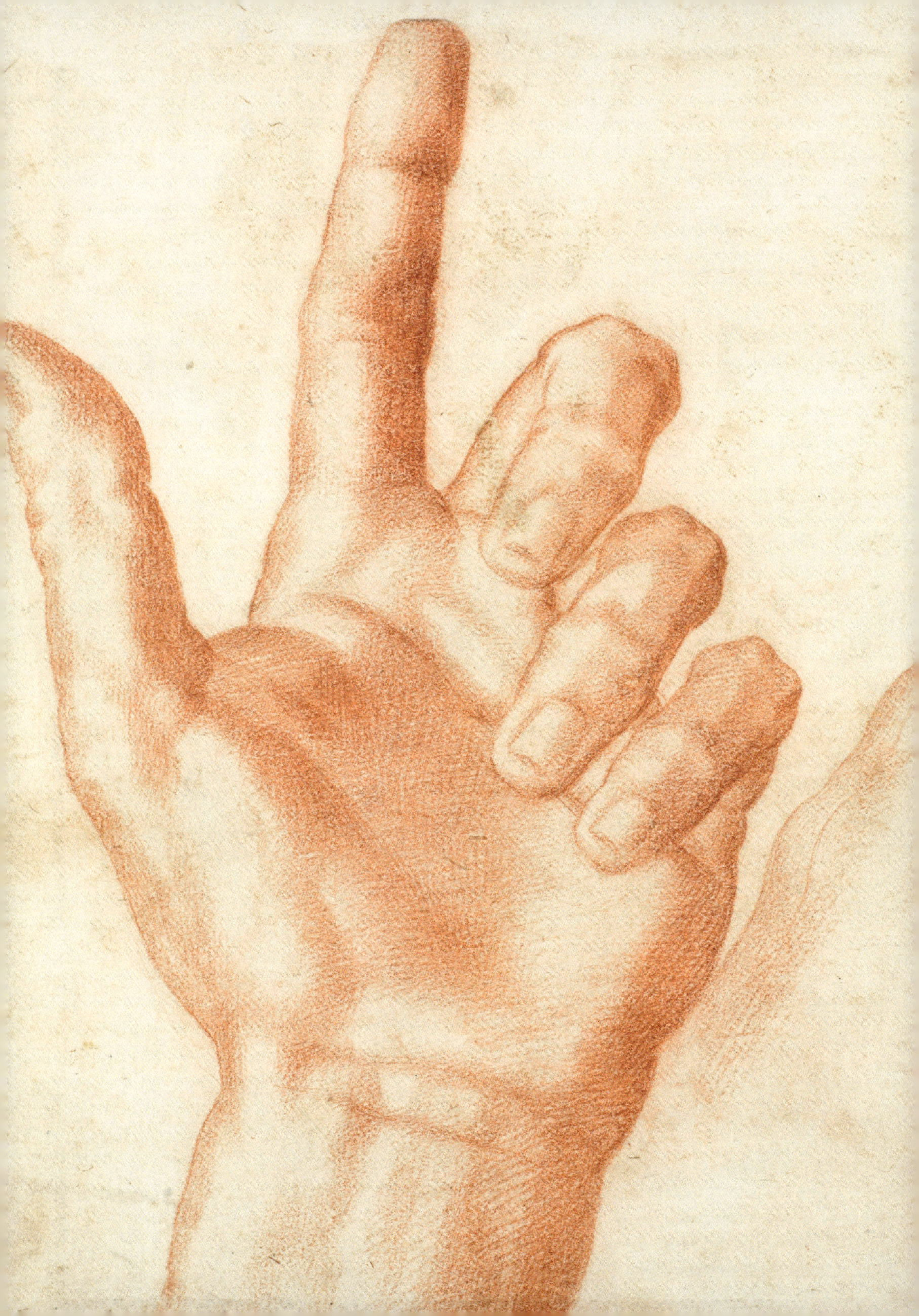

Sommaire

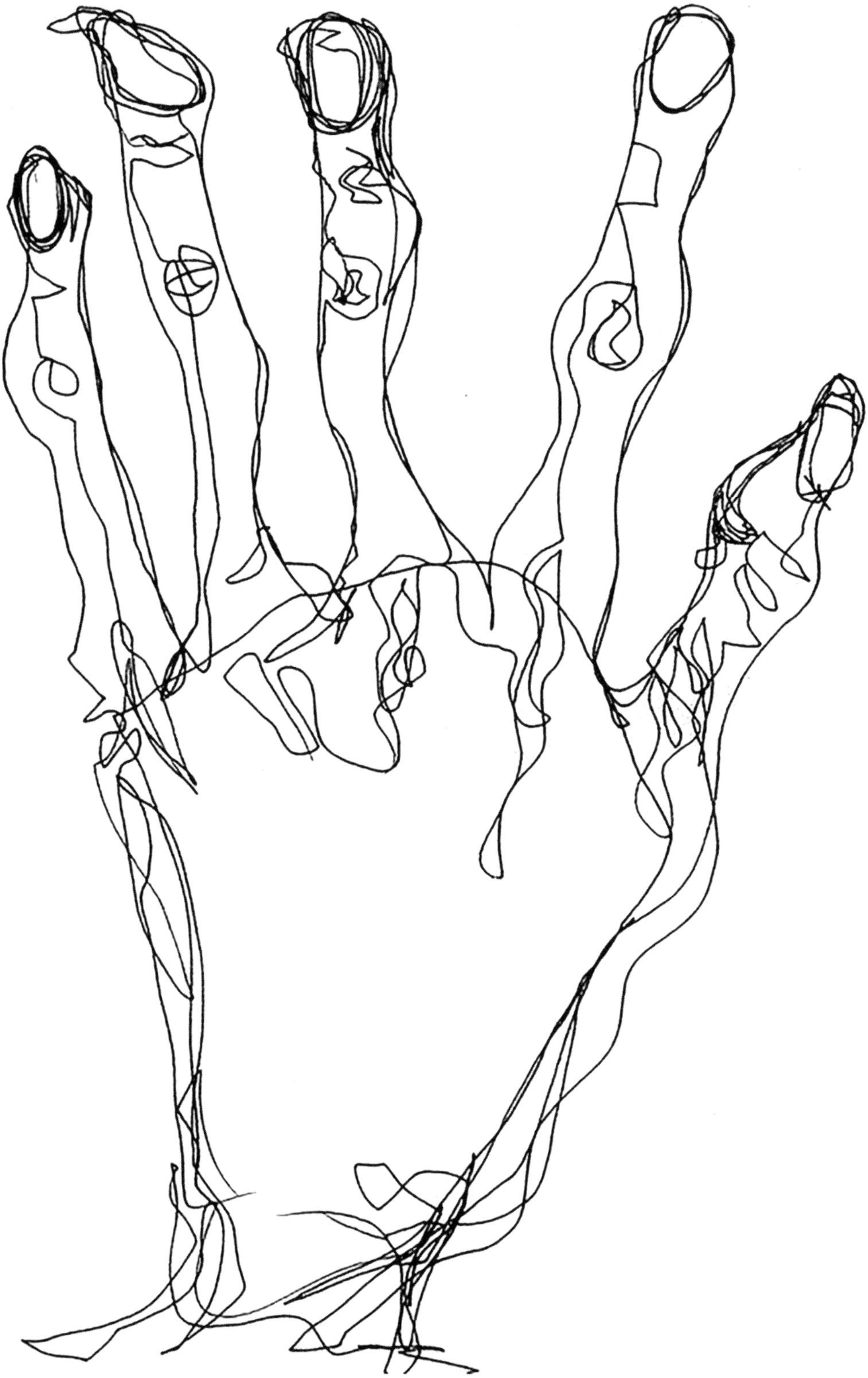

Avant-propos

Depuis ma découverte du film *Barry Lyndon*, sur lequel je ne pourrais pourtant pas mettre de date, j'ai en moi ces quelques mesures du trio de Schubert soutenant la rencontre troublante de Redmond Barry et Lady Lyndon autour d'une table de jeu, annonçant aussi leurs tragiques destinées. Aussi, lorsque à 28 ans je décidai de passer de la guitare au violoncelle – je n'en pinçais plus pour les cordes mais voulais me frotter à elles –, il me fallut trouver un luthier… Pénétrer dans la boutique de François Ettori, transposition anachronique de l'atelier de Geppetto, tenue par un Corse dans le nouveau Paris *bobo*, fut certainement mon premier pas inconscient vers ce projet de livre sur la main. Je ne savais pas encore que ce seuil serait celui d'innombrables quêtes et de fascinantes rencontres.

Chez François, il y a deux mondes qui cohabitent : la devanture et l'arrière-boutique. Le premier est un vestibule plutôt commercial. Les parents viennent louer un violon minuscule pour leur enfant, croyant qu'il sera le futur Heifetz. Les élèves des conservatoires viennent faire changer le jeu de cordes de leur instrument. Les produits sont prêts à l'emploi, prêts à être vendus ou loués ; rien de très vibrant. À l'inverse, le deuxième est un antre fantastique que François m'a permis d'appréhender au fil de nos rencontres. D'abord, il y avait tous ces instruments du quatuor ouverts sur les établis, comme éventrés, dépecés, laissant apercevoir leur âme au voyeur que j'étais. Il y avait également ceux accrochés aux murs, cabossés et fragiles, en attente de leur restauration, jouant l'écho silencieux de mes patients dans l'expectative de leur opération. Chacune de mes visites constitua un astucieux prétexte pour que je découvre un peu plus son savoir-faire et sa gestuelle. Car au-delà de nos conversations palpitantes, je voyais surtout un artisan au travail, utilisant ses mains. J'ai le souvenir aigu d'un changement de mèche d'archet où il enchaînait les gestes de façon automatique tout en continuant à disserter sur tel violoncelle trouvé dans un grenier de grand-mère ou tel musicien qui l'avait impressionné. Je restai discrètement ébahi par cette maîtrise authentiquement manuelle. Un autre jour, mes yeux se baladèrent dans son atelier jusqu'à tomber sur un de ses outils qui ressemblait à s'y méprendre à l'un des miens au bloc opératoire. Lui l'appelait *gouge*, et moi *rugine de Farabeuf*. Ils avaient la même forme et offraient la même prise en main : avaient-ils la même fonction, le même mouvement ? Il n'y avait qu'un moyen de le savoir... J'invitai donc François à venir me voir opérer, en retour de ces mémorables instants passés dans son atelier. À partir de cet échange, notre vision du geste s'enrichit mutuellement et il nous fut plus facile de comparer nos apprentissages, nos techniques, nos forces, nos faiblesses aussi. La beauté du geste était-elle synonyme d'efficacité ou de simplicité ? Naissait-elle par la répétition ou l'analyse ? Nos mains pouvaient-elles être qualifiées d'*intelligentes* ? Lutherie et neurochirurgie allèrent main dans la main sur des chemins philosophiques insoupçonnés. François est devenu un ami ; je ne saurais dire à quel moment précis – un peu à la manière d'une technique dont on ne peut préciser à partir de quand on l'a maîtrisée.

De cette amitié est née l'idée d'aller plus loin pour sonder d'autres artisans, des musiciens, des artistes, afin d'explorer leur rapport à leurs mains. Je suis parti avec mon bâton de pèlerin à la recherche de tous ces acteurs qui façonnent nos quotidiens : boulangers, bouchers, pâtissiers, cuisiniers, policiers... J'ai approché ceux qui nous permettent l'évasion et l'élévation de l'âme : violonistes, pianistes, guitaristes, chefs d'orchestre mais aussi peintres, graveurs, calligraphes... La communauté des Meilleurs Ouvriers de France a été très accueillante et ouverte à la thématique de la main, centrale pour nombre d'entre eux. J'ai bien sûr enrichi ma propre contribution en allant vers d'autres mains qui soignent : chirurgiens, haptothérapeuthes, kinésithérapeuthes... Dans un autre registre, les mains des sportifs ont attiré mon attention.

Au final une arborescence que je peine moi-même à reconstituer est née et chaque rencontre a apporté son lot de nouvelles idées dans un tourbillon enivrant. Que ressentent les mains d'un pilote de chasse ? Par quel miracle celles d'un magicien nous trompent-elles et nous émerveillent-elles ?

Comment un écrivain les inclut-il dans sa genèse créatrice, d'apparence purement cérébrale ? Quelle est la part de la main dans l'Histoire de l'art ? Bercé par tous ces témoignages inspirants, j'ai moi-même attrapé la plume pour ressentir le vertige de la page blanche et laissé mes mains apposer quelques mots sur toutes celles qui nous entourent. Devant l'immensité de la tâche, le pari était risqué.

Faites vos jeux… rien ne va plus.

La main qui pense

D. C.

L'adage aurait presque des allures de convention : on juge la qualité d'un dessinateur à sa façon de représenter les mains. Par leur anatomie redoutable de complexité, elles possèdent des milliers de poses, chacune exposant de nouveaux reliefs et accrochant les ombres de façons différentes et sournoises. Pourtant dans l'inconscient collectif, tout le monde connaît la bonne représentation d'une main, ses proportions, les torsions plausibles et les mouvements impossibles. Ainsi face à un tableau, le spectateur les oublie quand elles sont parfaites et elles lui sautent aux yeux à la moindre imperfection. Parfois simples détails d'une toile imposante, nichées dans des espaces minuscules, dépassant à peine des tuniques, les mains sont tout et ne sont rien... Pour de nombreux participants de cet ouvrage, elles ne sont en tout cas rien seules, notamment pour les musiciens. Prolongements du poignet et de l'avant-bras, elles constituent une exquise extension que les solistes chérissent et protègent. Néanmoins, aucun ne délaisserait le relâchement indispensable de tout le membre supérieur, la bonne posture du tronc et même l'ancrage solide des pieds dans le sol pour obtenir le « bon son ». La mécanique du corps humain est magnifiquement bien huilée et les âmes scientifiques vanteront les prouesses du système nerveux pour ordonner toutes les tâches manuelles, de la plus simple à la plus complexe. Mais pourquoi avons-nous tous déjà eu cette impression que nos mains agissaient toutes seules ? De la plus banale activité du quotidien au solo répété mille fois par un concertiste. C'est ainsi la dimension extra-physiologique du binôme main-cerveau qui est questionnée. N'y a-t-il pas une indépendance de nos mains ? Agissent-elles parfois pour leur propre compte ? Participent-elles à la création, en lieu et place du grand horloger qu'est le cerveau et de son prolongement embryologique, l'œil ? Car se dessinent aussi les contours d'un autre binôme non moins complice, celui de la main et de l'œil. L'œil, cette autre superbe machine, chambre de réfraction savante, qui permet la vision. L'organe est perfectionné, mais perfectible car il est supplanté par les mains dans certaines professions, de la kinésithérapie à l'haptothérapie, mais aussi dans les métiers d'art(isanat). Un ostéopathe ressentira une tension à travers ses paumes quand un artisan percevra la justesse de son travail du bout des doigts. L'autonomie de nos menottes serait-elle à portée de main ?

Qui vantera l'intelligence de la main ?

Dorian Chauvet / neurochirurgien

Au départ, il y eut la volonté d'être en prise directe avec la maladie, le souhait de ne pas utiliser d'artifices pour la combattre. Dans la noble tâche qui allait incomber à mon futur métier, je nourrissais le désir quasi charnel d'en découdre avec elle avec les mains… C'est ainsi que, très tôt en médecine, je choisis d'être chirurgien.

Dans la grande famille des descendants d'Hippocrate, les médecins disposent aujourd'hui de nombreux outils pour soigner et guérir: médicaments, rayonnements divers et variés, mesures hygiéno-diététiques, dispositifs implantables; sans oublier écoute, analyse et empathie, qu'il faut savoir parfois pratiquer avec homéopathie. Les chirurgiens, eux, ont choisi de disposer d'une autre arme, d'apparence plus sommaire, leurs mains. Étymologiquement, le mot « chirurgie » dérive de *kheirourgía*, décomposé en *kheír*, « la main » et *érgon*, « l'action, la tâche humaine ». L'essence même du métier est ainsi dévoilée. Mais les mains constituent-elles un outil sommaire?

Quoique pouvant être considérées comme un organe « connecté » au cerveau, les mains ne sont guère technologiques. Elles paraissent archaïques en comparaison des nombreux appareils de notre quotidien, emplis de processeurs, cartes mères et écrans tactiles. À la rigueur, la main tient le smartphone, ce qui en ferait tout de même un accessoire piteusement indispensable du XXIe siècle… Dans l'ère de l'intelligence artificielle, qui vantera l'intelligence de la main? C'est bien mal connaître d'abord les caractéristiques anatomiques et fonctionnelles de la main, tout simplement fascinantes. Quel outil, quelle technologie ou quel autre organe du vivant possède de tels degrés de mouvement? Une telle précision dans l'exécution? Une telle variété de fonctions? Sans oublier le pouvoir de communication que l'Homme a développé grâce à elle. Et encore, là n'est abordé que la coque externe que nous manipulons quotidiennement, sans la moindre perception de sa magnifique architecture interne! Car dans une main se joue chaque seconde une petite symphonie magique, guidée par vingt-sept os, vingt et un muscles, trois nerfs principaux, d'innombrables vaisseaux et autant de ligaments. Tout ceci se coordonne à merveille pour ajuster la moindre position (le doigt qui pointe), trouver la juste intensité d'un mouvement (la main qui plaque un accord de piano) ou permettre de fins mouvements pseudo-répétés (la pince pouce-index qui écrit). De plus, cet organe nous fait vivre par son système sensitif hyperdéveloppé. Elle ressent la brûlure pour permettre de retirer le bras instantanément. Elle perçoit les textures les plus nuancées sous la pulpe des doigts. Elle capte la pression et évalue la consistance des objets qui nous entourent. Ce retour continu d'informations vers le cerveau est le précieux témoin de notre entourage. Il nous guide chaque seconde pour adapter nos faits et gestes du quotidien.

Cette machinerie brillante et animée, pierre angulaire de notre adaptation au monde, recouvre une forme d'universalité. Dès le plus jeune âge, nos mains ont rempli mille fonctions, sans distinction d'habileté ou d'un quelconque don de leurs propriétaires. En cela, la main sert l'Homme sans la moindre forme de ségrégation ou d'exclusion. Pourtant, tout le monde ne finira pas virtuose du piano ou prestidigitateur de renom… Ce merveilleux outil que Dame Nature a façonné pour nous au fil des temps darwiniens peut aisément se reposer sur ses lauriers et même sous-exploiter ses capacités « innées ». À notre époque, combien d'entre nous utilisent leurs mains au maximum de leurs possibilités? Si l'on veut en faire nos plus précieuses alliées – et en chirurgie notre meilleure arme –, il faut les exercer, les entraîner. Il faut que « l'acquis » vienne tailler ce diamant brut. En chirurgie, même si la main s'est beaucoup exercée, elle ne peut tout faire. Très tôt, l'Homme a eu besoin d'utiliser des outils pour augmenter ses aptitudes, y compris à des fins « médico-mystiques ». En effet, nous avons pour précieux témoignage historique les silex primitifs que nos ancêtres du Néolithique employaient pour réaliser des trépanations. Plus tard, avec une meilleure connaissance du corps humain, de véritables instruments chirurgicaux ont été fabriqués, comme en attestent certaines gravures de l'Égypte antique. Ce perfectionnement matériel n'aura de cesse de croître au fil des siècles pour aboutir aujourd'hui à un panel assez incroyable de pinces, ciseaux, écarteurs, spatules, etc. Alors, la main pâtit-elle pour autant de ses insuffisances? Pas forcément et même au contraire, car si elle est parfois démunie simplement vêtue de gants en latex, elle s'avère redoutable dans son utilisation riche et complexe des instruments. On pourrait considérer que la plupart de ces instruments chirurgicaux ont une seule fonction, et donc une façon unique de tenir et d'actionner l'outil, ce qui réduirait la main à un simple rôle de préhension/action. C'est faux. La main de l'opérateur, par son expérience et son « vécu chirurgical », possède une infinie variété d'aptitudes, en modulant les intensités, les vitesses ou en bouleversant les codes. Elle sait aussi se rendre tantôt ferme et robuste, tantôt délicate et fine. C'est cette infinité de nuances, délibérément voulue et maîtrisée, qui caractérise *in fine* l'art chirurgical. Car, n'en déplaise aux jeunes carabins pour qui les dissections sur cadavres n'étaient qu'une boucherie – et potentiellement à certains médecins pour qui le chirurgien est le garagiste du corps humain –, la chirurgie peut être appréhendée comme un art. Le propos n'est pas de transfigurer une thoracotomie ou une laryngectomie en une forme de beauté créatrice et quelque peu morbide. Il est plutôt de situer l'opérateur et ses mains dans une triple dimension, commune à de nombreux artistes, je pense, entre autres, aux peintres et sculpteurs: le choix de l'instrument, le bon geste et l'adaptation au support. Sur le champ opératoire, la main sait, en prenant l'instrument, l'emploi qu'elle va en faire. Le geste juste a été pensé avant d'être réalisé, et cette anticipation fait généralement la marque des chirurgiens compétents. Encore faut-il bien réaliser ce geste… C'est dans cette essence même de l'acte manuel que la valeur des chirurgiens peut être appréciée, bien plus que dans leurs titres et travaux ou leurs curriculum vitæ ronflants… Tout chirurgien a été époustouflé par la beauté de dissection de l'un de ses mentors (je ne saurai manquer de dédier cette phrase au professeur Christian Sainte-Rose, dont les mains pourtant massives et boudinées faisaient de véritables petits miracles). De ces maîtres, ne dit-on pas qu'ils ont une « patte »? Dans la beauté du geste, on peut apprécier la délicatesse et la précision avec facilité. Mais en s'y penchant de plus près, ne faudrait-il pas voir aussi le caractère total de l'action, la certitude du mouvement et la vitesse ou au contraire la lenteur du geste? Dans ces multiples nuances s'établit et s'affirme l'art chirurgical, qui au-delà des objectifs mêmes de l'opération, nobles par altruisme, peut générer de l'émotion dans son expression la plus artisanale, foncièrement manuelle, sobre et gantée. Bien évidemment, cet art se conjugue avec autant de chirurgiens qu'il y en a sur terre, chacun étant persuadé qu'il possède la forme la plus ultime de cet art et la meilleure « patte »! Sans mains et sans ego, point de chirurgien...

Un ami neurochirurgien, avec qui je discutais récemment, me rappelait combien il lui apparaissait gratifiant de travailler avec ses mains pour soigner des patients. Ce rapport direct avec son prochain et sa maladie ne constitue-t-il pas l'essence de la profession? Tandis qu'en consultation, le chirurgien s'est répandu en explications parfois bavardes et trop techniques sur la pathologie, ses symptômes, son évolution et ses traitements possibles, c'est la main qui a accueilli le patient par une simple poignée. En fin d'entretien encore, avec un patient qui sera opéré, c'est cette même poignée de main qui scelle le pacte chirurgical dans une confiance implicite. La main serre sa semblable avec un sous-entendu précis: « Je vais entrer dans la tête de ton propriétaire, mais ne t'inquiète pas, tout va bien se passer »... Personnellement, je me situe plutôt à l'opposé des médecins « tactiles », qui ont une fâcheuse tendance à balader leurs menottes à tout va, comme s'ils distribuaient des cartes de visite. Cependant, bien malgré moi, j'ai observé le phénomène suivant depuis mes débuts de chirurgien autonome. Quand je passe voir mes patients fraîchement opérés en salle de réveil, la fin du court entretien se termine toujours de la même manière. Je ne l'ai pourtant pas prémédité, ni même réfléchi. Le discours varie à peine: « Tout s'est bien déroulé », « Il n'y a pas eu de problème », « Vous allez récupérer tranquillement »... Mais un geste constant arrive, comme une ponctuation apposée à la fin de l'histoire chirurgicale. Ma main droite vient toucher son épaule ou son bras. Que dit-elle en substance, au patient mais aussi à moi-même? « C'est mon boulot. »

LA MAIN ET LE CERVEAU

Anna Stein / peintre

Née gauchère, j'ai été « rééduquée » pour me servir de ma main droite. Finalement, mes mains droite et gauche sont aussi habiles l'une que l'autre. Aujourd'hui, je pourrais dire que je n'ai pas deux mains, mais des mains multiples. Des mains utilitaires, comme tout le monde, pour des actions de la vie quotidienne. Aussi, les mains qui touchent, qui caressent, la poignée de main, et celle qui frappe. Mais au-delà, il y a quelque chose d'extraordinaire, la main qui crée. Une matière ordinaire que je transforme et qui devient une œuvre d'art. On pourrait dire que ma main transmet une pensée, une pulsion, un affect quand le pinceau touche la toile et que mon cerveau la guide, dérivé de mon intellect et de mes yeux. De même, en formant le plâtre ou la cire, une intelligence fait apparaître quelque chose qui devient une sculpture. Durant les années 1980, j'ai commencé à créer des bijoux-sculptures, un travail de modelage en trois dimensions qui était nouveau pour moi. Je ressentais la sensation inédite que mon cerveau se transformait. Comment un morceau de bronze ou un carré de toile peuvent-ils avoir un effet pareil? Que transmet-on? Ce que la main produit, c'est un état de notre conscience avec un fond de l'inconscient. Et ça devient de la culture.

Pendant ces années, mes commandes étaient si nombreuses que j'ai surmené mon poignet en faisant du polissage. Je souffrais d'une affreuse tendinite que je ne pouvais pas soigner, car j'aurais dû arrêter de travailler. Finalement, c'est un traitement homéopathique chinois qui m'a soulagée. La main de l'artiste est aussi une main d'ouvrier, de technicien. Elle tient le pinceau, la spatule, la meuleuse, la scie, la perceuse. Elle traite le modelage, la peinture, le vitrail, la céramique, le bronze.

Durant ma rééducation, le kiné m'a expliqué qu'un nerf part du pouce vers le cerveau, par lequel les mouvements des pulsions arrivent. En travaillant, soudain ma main est capable d'un geste par lequel l'œuvre s'accomplit. Mais cette vision intérieure est peut-être apparentée au rêve, quelque chose qui se raconte par la main. Un désir qui se raconte. C'est le côté divin dans l'homme.

Créer est un besoin, je souffrais quand j'étais empêchée de peindre pendant des périodes difficiles. La dépression me guettait. Après des années de lutte, le bonheur est revenu quand j'ai pu enfin à nouveau vivre de mon art. Quel miracle lorsque des personnes font l'acquisition d'une œuvre qui m'a coûté tant d'effort, qu'elles se reconnaissent dans ce que mes mains ont créé et y consacrent des sommes non négligeables, plutôt que d'acheter de l'or ou de faire un voyage autour de la terre.

Dans les années 1990, j'ai suivi une psychothérapie, et durant cette période j'avais du mal à commencer un tableau, je n'avais plus d'idée. La thérapeute m'a appris une technique de concentration: suivre mentalement le contour de mes mains, doigt après doigt, comme un dessin mental. Mon imagination s'est ravivée.

La main, c'est aussi le pouvoir de faire renaître un visage. En 2020, mon mari est mort du Covid. De son vivant, il m'avait toujours demandé de faire son portrait. Dans cette épreuve, j'ai senti le besoin de le faire, et j'ai commencé une sculpture. En modelant la cire, j'ai peu à peu recréé son visage, j'étais saisie d'avoir donné un regard à cette œuvre, comme si j'étais Orphée, le faisant sortir du néant.

Qu'en pensent mes mains ?

Arthur Dreyfus / écrivain

C'est un mystère.
Quand je pense à écrire, je ne sais pas écrire.
Quand je dis que je suis écrivain, j'ai l'impression de répéter un mensonge.
(Comme si ce n'était pas ma tête qui faisait de moi ce que je suis.)
Car il faut attendre que je me pose devant mon clavier pour que l'écriture « arrive ».
[Claude Simon affirmait que l'écrivain n'était écrivain qu'à sa table de travail; nulle part ailleurs.]
Lorsque mes doigts, ces bâtons d'os, de muscle, de peau, gouvernés par des nerfs – ou par je ne sais quoi –, commencent à valser sur les touches du clavier, j'arrête de penser.
Reformulons. Quand je suis « dans un livre », j'y songe sans cesse, mais ce n'est que lorsque mes mains passent à l'acte que j'écris. Que l'écriture a lieu.
Il faut que l'inspiration se traduise par un mouvement, pour qu'il y ait art.
Sans quoi nous passerions notre vie à créer.
Or penser n'est pas écrire.
Écrire, c'est laisser une trace. Graphique. Plastique. Noir sur blanc.
Je pose même que ce hasard (le hasard de ce qui va « sortir » quand mes doigts s'agitent) fonde mon premier plaisir d'écriture.
D'autant que les mains sont d'excellents professeurs.
Allant moins vite que la pensée ne pense, elles imposent une lenteur.
Julien Green se trompe lorsqu'il écrit: « La pensée vole et les mots vont à pied. Voilà tout le drame de l'écrivain. » Car cette lenteur est leur leçon. Leur éthique.

Impossible, d'ailleurs, de négocier sur ce point; elles ont toujours le dernier mot. Bien avant l'invention du MacBook, l'Évangile prônait: « Que ta main gauche ne sache pas ce que fait ta main droite. » Il y a de ça: les mains fonctionnent en équipe, s'associent pour composer des mots, mais se confrontent aussi, ne rechignent pas à la compétition.
Telles deux gymnastes produisant à l'envi les plus belles figures.

Non – *belles* n'est pas le mot. La beauté n'a aucune importance en écriture. Ni dans l'art en général. Ce qui importe, c'est d'accoucher d'une vérité. Qu'il s'agisse d'un roman, d'un essai, d'une chanson, d'une pièce, c'est toujours elle que je traque, comme lecteur et comme créateur.
[Vérité au sens de pureté du geste.]
Stop. Qu'en pensent mes mains?
J'ai remarqué que face à la vérité, elles accélèrent.
(Exaltation d'enfance: capturer un morceau de vérité dans son filet – un papillon.)
Grisées par le parfum entêtant de la vérité, mes mains font de moi leur cocher.
Néanmoins.
Les mains ne sont pas toujours amies de l'écrivain.
Il y a celle qui clique sur le logo d'Internet.
Celle qui ouvre un site interdit.
Celle qui caresse le téléphone posé sur la table.
Celle qui aimerait bien faire la sieste.
En fin de compte, c'est peut-être une affaire de dressage.
Prenons une image: les chiens de traîneaux.
Aboyants, sautillants, tout enfiévrés de partir en voyage…
Mais sans maîtrise, sans itinéraire, cette énergie ne mène nulle part.
Il faut trouver un équilibre entre l'élan et la déroute.
J'aime considérer l'écriture comme un artisanat, non comme une matière mystique échappant à toute règle. Écrire, c'est prendre le temps d'écouter les mots qui viennent.
Puis les découper, les travailler – les retravailler.
Écrire, c'est réécrire.
À cet égard, les mains ne fournissent qu'une matière première. Une terre glaise. Ce sont les idées, par suite, qui prennent le relais – qui viennent fixer la forme.
(Le premier jet est à l'écrivain ce que sa palette est au peintre.)

[Lorsque j'écris de la poésie, j'ai cependant besoin d'un papier et d'un crayon. Pour fabriquer chaque couleur dans le détail.]
Mais comment différencier la peinture, la sculpture, de l'écriture?
Que l'acte d'écrire a-t-il de spécifiquement manuel?
Sacré paradoxe: on écrit avec des mots, qui sont des objets d'esprit.
Et pourtant on écrit avec ses mains.
Car il faut, je l'ai dit, que les mots deviennent palpables pour devenir œuvre.
Voilà: on en revient à la question du corps.
De l'abstrait et du concret.
Or c'est peut-être ici – dès le départ – qu'on fait fausse route.
Comme s'il était possible d'isoler l'idée de son incarnation.
Mais l'esprit sans corps n'aurait aucun moyen de créer.
À moins de croire au surnaturel, l'esprit sans corps n'existe pas.
Mes idées et mon corps constituent donc une seule et même matière.
D'où l'impression que mes mains écrivent à ma place.
Car elles sont autant moi que ma tête.
Une dernière chose: créer, c'est – je crois – chercher l'autre en soi.
Écouter la seconde voix. Pas la première.
Celle dépouillée des règles imposées, des hontes inutiles.
Seulement l'excursion est angoissante.
Terrifiante, parfois.
Ici les mains s'avèrent des compagnes précieuses. Elles n'ont pas d'yeux.
Et dans l'obscur, elles murmurent: « Tu n'es pas seul. »

UN ÉCLAIR DANS LA MAIN

Shani Diluka / pianiste concertiste

L'orage grondait ce jour de juillet 2005 où le destin avait pourtant décidé de briller : je venais de remporter mon 1er prix à l'unanimité au Conservatoire supérieur de Paris, j'avais été sélectionnée au prestigieux 3e cycle de soliste et je devais donner mon premier concert à La Roque-d'Anthéron devant 2 500 personnes. Un espoir immense lorsqu'on est appelé encore étudiant. Pour cet événement, ma mère cousait de ses petites mains humbles et abîmées ma robe de concert. C'était l'aboutissement et la reconnaissance après vingt ans de discipline, d'austérité et d'abnégation pour un Art que je mettais au plus haut dans le ciel. L'existence se déroulait comme une fine partition, or cette soirée d'été allait changer le cours de ma vie.

Des éclairs striaient le ciel de mon appartement d'étudiante, au 7e étage sans ascenseur, rue Chaptal. Il était bien étroit, mais la beauté de Paris échelonnait ses différentes lumières du matin au soir. Les fenêtres suspendues sous les toits m'offraient le monde. En cette fin d'après-midi, les éclairs dessinaient des constellations électriques qui m'hypnotisaient. J'en avais oublié de fermer ces vieux velux d'un autre siècle. L'odeur de la pluie chaude adoucissait cet orage, qui pourtant s'annonçait de plus en plus menaçant. Me voilà à courir pour fermer les velux de mes petites pièces de poupées. Soudain, l'éclair se confondit avec des brisures de verres épais. En quelques secondes, le velux avait claqué sous le vent et la pluie; la petite languette en fer avait lâché, et j'étais en dessous. Le choc fut brutal, mais je ne ressentais rien. J'ai d'abord été soulagée d'avoir tous mes doigts; je vis quelques brisures de verre sur mon bras, puis une plaie ouverte sur ma main, mais elle ne saignait pas. Ni la douleur ni le sang ne m'impressionnait, mais je pressentais que quelque chose de grave venait d'arriver. J'ai attrapé un torchon et dévalé les sept étages pour courir à la pharmacie. J'étais calme, car je ne saignais pas tant que ça. La chair claire de ma main était pourtant apparente. J'ai vu le regard de la pharmacienne quand je lui ai dit d'un ton désespéré, mais encore optimiste: « Je suis pianiste et je donne un concert dans deux semaines. S'il vous plaît, faites-moi un pansement solide. » Elle m'a regardée, a regardé sa collègue et m'a dit d'aller aux urgences. J'ai senti l'angoisse monter et ma destinée peut-être se briser.

Un arbre dans l'hôpital

À ce moment-là, un vertige commençait à poindre. Est-ce que c'était bien plus grave que je ne le pensais? Perdue sous la pluie avec mon torchon mouillé, j'ai appelé Marie-Françoise Bucquet, ma précieuse professeure au Conservatoire supérieur de Paris. À partir de là, s'est mis en place un tourbillon. Mes amis m'ont emmenée aux urgences et, je ne sais pourquoi, je me suis retrouvée à Boulogne. L'interne a annoncé qu'il fallait m'opérer: un tendon et un nerf étaient coupés au niveau de mon pouce gauche. On me fit un pansement et me voilà de plus en plus prise de vertige. Mon cher ami, Jorge Chaminé, qui m'avait rejoint de façon précipitée, demanda au médecin si un spécialiste allait m'opérer, car ma main était ma vie.

Ce soir, ma main était bien devenue ma vie. Évidemment, aucun médecin des urgences ne pouvait réaliser l'importance et la responsabilité de cette opération sur ma vie. Jorge me conseilla de rentrer et de ne rien faire tant qu'un spécialiste ne prendrait pas les choses en main... En quelques minutes, se forma une chaîne de solidarité entre professeurs du Conservatoire de Paris, et voilà qu'un autre professeur qui fut essentiel à ma vie, Bruno Rigutto, me recommanda un chirurgien de la main, Bruno Barbato. C'est lui qui prendrait soin de moi le lendemain matin. La douleur devenait profonde, la nuit fut courte et perçante et me voilà dès l'aube arrivée à la clinique de la main d'Aubergenville. Cela me parut si loin de tout. Je partais vers un nouveau monde. Vers un avenir incertain. Mes parents ne savaient toujours rien.

Ma mère continuait de coudre la robe de concert, celui qui devait me lancer dans ma carrière. Comment pouvais-je leur dire? Je n'en avais pas la force et la confusion régnait dans ma tête. Lorsqu'on m'a enlevé le pansement, la douleur a été d'une effroyable intensité. Pourtant, le médecin se montrait rassurant : j'avais évité de quelques millimètres le nerf moteur de mon pouce. Il voyait mes larmes et me disait de tenir bon. Mais comment pouvait-il savoir si j'allais pouvoir rejouer comme avant ? Je ne voulais pas vivre d'illusions perdues. Quelques heures plus tard, me voilà en salle d'opération après un cocktail d'anesthésiants qui m'assommèrent et m'emmenèrent vers des contrées définitivement inconnues.

Lorsque je me réveillai dans une chambre, un arbre s'était penché sur moi. Un saule qui veillait sur ma main et se balançait avec le vent. Ses feuilles semblaient traverser la fenêtre. C'était le crépuscule, et cet arbre était mon compagnon. La morphine avait dû aider à le rapprocher de moi. Mes parents ne savaient toujours rien. J'étais seule dans cette chambre et l'arbre me regardait comme un vieux sage.

Convalescence : Bach et Brahms dans le silence

Suivirent des semaines de silence, le piano fermé entamait sa longue hibernation. L'attelle absorbait ma main que je ne voyais plus. Quelle forme prenait-elle? Les tendons allaient-ils se souder? Répondre à ces questions allait prendre des semaines, voire des mois. Il se passa deux ans avant que je ne retrouve l'équilibre entre mes deux mains. Je quittai Paris en avion, la main bandée et attelée comme un jeune cheval qui aurait trop couru. Mes parents ne comprenaient pas mon retour soudain. C'est avec patience et une sérénité nouvellement acquise que je leur annonçai ce drame pour un musicien et cette épreuve pour tout homme. La robe de concert pour La Roque-d'Anthéron gisait dans ma chambre. Je promis que je la porterais sans vraiment savoir si je pourrais retourner sur scène un jour, malgré les encouragements du grand René Martin, fondateur et directeur de la Roque-d'Anthéron, qui me promettait de me réengager dès que j'irai mieux.

Je n'en avais moi-même aucune certitude mais ces mots me donnèrent du courage. Commencèrent alors les séances de kinésithérapie, nombreuses et fastidieuses, ma main avait perdu tant de muscle que je la croyais morte. J'y allais sans conviction et avec des douleurs récurrentes. Bienveillante, la kiné ne semblait pas vraiment comprendre la vie d'une pianiste, pour laquelle était vital le travail de chaque doigt, de chaque tendon, de chaque articulation. Jouer une *partita* de Bach ou un prélude de Rachmaninov était devenu un songe flottant au large de cette Méditerranée qui m'accueillait, étrangement froide.

J'errais le long du port silencieux et je me souvenais de ce bonheur de jouer et de créer un son. Il venait de l'âme, mais le corps était bien son incarnation et son canal vers l'autre. Ce silence et les craquements des bateaux me permettaient de me remémorer cette merveilleuse *barcarolle* de Chopin où je ne voyais que des couleurs sur la partition. La partition, c'est elle qui fut mon remède. L'ingénieux professeur Barbato me donna un exercice fascinant: imaginer le fait de jouer tous les jours. Une fois, c'était la *Chaconne* de Bach/Brahms, le lendemain Schumann, et ainsi de suite sans jamais toucher un clavier, un répertoire que je ne pouvais jouer d'une main et encore moins de la seule main droite.

Il était certain que je ne reprendrais mon piano que des deux mains pour retrouver cette colonne vertébrale qui me faisait penser à un arbre, aussi profond et souple que le saule pleureur qui veilla sur moi dans ma chambre d'hôpital. Durant cette méditation quotidienne, les notes semblaient ruisseler de mon cerveau jusqu'à mes doigts avec attendrissement et frémissements. Ce que disait mon maître Fleisher était plus que jamais vrai: le commandant était dans la tête, les petits soldats au bout des doigts, et le cœur ouvert jamais ne cessait de battre. Mon corps était bien vivant et son circuit en ébullition. Je me rêvais enfant en train de danser.

Quelque temps plus tard, mon agent m'envoya une invitation au fameux Concertgebouw d'Amsterdam, une des plus belles salles du monde. J'avais encore mal et mes muscles revenaient doucement, mais sans certitude. Comment refuser une telle occasion et surtout cette envie irrépressible de jouer? Je ne pouvais vivre sans jouer, je ne pouvais vivre sans musique. Après des semaines de silence, Bach était devenu mon maître. Pour reprendre le piano petit à petit, je jouais chaque jour quelques sons très lentement. Je savourais la vibration retrouvée et la beauté qui se développait dans une seule note. Jamais les harmoniques n'avaient semblé remplir mes pores à ce point. Le monde était redevenu couleurs. Je voyais Bach comme un vieux sage qui me permettait de marcher à nouveau. Des inventions à trois voix jusqu'aux préludes et fugues, tous m'accompagnaient sur ce long chemin de fleurs fragiles.

La symétrie de mes deux mains formait les fondations futures de la pianiste que je suis aujourd'hui. Cet équilibre, j'en prenais conscience comme un arbre qui a lutté contre mille tempêtes et se tient toujours droit. J'ai appris à retrouver ma main gauche, à la sentir, à la voir grandir de nouveau, comme un nouveau-né apprenant à marcher. Ce miracle avait lieu, mais la confiance en moi avait été fragilisée pour un long moment, voire des années. La douleur n'est encore jamais complètement partie, mais le corps possède cette capacité de renaître et de rendre hommage au vivant et au sacré.

Une renaissance

La date du concert à Amsterdam approchait. J'allais enfin pouvoir porter la robe que ma mère avait cousue. Chaque couture portait l'espoir et l'amour. J'avais encore mal et ne pouvais jouer plus de deux heures par jour. C'était une folie d'accepter un récital entier que je n'aurais jamais eu l'occasion d'enchaîner avant le concert de peur de me blesser. Mais jouer était devenu une nécessité, une folie... La folie engendre parfois le miracle.

Je devais relever ce challenge pour que mon mental accepte et passe le cap du doute profond. Pouvais-je déjà rejouer? En dehors des deux heures de piano permises, je consacrais le reste de mon temps de travail à imaginer le récital sur scène, j'ai dû le faire des milliers de fois. Le moment est arrivé. Mon corps tremblait à l'approche de ce concert pour lequel j'étais si peu prête. Même les médecins trouvaient que c'était prématuré. Mais la musique a ce pouvoir de dépasser le rationnel. J'ai monté, vacillante, les marches vers la scène. Mon envie de jouer devenait une flamme incandescente mêlée à une peur glaçante. Mes mains étaient gelées. J'avais passé un long moment à masser ma main et à la remercier d'être encore là pour moi. D'avoir fait tout ce chemin.

L'immense salle, le merveilleux Steinway, l'appariteur, tout le monde souriait. Personne n'avait idée de ce que je traversais. Comme tous les artistes qui arrivent sur scène chaque soir, debout, le cœur ouvert malgré les peines et les tracas de la vie. Les premières notes sont parties droit dans le ciel. La douleur était pénible, mais disparaissait au fur et à mesure. La pureté mozartienne pour commencer, la mélancolie et les tourments de Chopin pour terminer. Entre les œuvres, j'allais dans les coulisses et massais délicatement ma main, l'encourageais, elle qui m'offrait tant.

Dès son retour au clavier, elle dansait et j'entendais chaque son plus que jamais. Comme si le contour du son était auréolé de toutes les couleurs primaires que je voyais et entendais distinctement. La dernière note de la *Ballade n°4* de Chopin fut arrachée comme le galop d'un cheval autrefois blessé et enfin poussé par le vent. Le public était debout. Mon père était venu de loin et pleurait. Je voyais son sourire rempli de larmes au milieu du public. Malgré les douleurs les jours suivants, j'avais passé le cap.

La cicatrice, encore très visible aujourd'hui, est devenue un fait d'armes après avoir gagné la bataille. Ce soir-là, en rentrant dans ma loge, je me reconnaissais enfin dans la glace. Les mains et le cœur tremblants, les larmes venaient de loin. J'étais pianiste de nouveau et certainement pour toujours.

Mes mains dansent au rythme de mon inconscient

Gérard Puvis / artiste

La main du sculpteur ou du peintre serait-elle si différente de toute autre main sachant faire à merveille son travail ? De celle du chirurgien, de l'ébéniste ou du soudeur, de toutes autres mains aux gestes précis, millimétrés ?

Peut-être.

En ceci qu'il lui est permis d'hésiter, de revenir sur ses pas. Quand elle dessine, la main est dans ce moment si cher à Van Gogh qui permet « de se frayer un chemin à travers le mur de fer qui sépare ce que l'on peut de ce que l'on sent ».

Quand elle tâtonne, circule sans but sur le papier, elle est proche de l'*action painting*, elle agit faute de savoir quoi reproduire ou exprimer, ou comment le faire. Ma main danse alors au rythme de mon inconscient, innocemment elle puise dans le réservoir de ma mémoire et de mes pulsions. Elle est l'élément principal de la création.

Mes mains sont en attente d'idées, d'ordres donnés.

Elles se sont pourtant levées de bonne heure ; j'ignore tout de leur activité nocturne qui a dû être tranquille, je les vois détendues et souples déjà.

Pourtant elles sont supposées savoir ce qu'elles ont à faire.

Hier, elles ont pris le téléphone, l'ont porté à l'oreille du boss, ça venait de loin, une demande des États-Unis…

Avant de passer à l'action, je sens bien qu'elles réfléchissent, quelquefois, elles me prennent la tête.

Il est vrai que ce sont des travaux de commande ; sculpter, modeler, façonner l'étain requiert un savoir-faire, un degré de technicité que seules ces mains-là dominent.

Leurs gestes nécessitent une coordination parfaite dans le temps et dans l'espace.

Leur implication physique est totale, comme si elles étaient deux terminaux d'ordinateur.

Je leur fais confiance.

Sous la tour de contrôle, elles passent à l'action ; l'une prend cette matière inerte qu'est l'étain, l'autre, s'étant emparée d'un scalpel, est déjà sur le pont et ça coupe, ça martèle, et ça danse et ça joue et ça semble n'écouter personne.

Zut ! elle s'est coupée, elle a bien essayé d'esquiver, d'éviter, de fuir la lame, mais non, maintenant elle saigne, elle met du rouge partout ; il va falloir nettoyer...

Même pas mal ! c'est le métier qui rentre.

On a mis la blessure sous l'eau et tamponné d'alcool la plaie.

Elle n'a pas aimé ça, j'ai entendu son patron grogner et puis l'instant d'après, un peu calmée, elle s'est fait bichonner.

J'ai beau leur dire d'aller moins vite, de prendre leur temps, elles n'écoutent pas.

Quelques minutes de repos leur seront salutaires, c'est tout du moins ce qu'elles croient... mais c'est mal connaître leur propriétaire ; du matin au soir il les met au travail, elles n'arrêtent jamais et ne connaissent même pas la pause déjeuner.

Quelques fois, je les plains.

Chacun d'entre nous s'est essayé à décoller la collerette d'une grande bouteille, à modeler l'étain entre ses doigts, à jouer de son onctuosité.

Dans le meilleur des cas, l'emblème roulé en une masse dure et compacte retombait dans son état de matière première, inerte.

Puis Puvis vint.

Il céda lui aussi à la tentation de prolonger le plaisir du palais en déshabillant les célèbres goulots. Et ses doigts, bien plus hardis que les nôtres, de caresser la « dive » matière.

Alors, le ruban prit vie, le métal s'envola pour dérouler sous nos regards pantois la plus enivrante des mascarades.

Ainsi est née sa divine comédie, toute de plomb vêtue, sculptée dans la jubilation qui suit la dernière gorgée.

Ces joyeux drilles aux couleurs des grands crûs sont à l'imaginaire de la cave ce que nos soldats de plomb sont à la fantasmagorie des batailles.

Une autre activité de mes mains, c'est la peinture ; elles s'approprient mes pinceaux, mes crayons, mes couteaux, pressent les tubes de couleur, parfois un peu trop, je le leur dis, elles m'écoutent et sont attentives pour l'instant, profitons-en.

Le boss pense avoir une idée…

Se croit-il maître du jeu ?

Elles passent à l'action, elles font, défont, refont, déconstruisent ; pas si maître que ça, le vieux !

Guidées du poignet, elles lissent de leurs paumes, dessinent de leurs doigts, et gravent de leurs ongles.

Elles cajolent, caressent la toile, elles se battent contre elle aussi, parfois elles la tueraient !

Là, elles sont comme habitées par les émotions, par la spontanéité, leurs allées et venues sont incontrôlables.

À l'inverse des sculptures que réalise le duo cervelle et paire de mains, qui nécessitent une surveillance constante de la première sur la seconde, la peinture autorise des dérapages, des surprises ; le duo laisse place à l'accident et à l'utilisation du hasard.

« Enfin libres », semblent penser mes mains !

Elles ne tremblent pas, du moins pour l'instant.

Désobéissent-elles ? Trahissent-elles la pensée du boss ? Ça ne dure pas longtemps.

L'essentiel est qu'il soit content de nous.

Les mains ont ce plus que nulle imprimante 3D n'aura jamais. Snobant la mémoire du logiciel, elles ont celle de leur vécu, qui parfois leur offre la liberté de créer, de proposer un défi au créateur. Celui de le faire rebondir si l'idée lui a échappé !

Nous avons, bien sûr, rencontré d'autres mains, en avons serré de nombreuses, des mains lourdes et rugueuses, des fines presque divines, recroquevillées ou semblant atteindre le ciel.

Ces mains qui me protègent, caressent, tuent et frappent, grattent, torchent, épluchent, taillent, coupent, vissent, dessinent, cousent, repassent, cuisinent, écrivent, peignent, branlent, font l'amour aussi…

Que de mains, pourquoi tant de mains ?

Les plus belles idées ont besoin de la main de l'homme.

Merci mamain.

DEUX MONDES

Muriel Barbery / écrivaine

Longtemps, j'ai écrit à la plume. Ensuite, seulement, je tapais le texte puis je l'imprimais, le corrigeais sur papier, l'imprimais encore. De cette façon, *à la main*, j'ai rédigé mes trois premiers romans. Je savais déjà, pour avoir lu quand j'étais enseignante quelques études à ce sujet, qu'écrire directement *à l'ordinateur* appauvrit souvent le style (le lexique, la syntaxe), que les opérations mentales diffèrent selon qu'on prend le stylo – avec lequel tout se déploie – ou le clavier – avec lequel tout se resserre. C'est toujours la main qui officie mais, dans le premier cas, les doigts d'une seule main enserrent un outil voué à tracer des caractères manuscrits sur la feuille, dans le second les doigts des deux mains pressent des touches et inscrivent sur l'écran des caractères typographiques. Entre ces deux façons, un abîme et, de part et d'autre de cet abîme, deux mondes.

J'avais appris de mes cours d'anthropologie et d'épistémologie (textes inoubliables, en particulier, d'André Leroi-Gourhan et de Georges Canguilhem) les liens entre évolution biologique et avènement de la technique d'une part, entre développement de la technique et élaboration de la science d'autre part. La marche debout, qui caractérise l'*homo faber*, libère la main, laquelle, au travers de ses explorations, délie le cerveau, lequel, amplifiant ses expérimentations techniques, nourrit la réflexion théorique et l'essor de la science. C'est grossièrement et sans doute fautivement résumé, mais néanmoins fructueux pour la réflexion d'une romancière : la manière dont la main est utilisée décide de l'activité du cerveau et, par conséquent, oriente différemment l'expérience littéraire. Je me propose donc, dans ce petit texte écrit au clavier, d'en détailler deux ou trois éléments, dont il appartient à d'autres – neuroscientifiques, anthropologues, philosophes – de faire la théorie.

Tout d'abord, je vois bien que ma main, selon que je la considère comme un simple outil (qui donne des ordres à l'ordinateur) ou comme un outil-geste inscrit dans la matière (qui écrit à l'encre sur un papier organique), façonne différemment mes textes. J'ai écrit mes trois derniers romans à l'ordinateur, abandonnant le rituel de l'encre, du papier, du cahier, de la biffure, de la page qu'on tourne. Pourtant, ces romans parlent largement d'Asie et s'inspirent de la conception taoïste de l'art selon laquelle les signes écrits – comme les traits des peintures et des dessins – sont le souffle du monde pris au piège de notre sensibilité et de notre geste. J'ai toujours pensé que la fiction romanesque et la poésie étaient affaire d'incarnation, qu'elles avaient leur source dans la nature physique elle-même – la nôtre, celle des choses – et nécessitaient la continuité charnelle de la main-geste qui trace sur la feuille. J'ai toujours aimé, aussi, la beauté de l'écriture à l'encre, sa profondeur et ses mystères, au point que je n'imaginais pas changer un jour de rituel, convaincue qu'il permettait la transe de l'écriture : par lui, je m'abandonnais à un état de conscience spécifique, né du pouvoir hypnotique des caractères noirs, de leurs courbes, de leur essence matérielle qui, en retour, me donnait des choses une perception nouvelle, sensible et vibrante. Tout – l'écriture, la vie, la nature, ma sensibilité – y était lié par le geste même.

Pourquoi ai-je cessé d'écrire à la plume ? Précisément parce que changer l'action de la main, c'est capter les choses différemment. Je perçois que, au clavier, le monde ne me traverse plus, qu'il est quelque part entre mes yeux et l'écran alors que, écrivant à la plume, je le sentais se déployer au bout de mes doigts, réfracté par le prisme d'un corps/esprit qui œuvrait comme une chambre de transformation et non comme le pilote d'un navire. À une écriture de transe se substitue, en partie, une écriture consciente. C'est une vigilance toute relative – en réalité, plutôt un déplacement d'attention, qui me fait repenser à ces mots de Pierre Soulages : dans la peinture traditionnelle « l'espace, c'est la profondeur. Dans mes peintures, c'est l'inverse, l'espace concret de la toile est dehors, devant[1] ». Mon attention se focalise désormais sur l'espace restreint entre mes yeux et l'écran et non plus sur la totalité de l'espace traversant mon corps et s'incarnant dans mon geste traceur. Or, bien que ce changement de focale soit en apparence léger, le résultat est considérable : le style se resserre, s'assèche, se tient. Il perd en lyrisme, gagne en sobriété, en poésie brève. Il se modernise en ce qu'il crée un nouveau rapport à ses maîtres – ceux d'une littérature forgée à la main –, qui se tiennent désormais en lisière et non plus au centre de ma perception. Ce n'est pas tant

1. Pierre Soulages et Anne-Camille Charliat, *L'intériorité dans la peinture*, Hermann, 2019

que j'aime la modernité ou que je la recherche – loin de là –, c'est simplement un constat : jeune romancière, j'écrivais à l'ombre des œuvres classiques, puis cette ombre tutélaire, sans perdre de son aura, a gagné en discrétion. Si, comme je le crois, écrire des romans consiste à forer dans les profondeurs de l'âme et à atteindre des strates inaccessibles par d'autres moyens, alors infléchir l'usage de la main revient à forer ailleurs et différemment, à se tenir en un autre endroit des berges de la même rivière, celle de la littérature, et à la regarder couler sans y voir les mêmes remous. Bien sûr, rien n'est conscient dans ce processus. L'écriture creuse en nous malgré nous, se fraye un chemin vers les profondeurs sans protocole ni avertissement. Je n'ai rien prémédité, rien voulu. Il est même possible que j'aie cru vouloir écrire à l'ordinateur pour gagner du temps – je ne m'en souviens plus vraiment. Mais le résultat est là : changeant le rapport main/esprit, j'ai grandi.

Le doigt de Zorba

Patrick Roger / chocolatier

« Qu'est-il arrivé à ton doigt, Zorba ? C'est une machine qui te l'a écrasé ?

— Qu'est-ce que tu racontes avec ta machine ? Je l'ai coupé moi-même.

— Toi-même ? Pourquoi ?

— Tu ne peux pas comprendre, toi, patron ! dit-il en haussant les épaules. Je t'ai dit que j'ai fait tous les métiers. Une fois donc, j'ai été potier. Ce métier-là, je l'aimais comme un fou. Tu sais ce que c'est de prendre une motte de boue et d'en faire tout ce que tu veux ? Frrrr ! Tu fais marcher le tour et la boue tourne comme une possédée pendant que tu es au-dessus d'elle et que tu te dis : je vais faire une cruche, je vais faire une lampe et tout ce que je veux, nom d'un chien ! C'est ça qui s'appelle être un homme : liberté !

— Alors ? demandai-je, et ton doigt ?

— Bien voilà : il me gênait sur le tour. Il venait au beau milieu de tout, déranger mes plans. Alors, moi, un beau jour, j'attrape la hachette [...] »

Nikos Kazantzakis, *Alexis Zorba*.

La main est à l'origine de tout.

Elle est, depuis que l'homme s'est redressé, devenue l'extrémité qui tient et retient, porte, serre, creuse, tourne et détourne, indispensable à presque toute forme d'expression plastique.

Elle est le prolongement du corps et, à travers le geste, celui de la pensée, une sorte d'extension de soi qui porte en elle sa propre intelligence, en connexion directe avec l'esprit. Elle peut, elle doit même parfois le précéder, s'en déprendre, s'en libérer dans la répétition de l'action, ou encore dans un certain désordre de confusion ou d'abandon.

C'est bien ainsi, à travers un acte de création instinctif, quasi animal, que je rentre en action. C'est dans ce face-à-face avec la matière, pour moi le chocolat, que je construis ce que je définis comme le goût. Cela tient de la forme, bien sûr, autant que de la matière elle-même, de sa structure, de sa composition. Mais cela tient avant tout du rapport physique que j'entretiens avec le matériau vivant, de ce contact à la fois sensuel et mécanique qui va s'opérer dans l'acte de création.

Une des particularités que j'ai pu identifier très vite est cette qualité d'adaptation que développent mes mains au contact même du chocolat. Comme chez très peu d'individus, j'ai cette capacité à contrôler parfaitement leur température, pouvant la baisser et la maintenir à un niveau idéal pour ne pas rentrer en conflit avec une matière particulièrement vivante et fragile qui se transforme sensiblement au moindre contact. Cette adaptation physique ou physiologique décuple ainsi l'action que peuvent avoir mes mains à travailler le support chocolat.

La main dirige également l'outil, dans mon cas un couteau, instrument lui-même intelligent par sa forme idéale, sa qualité de coupe et sa souplesse naturelle. J'ai souvent l'impression que ce couteau fait partie de moi, qu'il est un peu le prolongement de mon bras, de ma main… Je ne pense pas à lui quand je sculpte, je ne ressens que très peu sa présence, car nous faisons corps face à la matière que nous devons affronter, façonner, contraindre… Il s'agit d'un acte un peu guerrier, d'un combat presque, dans lequel nous nous engageons ensemble. Cet outil est alors définitivement une partie de moi, qui vit, pense, respire comme moi !

À la fameuse réplique « Pas de bras, pas de chocolat ! » j'opposerai « Pas de main pas de dessin ! » tant l'esprit serait bien peu capable, voire incapable de réaliser quelconque dessein ou projet sans cet organe extrême et préhensile, sans aucun doute doué d'intelligence.

La question reste ainsi posée, qui de l'esprit ou de la main… ?

L'HOMME, LES LANGUES ET LA MAIN

Claude Hagège / linguiste

Parmi les instruments de communication assurant la cohésion du genre humain et, par là, son pouvoir sur la nature et ses périls, une place essentielle est occupée par les émetteurs-récepteurs à distance, et non pas seulement à proximité. Ce sont ceux que l'homme a privilégiés en les développant au long de sa singulière histoire. C'est pourquoi le canal kinésique-visuel de la communication, qui se fonde sur les mouvements de la main et d'autres pratiques gestuelles, capables d'exprimer de nombreux contenus, a néanmoins été supplanté, dans l'histoire du genre humain, par le canal vocal-auditif.

Certes, lorsque, autour de -1 500 000 ans, l'espèce *Homo erectus* succède à l'*Homo habilis*, la libération des mouvements de la main grâce à la station debout, et par conséquent l'aptitude croissante à la fabrication et à la manipulation des objets les plus divers, déclenche une révolution dans le destin du genre humain. Pourtant, quand, beaucoup plus tard, les langues humaines apparaissent, manifestant concrètement la faculté de langage inscrite au génome de l'espèce, la communication vocale-auditive, fondée elle aussi sur des gestes qui sont ceux de l'articulation depuis le larynx jusqu'aux lèvres, ainsi que sur la structure complexe de l'appareil acoustique, se révèle, du fait de la richesse des sons qu'elle met en œuvre, un support beaucoup plus efficace de la richesse des sens à exprimer. Au surplus, l'audition peut conjurer la distance ou l'écran d'un obstacle quand ceux-ci ne sont pas trop importants, alors que les gestèmes, en lesquels s'articule le langage gestuel de la main, sont invisibles la nuit ou dès que la distance augmente. Il n'empêche qu'une solidarité existe entre gestes de la main et sons de la voix, comme le montre le fait que les premiers mots de l'enfant accompagnent souvent ses premiers gestes. La main est donc un élément essentiel de la conduite kinésique du corps et, par là, de la communication non verbale. Et lorsqu'il s'agit de communication écrite, c'est avec la main, tenant un stylo ou cliquant sur une touche d'ordinateur, que l'on trace les lettres des divers alphabets ou les pictogrammes comme ceux du chinois. L'importance de la main dans la communication, outre son emploi très fréquent chez les locuteurs qui « font beaucoup de gestes » comme adjuvant du discours proféré, est attestée par deux autres phénomènes. D'une part, dans le dialogue, il est courant que les locuteurs de langues où foisonnent les homonymes, comme le chinois, écrivent les graphies, qui, elles, sont distinctes, sur la paume d'une main avec l'index de l'autre, afin de réduire les ambiguïtés. D'autre part, le mot signifiant « main », et dont la forme française, *main*, a pour étymologie le latin *manus*, remontant à l'indo-européen *man*, de même sens, est monosyllabique dans de nombreuses langues: chinois *shŏu*, japonais *té*, hongrois *kéz*, turc *el*, arabe *yèd*, hébreu *yad*, allemand-anglais-néerlandais-suédois *hand*, danois-norvégien *hånd*, portugais *mão*, hindi *hāth*, thaï *mew*. Cette structure monosyllabique est révélatrice de la haute fréquence d'usage du mot signifiant « main », car la réduction à une seule syllabe atteste une usure due à un emploi récurrent. Cette fréquence du mot « main » s'observe dans les systèmes de numération de nombreuses langues, notamment amérindiennes. Ainsi, dans les langues caraïbes, « cinq » se dit « une main », ex.: *mapoyo tosquena meque*, et les autres chiffres s'expriment à partir de la main, comme « six » en maquiritare: *tono amo jade*, « main (+ un de l') autre côté ». L'on trouve des systèmes de ce type également dans les langues arawak de Guyane néerlandaise, en guató, langue isolée du Brésil, et dans les langues eskimo. De même, en tchouktche de Sibérie orientale, « vingt » se dit « un homme »: *glekkin* (les dix doigts de la main + les dix doigts des pieds). Ce mode d'expression peut être désigné comme anthropologie numérale.

Enfin, les doigts de la main permettent de démutiser les sourds. Il existe en effet, parallèlement à beaucoup de langues, des langues de signes qui sont assez élaborées pour pouvoir exprimer non seulement tout le vocabulaire, mais aussi tous les traits morphosyntaxiques et sémantiques, comme les variations de temps et d'aspects des verbes. L'ASL (*American Sign Language*), qui n'est pas sans rapport avec les langues des signes des Indiens des Grandes Plaines des États-Unis au XIXe siècle, est couramment utilisé à l'intention des sourds (également muets, non par pathologie de la voix, mais parce que, n'entendant pas, ils ne peuvent reproduire). La langue des signes française doit beaucoup aux travaux d'un philanthrope, l'abbé de L'Épée, qui reçut en décembre 1789, mois de sa mort, l'approbation des États généraux, par la bouche d'un de leurs députés.

Cet hommage de la Révolution à peine naissante implique une reconnaissance de l'action humaine exploitant les aptitudes de la main en vue d'aider celles et ceux qu'une déficience physique exclurait de la communication.

Parfois j'ai perdu la main

François Simon-Fustier / horloger

Qui guide l'autre : le cerveau ou la main ?

Cerveau bien fait, sans main rien ne crée, hormis de la pensée et de la parole…

Transmise à la main d'un autre qui la rendra tangible.

Main malhabile produit quand même, sans finesse, sans esthétisme, mais ne débouche pas sur le néant.

Ce qui argumenterait pour la prépondérance de la main et ne ferait du cerveau qu'un serviteur utile. Mais dans ce cas comment expliquer que certains jours je sois mauvais ? Personne ne me l'a prise, mais parfois j'ai perdu la main. Les outils sont les mêmes, le laiton et l'acier n'ont pas changé d'état et pourtant le résultat n'est pas là. Ma main est toujours mienne, mais elle reste gauche et je ne maîtrise plus le geste pourtant si habituel qu'elle exécutait avec adresse. Elle est toujours le prolongement de mon bras, mais j'ai perdu ce qui faisait de moi un artisan d'art. Il y a eu rupture dans ce qui représente donc un binôme main-cerveau. À l'un, la connaissance, à l'autre, la réalisation. Théorie et pratique en quelque sorte.

Mais l'appairage est plus subtil que cela.

Par le toucher, ma main m'indique une aspérité, un creux, une bosse et dirige donc le cerveau vers la recherche de la solution gestuelle qu'il faudra appliquer. Ensuite elle exécute, sans problème, la correction nécessaire, et le tour est joué. Mais par qui ? L'œuf ou la poule version artisanale ?

Et si, comme un athlète qui s'entraîne quotidiennement, la main s'appropriait le geste à force de le répéter ? Il deviendrait plausible de concevoir que le cerveau, moins sollicité, pourrait passer à un autre niveau d'expertise et de transmission d'informations. Se focaliser sur un rythme, une pression, une inclinaison… et optimiser le geste, sa précision, sa finesse.

Corollaire de cette hypothèse : les jours de contre-performance, est-ce ma main qui ne sait plus ou alors mon cerveau qui n'apporte plus de correction ? Concentre-t-il sur un stress l'énergie qu'il ne donne plus à ma main ? Ce qui signifierait alors que pour que ma main agisse correctement mon cerveau doit être disponible. Je serais assez enclin à valider cela. Je fais un métier de restaurateur, et donc ma main n'est pas là pour créer, mais réparer, reproduire, appliquer un process. Celui-ci doit permettre d'aboutir à un résultat connu avant le début du geste. Mon binôme s'est donc habitué à un état de désinvolture où le cerveau supervise une main suffisamment experte pour qu'elle bascule dans une sorte de pilotage automatique qui la rend autonome.

Dans ces moments, le travail devient plaisir, non par le résultat produit, mais par l'harmonie qu'il procure puisqu'il permet de rester dans un état second d'unité main/cerveau. Une douce léthargie, une descente en roue libre au cours de laquelle le chemin parcouru perd de sa mesurabilité puisqu'il n'y a plus d'effort. Moment au temps suspendu, qui expliquerait le fait que justement je ne le vois pas passer. Mais l'équilibre est ténu, et si un élément vient le perturber, le continuum est brisé et le geste mal maîtrisé.

Ainsi, je me rends compte que je sais travailler avec un fond sonore de musique classique, et parfois cela me sera même profitable. En revanche, les paroles d'une chanson m'empêcheront d'être précis, sauf si c'est dans une langue dont je ne maîtrise pas totalement le vocabulaire et que mon cerveau associera donc à une mélopée. *A contrario* une chronique, un débat ou une narration ne seront envisageables que pour des travaux basiques. Si je dois vérifier un point du travail en cours, je ne vais plus écouter, mais seulement entendre et perdre ainsi une partie du sens des phrases que je suivais.

En écrivant ces mots, je comprends que je ne me concentre pas pour faire un travail manuel précis. En fait, de la même façon que je réunis les outils que je sais nécessaires au process et à l'obtention du résultat, je me place en quête d'harmonie et je cherche à obtenir les conditions de sa création. Ensuite je rentre dans la bulle et j'y évolue sans que cela ne me demande d'effort particulier. C'est par l'application de cet automatisme irréfléchi, né au fil de ma pratique, que je réalise un travail de qualité. Alors qui sait, maintenant que je l'ai conscientisé, peut-être vais-je devenir meilleur et accéder avec encore plus de facilité à cet état de grâce ? Ou au contraire vais-je perdre la spontanéité qui me donnait du cerveau disponible ?

Savoir si je retrouverai demain le tour de main d'hier ?

LA MAIN DE L'ARTISTE ET L'ŒIL DE L'HISTORIEN

Philippe Malgouyres / conservateur au musée du Louvre

Les études de mains, dessinées ou peintes, sont innombrables : c'est en quelque sorte la raison de ma présence dans cet ouvrage, puisque c'est à travers ces images de mains que j'ai été contacté. Ce n'est donc pas de la main de l'historien de l'art dont il sera question ici, même si, dans mon domaine, la main est un instrument de connaissance et de compréhension de première importance.

Cette abondance d'études s'explique d'elle-même : quoi de plus nécessaire pour le peintre que d'apprivoiser sans relâche l'architecture complexe et mouvante de la main, qui, dans la peinture muette, sera le vecteur des émotions et de la narration à travers le geste. Lorsque l'on veut expliquer la composition et le sens de la *Vocation de saint Matthieu* du Caravage, on le fait en observant les mains.

Les peintres ont donc consacré beaucoup de temps et d'énergie à cette étude difficile, chaque peintre élaborant finalement sa propre manière de faire les mains, avec plus ou moins de talent et de goût. Certains s'y intéressent peu, comme Titien, d'autres en font des morceaux de bravoure, comme Philippe de Champaigne. Quant au sculpteur, il peut se simplifier la tâche en ayant recours au moulage sur le vif : inventaires et images d'ateliers nous montrent ces mains tranchées, de plâtre ou de terre (mais aussi des pieds ou des bras), suspendues au mur et pouvant servir de modèles.

Ce ne sont pas ces mains étudiées par les artistes qui vont m'intéresser ici, ni celles représentées dans la peinture, mais leurs mains agissantes, celles qui ont produit les œuvres offertes à nos sens aujourd'hui.

Ces mains de l'*homo faber*, derrière lesquelles se cache l'*homo sapiens*, m'apparurent enfant sous la forme de celles de mon grand-père menuisier. Toute l'année, à peine l'angélus sonné à midi et à sept heures, il traversait la route qui séparait l'atelier de la maison et, avant de s'asseoir à table, se lavait les mains. Il faisait tourner le gros pain de savon de Marseille entre ses deux mains gonflées et abîmées par le travail, je crois qu'il avait même perdu le bout d'un doigt. Son gendre, mon oncle, était ébéniste et était très fier d'avoir gardé toutes ses phalanges, ce qui était loin d'être fréquent dans ces métiers. C'est par le tremblement de ses mains au repos que se manifesta d'abord la maladie dont il mourut des décades plus tard. J'ai vu ces mains au travail, comme j'ai vu celles de mon père, de ma mère, de ma grand-mère réparer, coudre, jardiner, broder, cuisiner : sans qu'ils ne m'aient jamais rien appris, je sais faire certaines de ces choses parce que je les ai vues faire, sans même les avoir observées, sans en avoir été conscient, par un pur processus mimétique. On peut en faire le constat surprenant bien des années plus tard et voir reparaître sous ses doigts un geste vu quarante ans plus tôt...

Si je mentionne cela, c'est que l'un des outils principaux de l'historien est l'imagination : non la tendance à affabuler, le ciel nous en garde, mais la capacité à visualiser. Et je crois qu'il faut nous donner les moyens, dans une certaine mesure, de comprendre comment les œuvres que nous admirons furent faites. Et comprendre que les mains qui les ont fabriquées n'étaient pas de simples instruments guidés par la pensée, mais se sont formées d'une manière complexe, empirique. Ainsi, une partie de leur action échappe à la décision consciente. Contournant la dichotomie entre la main et l'esprit, entre le cerveau et l'organe, je crois que nous devons intégrer le rôle incontrôlé (mais « savant ») de la main dans notre lecture des œuvres d'art. Parce que la main a sa propre logique, elle a ses savoirs, elle a ses plaisirs. À bien faire ce qu'elle sait faire, ce qui est facile pour elle, ou à pouvoir surmonter une difficulté pour faire quelque chose de nouveau. De nombreux textes de ce recueil en témoignent en filigrane et je voudrais proposer, pour corroborer cette idée, un exemple musical, celui des sonates de clavecin d'Alessandro Scarlatti. La main de l'interprète, avec ses capacités, ses limites, son architecture, est au centre de l'imagination musicale du compositeur. Le plaisir, l'émerveillement, la nécessité du dépassement semblent même être le but ultime de ces sonates que Scarlatti nommait *Essercizi*. L'expression et l'exprimé tendent à se confondre et à disparaître l'un dans l'autre. C'est un cas extrême mais qui éclaire ce rôle de la main agissant sur la volonté qui la guide.

Les artistes peuvent choisir de nous montrer leurs mains au travail dans leurs œuvres. Pas en les représentant comme dans un autoportrait, mais en laissant se manifester leur interaction avec la matière. Certes, ils ne peuvent jamais nous les dissimuler complètement, puisque les œuvres d'art sont toutes issues de la main de l'homme. Il s'agit de plus que cela : ils peuvent décider que le processus du passage de l'idée à la matière, par la main, soit rendu visible, et que cette manifestation participe non seulement à l'effet que l'œuvre produit, mais aussi à son sens. Ainsi le fait Vélasquez, affichant les pas chaotiques de sa brosse chargée de peinture qui semble tituber en taches anguleuses grisâtres et qui composent sur notre rétine le souple et complexe dessin d'un ruban d'argent scintillant. La merveille résulte justement de la séparation du geste et du résultat : la main fait une chose qui produit sur un autre organe, l'œil, un effet que l'on ne peut rationnellement comprendre, effet qui renvoie au mystère du fonctionnement de l'œil que la main du peintre semble avoir percé. Le peintre nous montre comment il fait, mais c'est justement là que nous ne pouvons pas le suivre. Ici, lorsque nous disons « la main », nous désignons l'outil qui la prolonge, le pinceau qui en enregistre les moindres fluctuations de vitesse ou de pression. De même, ce sont les traces laissées par l'outil à la surface du marbre qui révèlent le talent du sculpteur, l'habileté et la sensibilité de sa main. Le plus bel exemple est incontestablement Gian Lorenzo Bernini, qui écrit, littéralement, sur l'épiderme de ses marbres, les signes destinés à notre compréhension sensible, en particulier en appelant aux valeurs tactiles : le dur, le mou, le lisse, le rugueux. Ainsi, l'art de la main du sculpteur, son tour de main, en appelle, par l'œil, à la main du spectateur.

Les œuvres qui portent les traces des mains semblent offrir aux amateurs d'art un contact privilégié, plus immédiat, avec le génie créateur de l'artiste : les esquisses de terre où l'on voit encore les ongles ou les empreintes digitales, les pochades ou les ébauches peintes, vibrantes d'impatience. Les hommes du XVIIIe siècle l'ont répété de bien des manières : l'esquisse est l'âme de la peinture, l'exécution en est le corps, l'artiste jette son inspiration sans obstacle dans la terre molle, mais est gagné par l'ennui dans le marbre froid, etc. C'est évidemment un peu simple, mais on en retiendra que plus l'action de la main est tangible dans la matière, plus l'esprit qui la guide est visible. Et ceci explique le caractère extraordinaire de la sculpture du Bernin. Pour lui, la dureté n'est pas une limite, il traite le marbre avec une aisance désinvolte et nous montre ainsi que pour lui, l'outil de métal sur la pierre ou le doigt de chair dans la cire, c'est la même chose. Sa pensée artistique ruisselle sans obstacle par sa main savante dans la matière la plus résistante.

Mais l'artiste ne souhaite pas toujours apparaître de cette façon, il préfère parfois couvrir ses traces et ne nous offrir que la forme idéale, jaillie de son imagination, incarnée mais dématérialisée. C'est le cas d'une certaine peinture néoclassique par exemple, ou de la sculpture de Giambologna, soigneusement « purifiée » de tout signe de sa production. L'un des plus beaux exemples de ce jeu entre le concept, le geste et la matière est offert par le groupe monumental en bronze de *Mercure enlevant Psyché* d'Adrien de Vries. Le sculpteur, formé chez Giambologna, a laissé l'empreinte de son pouce visible dans le bronze à un endroit : sur la pastille de cire qui fixe les ailes sur la cheville de Mercure. Cette empreinte délibérée ne parle pas du geste créateur, puisqu'elle évoque la simple pression mécanique du pouce pour faire adhérer la cire sur la chair, mais elle rappelle comment ce monumental groupe de bronze est né de la cire modelée entre les mains de l'artiste. La main se montre et se cache, comme plus tard dans la sculpture d'Antonio Canova. Bien que les œuvres de Canova aient été souvent vues comme la pure expression d'un idéal désincarné, leur surface, loin d'être lisse, vibre sensuellement des passages de l'outil qui la caresse. Et même lorsque son atelier était le plus occupé à reproduire ses inventions, parfois en multiples exemplaires, Canova se réservait toujours les derniers passages à la surface et le polissage : la pensée du maître a élaboré la forme et seule la main du maître la parachève. Car tous les outils ne sont qu'amplifications de la main. Et la main vient parfois reprendre subitement la place de l'outil insatisfaisant, quand Titien ou Poussin appliquent leur index sur la toile, ou le dessinateur son pouce sur le dessin, ce que l'on appelait autrefois « l'estompe du père Adam ».

L'outil est indissociable de la main : il naît de ses multiples usages, qu'il prolonge et perfectionne. Isidore de Séville, qui compile au VIIe siècle ses *Étymologies*, ouvrage héritier de l'Antiquité et source des encyclopédies médiévales, indique que la main (*manus*) tire son nom des nombreuses fonctions (*munus*) qu'elle peut accomplir. Comme toutes les étymologies proposées par le prélat espagnol, elle est fictive, mais aujourd'hui encore nous ignorons la véritable origine du mot. Parmi ces multiples fonctions, j'en soulignerai une qui par son évidence passe inaperçue : la prière. C'est sûrement l'activité humaine qui a le moins besoin d'un outil matériel, et pourtant, ce sont les mains jointes ou tendues, offertes ou serrées, qui font la prière, autant que l'activité mentale qu'elles expriment. Isidore conclut en condamnant l'usage du mot « main » pour désigner l'art ou l'artiste. Nous – historiens de l'art – faisons un emploi constant dans cette acception du mot main : une œuvre « de la même main » ou « d'une autre main », on « reconnait la main », etc. Toutes expressions qui désignent l'œuvre ou l'artiste, d'une manière floue et souvent subjective, mais en renvoyant à la réalité concrète de l'organe de l'*homo faber*.

Cet emploi du mot, pour abusif qu'il soit, touche un autre aspect, plus intéressant encore que les marques délibérées de la main, celui des traces involontaires. Par exemple, l'orientation des hachures ou des traces d'outils dans l'œuvre des gauchers de génie tels Léonard ou Michel-Ange, qu'il serait bien difficile d'imiter. La question de la latéralité n'a guère été abordée ici et pourtant reste une donnée prégnante et mystérieuse de la main dans sa dimension gémellaire et dissymétrique. Robert Herz, il y a plus d'un siècle, avait écrit sur « la prééminence de la main droite » du point de vue de l'anthropologue et de l'historien de la morale religieuse. Les deux mains, en miroir, l'une pure et l'autre pas, l'une droite, juste et l'autre gauche, maladroite, sinistre.

Lorsque l'ont dit « reconnaître la main », ce n'est pas seulement la touche du pinceau ou le degré de finition du marbre, c'est à la fois, vaguement, le « style » et, précisément, les détails idiosyncrasiques. Cette manière de faire qui appartient à un seul, qui ne peut être tout à fait imitée parce qu'appartenant en grande partie à la main, libre et inconsciente. De tels détails permettent de « séparer » différentes mains, de trier et d'étudier, même si l'on ne sait pas à qui étaient ces mains. Ils trahissent la copie ou le faux. C'est là que notre œil, et aussi parfois notre main, entre en jeu…

Si l'on confond improprement l'artiste, son art et la main, c'est parce que nous cherchons constamment la garantie que l'œuvre soit bien « autographe », entièrement de la main de l'artiste. L'emploi même du mot « autographe » pour désigner une œuvre pleinement réalisée par l'artiste est lui-même lourd de sens puisqu'il renvoie à l'écriture. L'apprentissage de l'écrit est éminemment culturel et l'on n'apprend pas à former les lettres de la même manière d'une génération à l'autre ou d'un pays à l'autre. Les différences d'écriture trouvent là leur première origine. On distinguera par exemple tout de suite l'écriture d'un Britannique ou d'une personne plus âgée que nous. L'écriture est aussi souvent sexuée. Mais elle est, malgré ces différents déterminismes, profondément individuelle, une individualité non nécessairement maîtrisée, une sorte de canal ouvert par lequel « fuient » émotions et attitudes inconscientes. D'une manière un peu similaire, nos artistes laissent des traces, à travers leur « écriture », sur ces deux plans : de leur apprentissage (ou, plus largement, de leur appartenance au collectif, spatial et temporel) comme de leur personnalité intime. C'est particulièrement aisé de le vérifier dans le dessin, technique la plus proche de l'écrit et de la main. J'en ai fait pendant plusieurs années l'expérience alors que je préparais le catalogue raisonné de l'œuvre d'un peintre, Charles Mellin. Son œuvre peint est très peu conservé mais il fut un dessinateur prolifique au style aisément reconnaissable par une certaine manière d'abréger mains et pieds, de schématiser les visages etc. Pourtant, ces dessins furent très longtemps attribués à Nicolas Poussin, dont le style et l'écriture étaient bien connus. Les dessins de Mellin semblent désormais faciles à reconnaitre, mais, malgré toutes ces années d'intimité avec la main de « mon » artiste, il reste des feuilles dont je ne sais si elles lui reviennent ou pas… Et cette main de Mellin que l'on peut désormais individualiser, qu'est-elle d'un point de vue collectif, culturel ? Est-ce une « main française » ? Peut-être né en Lorraine de parents wallons, Mellin y grandit et partit encore mineur en Italie où il fit toute sa carrière. Il mourut à Rome en 1649, à moins de cinquante ans, sans être jamais revenu en Lorraine. Ce n'est pas un peintre français, ce n'est pas un peintre italien, c'est un peintre lorrain par le hasard de sa naissance, qui ne trouve sa place dans aucune histoire car qu'est-ce qu'une « main lorraine » ? Aujourd'hui comme autrefois, il reste inclassable car il ne peut être inscrit dans aucun de ces collectifs qui constituent le cadre de notre compréhension d'un œuvre singulier dans un contexte. Quand je l'étudiai, inscrit dans le milieu cosmopolite des artistes actifs à Rome autour de 1620-1630, j'étais frappé par le nombre de tableaux dont on ignorait le nom de l'auteur (ce que nous nommons improprement des tableaux anonymes) mais pas la nationalité : un « peintre français actif à Rome », un « peintre néerlandais actif en Italie ». Je ne sais comment cela fonctionne, mais c'est vrai : l'œil reconnait non seulement les écritures, les mains individuelles, mais aussi cette écriture collective. Ceci rejoint ce qui est dit plus haut de l'apprentissage inconscient, de la main à la main. Et, allant plus loin, on peut dire qu'un tour de main perdu ne peut pas se reconstituer en une génération : il faut que le geste mille fois répété se sédimente lentement en s'épurant dans une main, puis dans une autre pour qu'il trouve sa perfection et je dirais aussi sa liberté, sa désinvolture. Il suffit de regarder, dans le domaine des arts décoratifs, la production la plus courante du décor en bois sculpté sous Louis XV dans le mobilier, son aisance, quelle qu'en soit la qualité, et de la comparer avec ses imitations postérieures... À petite échelle, on peut faire l'expérience dans sa propre vie du passage libérateur du temps sur la main, en tout cas c'est une expérience, je crois, communément faite par les musiciens. Lorsque l'on travaille une pièce difficile, que ce soit du point de vue de la compréhension musicale ou de la technique, c'est le travail, l'effort, qui permet d'apprivoiser ces difficultés et d'en rendre l'exécution naturelle. Sviatoslav Richter disait qu'il n'y a pas de si grande difficulté dont la répétition ne vienne à bout. La main domptée peut accomplir ce qu'on lui prescrit. Bien plus tard, lorsque l'on reprend cette pièce, tout ce travail est encore présent, mais sans la tension : la main sait déjà faire et l'on est surpris de voir la liberté qu'elle a gagné dans ce relâchement du contrôle. Elle est plus autonome et plus disponible quand la tension de l'esprit se relâche.

Pour conclure, je souhaiterais, en symétrie avec le tableau du Caravage cité au début de ce texte, évoquer son prototype, la plus célèbre image de l'histoire de la peinture, *La Création de l'homme*, sur la voûte de la chapelle Sixtine. Michel-Ange montre Adam déjà vivant, mais dans l'attente de recevoir l'énergie spirituelle qui va l'animer : il tend sa main impuissante vers l'index tendu de Dieu le Père qui va infuser l'argile de l'esprit. Par les deux mains, au centre du compartiment de la voûte, le peintre sut exprimer ce mystère irreprésentable réservé aux théologiens et aux mystiques. La matière inerte qui se languit dans l'attente du pouvoir créateur, comme la figure qui attend au cœur du bloc de marbre d'être révélée par le ciseau du sculpteur.

La main est ainsi l'interface entre l'esprit et la matière, le passage et l'instrument qui permet à l'esprit d'informer la matière informe, de rendre l'immatériel tangible. C'est le sens de la sculpture de Rodin, intitulée *La Main de Dieu*, hommage à Michel-Ange et à la sculpture, où, par une saisissante ellipse, c'est la main qui fait de Dieu le Créateur. Cette main jaillit d'un bloc de marbre sur lequel le sculpteur, en démiurge a laissé les traces de ses outils (c'est un jeu purement conceptuel ici : Rodin nous montre le passage de la main, mais en réalité, ce n'était pas la sienne, car ses marbres étaient toujours sculptés par d'autres...). Rainer Maria Rilke, dans une lettre de 1903 à Lou Andreas Salomé, évoque cette sculpture qu'il a vue dans l'atelier de Rodin et qu'il commente ainsi : « Dieu, en six jours, n'a rien créé qu'une main, c'est autour d'elle qu'il a répandu les eaux, au-dessus d'elle qu'il a voûté le ciel ; et quand tout a été achevé, il s'est reposé de l'avoir créée, et il y eut une splendeur et une main ».

La suggestion de ma main

Joaquin Jimenez / graveur général des monnaies

Un rapport fort existe entre la monnaie et la main, car une pièce de monnaie se transmet d'abord de la main à la main. Elle se touche, elle se manipule et, de plus, c'est la plus petite valeur du Trésor français, accessible à tous citoyens. C'est donc un lien entre les hommes, qui a une traduction dans l'histoire, au moment où le troc a été remplacé par les pièces de monnaie. D'ailleurs, la main a cette vertu de créer du lien entre les hommes ; quand deux personnes se rencontrent, on tend la main, on serre la main de l'autre. On peut même avoir des sensations en prenant la main de quelqu'un : une poignée de main donne une intention et peut indiquer un état d'esprit, un caractère. La monnaie est donc intimement liée à la main.

À la Monnaie de Paris, on joue sur l'illusion du relief pour créer des motifs vivants. La monnaie constitue un relief extrêmement bas qui fait que nos doigts qui parcourent la surface d'une pièce ressentent les aspérités, alors que l'échelle de gravure est de l'ordre de quelques centièmes de millimètres. La formidable « mécanique » du toucher de nos mains est ainsi mise en valeur par l'intermédiaire de nos pièces.

Je suis entré presque accidentellement dans le monde de la gravure, car j'ai d'abord suivi des études dites « classiques » au lycée puis en lettres et enfin aux Beaux-Arts pour apprendre à dessiner vraiment, à sculpter. Ensuite, j'ai travaillé dans différentes entreprises de décoration jusqu'à rejoindre une société qui créait des médailles. J'y ai monté un studio de création graphique et me suis pris de passion pour cette discipline. La sculpture devenait sous mes yeux un bas-relief. J'ai pu passer les concours monétaires et j'ai eu la chance d'en remporter plusieurs.

C'est Émile Rousseau, qui a été Grand Prix de Rome et graveur général de la Monnaie de Paris avant moi, qui a mis de la rigueur sur mes intentions et mon énergie. Il m'a permis de développer mon expression avec les techniques de la gravure, c'est-à-dire qu'il m'a montré comment appliquer mes connaissances du bas-relief – avec le modelage principalement – à une technique plus plane, celle des médailles. Il avait même prédit que je pourrais prendre sa place un jour, mais j'ai longtemps refusé, jusqu'à accepter il y a dix ans.

Quand je dessine, je regarde presque la main faire. Mon cerveau est en quelque sorte en récréation. C'est la main qui improvise sur le papier. En gravure, il y a aussi cette forme de récréation, mais pas dans la création, plutôt dans l'exécution. L'œil suit le travail de la main, mais l'esprit peut être ailleurs. J'ai parfois la sensation de la suggestion de ma main, c'est-à-dire que la main trouve toute seule le geste infime qui va permettre au travail de s'effectuer en douceur et avec aisance. La main va toujours vers quelque chose de confortable pour elle.

La main gauche est la main intelligente, car c'est elle qui pousse le support au bon endroit, qui modifie de quelques degrés l'orientation de la plaque de cuivre pour faciliter ce que la main droite doit graver. C'est elle qui permet les mouvements connexes des mains.

Le geste le plus difficile à maîtriser est celui de la précision absolue. En prenant nos plus petits outils sous microscope, on se rend compte que le geste le plus infime dépend de notre rythme cardiaque, malgré le fait que nos mains sont en appui sur l'établi.

Ainsi le cœur rentre un peu dans l'équation main/cerveau.

L'ŒIL ET LA MAIN

Damien Gatinel / chirurgien ophtalmologiste

L'œil, comme la main, est un organe fascinant. Il fournit la majorité des sensations provenant du monde extérieur : sans qu'il soit besoin de le commander, notre système visuel accomplit en permanence des tâches extraordinaires qui visent à en fournir une représentation à partir de l'information lumineuse que celui-ci émet ou réfléchit.

Il est probable que la main ait été le premier instrument de mesure pour fournir à l'œil une échelle de grandeur, et cette coopération s'incarne dans la persistance d'unités de mesure encore usitées de nos jours, comme le pouce (*inch*). L'homme s'est probablement adonné à la contemplation nocturne de la voûte céleste depuis la nuit des temps, et c'est en tendant la main vers le ciel étoilé que les anciens purent mesurer les distances apparentes entre les astres. Bras tendu, la largeur d'une main suffit pour relier les étoiles de la constellation de la Grande Ourse, qui sous-tendent, pour les plus éloignées, un angle apparent d'environ 20°. L'œil humain possède une acuité visuelle qui permet de résoudre un angle d'une minute d'arc (1/60e de degré, 60 secondes d'arc), ou encore de percevoir comme distincts deux points distants de 2 mm situés à 5 m de celui-ci.

La main est également un extraordinaire instrument perceptif, qui renseigne sur la texture, la température, la rigidité de la surface touchée grâce à ses récepteurs cutanés. Comme l'acuité visuelle, la sensibilité exquise de la pulpe des doigts, dite tactile épicritique, peut être évaluée et quantifiée. On peut tester la capacité à considérer comme distinctes les pointes mousses d'un compas. Plus l'écartement des pointes est faible, plus grande est l'acuité tactile. Cette faculté joue un rôle critique dans la lecture de l'écriture braille, qui est basée sur un regroupement de six points saillants disposés en deux colonnes verticales de trois points. Chaque lettre de l'alphabet correspond à une combinaison des six points. Ces points ont un diamètre proche du millimètre, et leur distance est légèrement supérieure au seuil de l'acuité tactile minimale, qui est proche de 2 millimètres. Un ouvrage intitulé *Les Mains de Louis Braille* est consacré à celui qui, ayant perdu la vue à l'âge de trois ans à la suite d'un accident et conçu un système permettant la lecture au bout des doigts, a révolutionné la condition de tous les aveugles.

La main est aussi l'organe de la préhension permise par l'opposition du pouce et la très grande mobilité des doigts. En accomplissant des tâches de précision, comme la saisie d'un objet ou l'écriture manuscrite, l'œil guide la main. Le toucher renseigne sur la réalité du monde visible et fournit à l'œil la confirmation de la matérialité de ce qui est vu.

La combinaison de sensations visuelles et tactiles constitue l'essence du rapport que l'homme entretient au monde. L'interprétation de ce que nous percevons par nos sens donne accès à la connaissance de ce qui nous environne. Le philosophe Alain nous interpelle ainsi : « Apercevez-vous la ressemblance entre cette action de compter et cette autre opération par laquelle je reconnais que des apparences successives, pour la main et pour l'œil, me font connaître un cube ? » La figure de l'aveugle a contribué à faire de la réflexion sur la spécificité du toucher un enjeu central pour la théorie de la connaissance. Elle s'incarne dans le « problème de Molyneux », dont le philosophe John Locke fit l'énoncé dans la seconde édition de son *Essai sur l'entendement humain* de 1694 : « Supposez un homme né aveugle puis devenu maintenant adulte ; par le toucher il a appris à distinguer un cube et une sphère du même métal et approximativement de la même taille, de sorte qu'il arrive à dire, quand il sent l'un et l'autre, quel est le cube et quelle est la sphère. Supposez ensuite qu'on place le cube et la sphère sur une table et que l'aveugle soit guéri. Question : est-ce que par la vue, avant de les toucher, il pourra distinguer et dire quel est le globe et quel est le cube ? »

Ce problème est relativement théorique, car les spécialistes de la vision savent qu'un aveugle opéré avec un succès complet ne pouvait être totalement aveugle et put être capable dans le passé d'effectuer des corrélations entre la vision et le toucher. La guérison de l'aveugle de Bethsaïde, rapportée par les évangiles, est un miracle: en apposant ses mains sur les yeux d'un aveugle de naissance, Jésus lui rendit la vue. Dans ce contexte, l'aveuglement est certainement une métaphore de l'incompréhension; néanmoins, certaines situations cliniques particulières et comparables à une restauration visuelle tardive ont été documentées depuis. Leur étude confirme que sans l'apport conjoint de l'expérience tactile, la restitution de la vision après une chirurgie de la cataracte n'est pas immédiatement à l'origine d'une juste interprétation de ce qui, de purement tactile, est devenu visible. Il est possible que ce défaut d'information spatiale soit au moins en partie le fruit d'un dysfonctionnement du système visuel, entravé dans son développement par la cécité initiale. Quoi qu'il en soit, il ne fait guère de doute que l'expérience du toucher et de la vision contribue à notre compréhension et notre perception de l'espace environnant.

Même si l'association de nos perceptions sensorielles nous aide à appréhender la réalité du monde extérieur, elles n'en demeurent pas moins singulières. Les illusions d'optique, qui correspondent plutôt à des illusions sensorielles, nous révèlent certaines failles perceptives de notre système visuel. Au-delà du trompe-l'œil, les représentations fondées sur les mécanismes de la vision, effets d'optique et illusions visuelles, sont utilisées par les créateurs pour troubler la perception du réel. On peut se perdre dans le dédale des perspectives paradoxales d'Escher ou être incapable de séparer ces fameuses mains qui se dessinent l'une l'autre. « L'œil, une main », formulait avec concision Manet, reflétant ainsi la quête d'une transcription picturale directe de l'impression visuelle suscitée par un motif impressionniste pour la transmettre au spectateur. On impute à la survenue de certaines affections ophtalmologiques les choix artistiques que prirent certains artistes comme Monet, atteint de cataracte, ou encore Degas, atteint d'une dégénérescence maculaire qui lui fit progressivement délaisser la peinture pour la sculpture. À l'instar de la lecture en braille, ce virage artistique peut aussi s'interpréter comme un passage de témoin de l'œil vers la main, l'organe qui supplée la vision déficiente.

L'invention de la photographie, « l'œil au bout des doigts », a bouleversé la manière de représenter le monde. Il suffit à l'index d'appuyer sur un obturateur au moment clé pour saisir la scène cadrée dans l'oculaire. Auparavant, les doigts du photographe auront parcouru les bagues de l'objectif, tourné des molettes et poussé quelques boutons sur un appareil reflex. L'usage répandu du smartphone a démocratisé la pratique de la photographie, qui est aujourd'hui accessible à tout moment grâce à ce petit rectangle muni d'écran tactile tenu à bout de bras. Quels que soient son type et ses performances, « l'appareil photo est un outil qui enseigne aux gens à voir sans appareil photo », notait la photographe Dorothea Lange. L'image figée et révélée à l'œil du spectateur après le développement, l'impression ou l'affichage digital du cliché est-elle une transcription fidèle de la réalité ? Elle demeure tributaire des choix du photographe en matière de point de vue et de rendu final. La photographie n'est pas l'objet qui lui sert de support, mais l'image qu'elle représente, ainsi que l'effet qu'elle produit chez celui qui la tient dans la main.

De fait, l'omniprésence des objets numériques munis d'écrans tactiles a offert une autre modalité d'interaction entre la main et la vision à l'observation du ciel nocturne. En quelques années, nos doigts ont appris une multitude de gestes coordonnés destinés à favoriser l'intégration de l'information visuelle délivrée par les supports numériques. Auparavant, l'essor des jeux vidéo avait permis de développer des boucles d'interaction entre les mouvements transmis par la main à un *joystick* et leurs effets sur le déplacement d'un objet virtuel affiché sur l'écran. Aujourd'hui, les consoles de jeu utilisent des signaux vibratiles en fonction de l'action du joueur ou d'un événement spécifique de la partie. L'utilisation de ces nouveaux dispositifs haptiques, auxquels s'ajoutent des moyens optiques sophistiqués comme les casques de réalité virtuelle, participe à l'immersion du joueur au sein de ces environnements numériques.

Ces dispositifs sont également utilisés à d'autres fins que ludiques par certains chirurgiens pour répéter une intervention ou une séquence de gestes particulièrement délicats. La chirurgie réfractive, qui permet aux yeux amétropes de devenir emmétropes, et affranchis du besoin de correction en lunettes ou lentilles, s'est développée de façon relativement contemporaine avec l'essor du monde numérique. Elle a été révolutionnée il y a bientôt trois décennies par la mise à disposition de lasers asservis à des systèmes opto-électroniques de calcul et de contrôle sophistiqués. La précision et la vitesse d'exécution de ces outils fabuleux excèdent largement celles de la main du chirurgien le plus adroit ; songez qu'il existe des lasers dits femtosecondes capables de délivrer des tirs à la cadence de plusieurs centaines de milliers de tirs par seconde, et que chacun atteindra sa cible avec une précision de l'ordre du micron (un millième de millimètre) à une profondeur prédéterminée du tissu cornéen. Pourtant, la main du chirurgien demeure indispensable pour la bonne exécution de certains temps de la technique opératoire, qui sont plus difficiles à automatiser qu'un *pattern* régulier de tirs laser sur un tissu immobile. Les gestes à accomplir doivent être à la fois doux, précis, coordonnés, et adaptés à une configuration constamment évolutive. Comme tous les gestes spécialisés qu'accomplissent nos mains, leur bonne exécution relève d'une parfaite conjonction entre l'espace où celles-ci évoluent et sa perception par le système visuel de leur exécutant. L'œil et la main coopèrent et évoluent dans un référentiel commun.

Quel que soit son degré de complexité, la réalisation d'un geste chirurgical requiert une phase d'apprentissage où les informations fournies par l'œil et la main s'assistent mutuellement pour permettre ensuite, une fois maîtrisé, de pouvoir véritablement l'accomplir les yeux fermés.

La main de Plantu

Quand une souris ou une colombe s'égarent sur un dessin de Plantu, que font-elles? Elles nous prennent à témoin d'une évidence à peine voilée: la main gauche de leur créateur a des choses à dire... Et donc à dessiner.

Elle sait se faire drôle ou cynique, caressante ou provocatrice, pensive ou moqueuse, sans aucune restriction. Elle dessine notamment d'autres mains célèbres qui se serrent, avec courage ou cynisme. La main de Plantu n'est pas silencieuse et son art peut même être assourdissant. C'est une arme d'information et de dénonciation massive qui a un seul but, parfaitement résumé par le nom de l'association que le dessinateur a créée, *Cartooning for peace*.

Avec ces trois dessins, où Plantu sait aussi s'effacer derrière d'illustres personnages, un message passe: les mains des dessinateurs sont aussi les hérauts de notre monde.

Dorian Chauvet

OH! PUTAIN!!
IL VA LE
FAIRE!!!
PLANTU

« On dit que je fais des dessins en cinq minutes, mais on oublie toujours que pour y arriver, pour que mon poignet y arrive, j'ai travaillé plus de 60 ans ».
Picasso

« Tant de mains pour transformer ce monde, et si peu de regards pour le contempler »
Julien Gracq (1910-2007)
PLANTU

M-A-I-N

Philippe Apeloig / designer, typographe

Mes yeux sont devenus mes mains.

J'ai été admis à l'École supérieure des arts appliqués Duperré en 1981. Je voulais devenir peintre, dessinateur, metteur en scène ou chorégraphe. Avant de passer le concours d'entrée, il fallait choisir une section. J'ai procédé par élimination. Le stylisme, le textile et l'architecture d'intérieur ne m'intéressaient pas. J'ai préféré la section « expression visuelle », un intitulé attrayant mais énigmatique.

Aujourd'hui, pour raconter l'histoire de la transformation de mes mains, je pense à des moments gravés dans ma mémoire. Ils ont l'air d'être inscrits au creux de mes paumes. J'imagine une diseuse de bonne aventure qui les décèlerait en suivant mes lignes de vie, de sagesse, de cœur, de destin…

La lettre M, initiale du prénom de Maria

Très jeune, je passais mon temps à dessiner. Mes parents, me voyant jouer avec des crayons de couleur, m'avaient inscrit aux cours municipaux de peinture de Vitry-sur-Seine. La professeure, Madame Dèze, accueillait une douzaine d'enfants au dernier étage d'un ancien bâtiment, rue Audigeois, qui regroupait la bibliothèque municipale et le conservatoire de musique. Nous habitions près de la gare. Un bus me déposait sur la place du marché. Je continuais à pied jusqu'à une petite place ornée de quatre marronniers, pareille à celle d'un village. Autour, il y avait d'immenses chantiers de construction.

Maria Dèze portait une ample blouse blanche boutonnée par-dessus des robes à volants aux formes évasées et multicolores. Elle avait des colliers faits de grosses perles en bois, en verre et en céramique. Parfois, elle nouait ses cheveux noirs d'un foulard aux motifs fleuris ou elle les retenait d'un serre-tête rouge, ce qui à mes yeux lui donnait des airs de gitane. J'ai commencé au premier niveau et suis resté son élève une dizaine d'années. Nous l'appelions « Madame Dèze », jamais « Maria », lui témoignant ainsi notre respect. Nous la vouvoyions.

Je me souviens des premiers cours de Madame Dèze. Elle nous demandait de punaiser des feuilles de format raisin sur des panneaux de bois fixés aux murs. Au milieu de l'atelier, il y avait une rangée de coupelles avec de la pâte de gouache et une autre rangée de godets remplis de gouache diluée. Avant de nous emparer des pinceaux, Madame Dèze s'asseyait sur un haut tabouret. Elle nous demandait de nous tenir debout en demi-cercle autour d'elle. Elle nous apprenait des gestes d'assouplissement des mains. Nous devions les faire tourner comme si nous manipulions des marionnettes. C'étaient des mouvements circulaires et ondulants qui permettaient de décrisper nos articulations et nos doigts. Nous devions aussi masser l'intérieur de nos paumes. Puis nous répétions les mêmes gestes avec un pinceau ultrafin au long manche ou avec une brosse à bout carré. Après, elle nous invitait à nous approcher des feuilles punaisées sur les murs, à fermer les yeux et à caresser le papier pour en ressentir la texture. Elle nous apprenait qu'une main d'artiste pouvait être légère, puissante, douce, hésitante… Nous avions hâte d'étaler la couleur avec des grands gestes, sans crainte des dégoulinures, ce qui était impossible à faire à la maison faute de place et parce qu'il ne fallait pas salir. Préparer notre palette prenait quelques minutes. Nous nous précipitions pour saisir un pinceau et peindre. Nous laissions libre cours à notre imagination, tellement heureux de mélanger les couleurs. Nous avions de la peinture plein les doigts. Madame Dèze nous lisait des histoires. Des récits peuplés d'êtres fantastiques, de plantes et d'oiseaux exotiques. Nous nous en imprégnions. Parfois elle nous demandait de poser à tour de rôle. On se tirait le portrait. Je m'appliquais.

Madame Dèze nous présenta un dessin de Picasso. Deux mains tenaient un bouquet de fleurs. On aurait cru qu'un enfant l'avait fait. Elle nous emmena aussi à la bibliothèque où il y avait un téléviseur. Un film était programmé. On y voyait Picasso, en pleine maîtrise de son art, peindre sur une vitre. Ses mains effaçaient ce qu'il venait de créer et il recommençait inlassablement. C'était stupéfiant.

Madame Dèze nous proposa de dessiner une affiche pour la Fête des lilas de Vitry-sur-Seine. J'avais beaucoup d'idées. Madame Dèze, qui favorisait la spontanéité des traits, en choisit une. Elle m'aida à l'améliorer en tenant compte des contraintes des techniques d'impression. La composition de ma première affiche ressemblait à une grosse grappe rose fuchsia sur un fond moutonné de taches vertes. Pendant les cours du vendredi soir, nous faisions de la linogravure. Notre professeure nous indiquait les précautions à prendre. Une main devait tenir la plaque de linoléum toujours derrière l'autre qui l'entaillait à la gouge. Puis nous nous emparions d'un rouleau sur lequel il fallait répartir l'encre de façon régulière avant de l'étaler sur le lino. L'opération suivante consistait à poser une feuille sur la plaque et à passer l'ensemble sous une presse pour que l'encre se dépose sur le papier. Nous utilisions aussi la technique de la sérigraphie, ce qui me permit d'imprimer mon affiche et de la voir ensuite placardée sur les murs de la bibliothèque.

La lettre A initiale du mot art

Pendant mes années au lycée, je me suis inscrit aux cours du soir de la Ville de Paris pour préparer les concours d'entrée en écoles d'art. C'était un apprentissage académique du dessin d'après modèle vivant. Dans la salle de classe, il y avait des dizaines de chevalets à touche-touche autour d'une estrade où posait une femme ou un homme. Les élèves se serraient les uns contre les autres. Le professeur rectifiait les erreurs de proportions et nous indiquait comment accentuer l'impression du clair-obscur. J'avais un fusain dans ma main droite, et dans la gauche un fil à plomb, un chiffon et une gomme mie de pain. À force de m'exercer, j'ai obtenu un bon coup de crayon.

À l'École des arts appliqués, la mode des illustrations hyperréalistes imposait son style. La tendance venait des États-Unis, où des artistes s'évertuaient à peindre mieux qu'une photo. Leurs tableaux représentaient des reflets sur des vitrines de magasins, des gros plans de carrosseries de voitures ou des éclats de lumière sur des surfaces en inox. Tous les élèves rêvaient d'acquérir cette technique. Il régnait une féroce compétition entre nous. Celle ou celui qui imiterait à la perfection le réel obtiendrait la meilleure note. Je passais des heures à fignoler des images aux crayons de couleur et à l'aquarelle, mais je n'ai jamais réussi à faire partie des mieux notés.

J'étais ébloui par la dextérité de notre professeur principal, l'éminent calligraphe Roger Druet. Il nous enseignait l'histoire des inscriptions latines. Il nous apprenait à écrire en *quadrata*, en *rustica*, en onciale, en caroline, en gothique et en d'autres styles plus baroques qu'il considérait comme l'âge d'or de la calligraphie. Il nous montrait les majestueuses envolées des écritures de Louis Barbedor, un des grands maîtres calligraphe du XVIIe siècle. Nous pouvions librement laisser notre main déployer nos facultés inventives et multiplier des traits de plume ornementaux. Roger Druet nous donnait des instructions précises quant à la maîtrise du geste. Il nous montrait l'exemple. Il s'emparait d'une feuille et d'un calame qu'il avait trempé dans l'encre. Il levait le bras en tenant fermement son outil. Puis d'un geste vif, sa main plongeait vers la feuille. Il tournait son poignet dans un sens et dans un autre. Il laissait la plume glisser en traçant des courbes plus ou moins tendues. Il appuyait avec son outil ou bien il jouait de la douceur des arrondis. Les gestes chorégraphiques de sa main, la souplesse et la précision de son *ductus* nous subjuguaient. Roger Druet suivait les progrès de chaque élève. J'attendais qu'il s'empare de ma plume. Il complétait ou corrigeait mes pages d'écriture. Suivant ses recommandations, je veillais à préserver une hauteur de lettre constante et une approche régulière pour aboutir à un pavé de texte au gris homogène que je composais ligne après ligne. J'ai exercé ma main à dessiner des arabesques jusqu'à gagner en virtuosité. Il suffisait d'incliner la pointe biseautée de mon outil pour obtenir de beaux pleins et déliés. Je m'installais à ma table de travail, le corps bien droit dans une sorte de position méditative. Ma main dansait sur le papier. Tracer des lignes, trouver la volatilité du trait tout en m'assurant de sa régularité exigeait un effort de concentration. Atteindre l'excellence d'un maître d'art m'attirait et me paralysait. J'avais conscience qu'il me faudrait des années de pratique avant d'acquérir de l'aisance. Plusieurs fois, je jetai la feuille avec hargne, excédé de devoir recommencer.

Roger Druet nous initia aussi à la typographie. Il nous apprit à composer des textes avec des caractères en plomb et à dessiner des lettres d'imprimerie à la mine de plomb. Les tracés devaient être à peine visibles, puis il fallait reprendre les contours au Rotring. On remplissait ensuite le corps des lettres à la gouache. Je me faisais la main, gagnais en agilité, alors que j'avais toujours été malhabile et peu bricoleur.

Pendant les cours de géométrie descriptive, je détestais le casse-tête des représentations linéaires d'une figure en élévation, en plan, de profil ou en coupe. Il y avait toujours au moins une dégoulinure sur mes épures. Le meilleur élève de la classe était manchot. Il posait son réglet sur sa feuille. La prothèse de son autre bras restait pendue le long de son corps. Quand il traçait un trait au tire-ligne, la règle ne bougeait pas d'un iota. Il attendait que l'encre sèche, puis il retirait la règle. Son dessin était parfait et d'une précision inouïe. Jamais une tache ne salissait son rendu. J'aurais aimé faire aussi bien que lui.

À l'École des arts décoratifs où j'ai poursuivi mon cursus d'études, il n'était pas question de calligraphie et très peu de typographie, mais de communication visuelle politiquement engagée. L'usage des graffitis et de l'écriture manuscrite au marqueur, comme sur les pancartes des manifs, était encouragé en réaction à la sévérité de la typographie suisse omniprésente dans la publicité. Je n'y trouvais pas mon compte. Mais après deux stages consécutifs aux Pays-Bas en 1983 et 1985 chez Total Design, j'ai été fasciné par la rigueur d'un modernisme épuré, une approche conceptuelle du graphisme et la typographie expérimentale. Le second stage ne fit que confirmer mon affinité pour l'ascèse de l'abstraction. À Amsterdam, j'ai choisi mon métier et comment le pratiquer.

En 1985, j'ai commencé à travailler au musée d'Orsay avant même d'avoir passé le diplôme des Arts décoratifs. Aussi, cette année-là, je remarquais dans les rues et dans les couloirs du métro l'affiche inaugurale du musée Picasso à Paris. Contrairement à la plupart des affiches culturelles, il ne s'agissait pas de la reproduction d'une œuvre. L'affichiste Roman Cieslewicz, qui en était l'auteur, avait mis en pleine page une photo de la main de Picasso, comme si elle avait été coupée. Cette main de géant, reproduite en négatif, blanche sur fond noir, la paume ouverte et tendue, les doigts serrés, était comme la carte d'identité de l'artiste. Elle frappait l'œil des passants. Elle claquait. La composition de l'affiche était complétée de trois mots orientés à quatre-vingt-dix degrés en lettres capitales de style pochoir, semblables à celles utilisées sur les caisses de livraison: MUSÉE / PICASSO / PARIS. Cieslewicz rendait un hommage de style pop art au génie de la peinture du XXe siècle. Il avait réalisé son affiche manuellement comme tous ses autres collages qui le rendirent célèbre. La main de Picasso vue par Cieslewicz saluait aussi un tournant dans l'histoire du design graphique. Elle était comme un signe d'adieu à la technique du tout fait main. Bientôt, les graphistes allaient s'emparer de l'outil informatique.

La lettre I initiale du mot informatique

À la fin de l'année 1987 alors que le musée d'Orsay était ouvert depuis un an, j'ai réalisé l'affiche de la première exposition sur l'architecture de Chicago. C'était un collage avec une photo en sépia et des blocs de textes composés traditionnellement. Aussi, pour déformer la typographie du titre et lui donner un effet de perspective, je m'étais servi d'une palette graphique dans un laboratoire spécialisé en images de synthèse. Avec cette affiche, j'avais testé l'intégration d'un élément graphique obtenu par une manipulation digitale.

Dans la foulée, j'ai bénéficié d'une bourse du ministère des Affaires étrangères qui m'a permis de travailler pendant un an à Los Angeles avec la graphiste April Greiman. Formée à l'école de Bâle, elle mélangeait librement des lettres, les superposait à des formes géométriques, comme si elles flottaient dans l'espace. J'aimais son approche d'un design sophistiqué et pictural.

Son agence était située dans une ancienne brasserie du Downtown LA où de nombreux artistes travaillaient. L'aménagement intérieur ressemblait à une de ses affiches avec des meubles colorés et déstructurés. April rayonnait dans cet univers qui témoignait de son goût exquis pour l'insolite, l'ambiance new age et le style postmoderne. Trois jeunes assistants l'aidaient. Nous étions juchés sur des tabourets devant des tables au revêtement phosphorescent. Il y avait des blocs de feuilles de papier-calque, des pots de crayons de couleur, des feutres, des règles et devant chacun d'entre nous un ordinateur Mac Plus, autrement dit un cube en plastique beige incorporant un minuscule écran.

Bien avant tous les autres graphistes, en vraie pionnière, April avait considéré l'ordinateur comme un outil de création. Elle avait su s'adapter à la complexité des logiciels.

Dans un premier temps, je pesais le pour et le contre de cette méthode. Mes études d'art me semblaient aux antipodes d'un métier de bureautique. De plus, j'étais réfractaire à l'effet d'escalier des pixels sur l'écran et aux images qui sortaient de l'imprimante. Puis j'ai balayé mes préjugés. La tentation était trop grande. Un matin, j'ai essayé de me servir du Mac en frappant sur le clavier de mes deux index. J'étais bien embarrassé ! Je n'avais jamais appris à utiliser mes dix doigts sur une machine à écrire. Impossible de rivaliser avec la rapidité des gestes des autres graphistes.

Peu à peu, je me suis familiarisé avec l'usage de l'ordinateur. C'était une plongée dans l'apprentissage d'un processus créatif encore balbutiant, servi par une technologie de pointe. À la fin de mon séjour en Californie, je me sentais désorienté, mais convaincu d'avoir été initié à une nouveauté importante. La façon de travailler et de penser le design dans l'agence d'April Greiman m'a régénéré. Je suis rentré en France avec un ordinateur d'Apple dans mes bagages. Il ouvrait des horizons. Cet instrument révolutionnaire simplifiait la technicité du métier et amplifiait la créativité. Ce fut également une délivrance quant à l'utilisation rapide et même ludique de la typographie. Mais paradoxalement les gestes devenaient mécaniques. Je ne dessinais presque plus à la main ou si peu: des gribouillis, des ébauches comme des notes pour concrétiser une idée.

Depuis, la technologie a progressé à toute allure. J'ai gagné en expertise. Je conçois mes projets graphiques au rythme des cliquetis de mon clavier. J'ai remballé mes carnets de dessins, les calques, le papier millimétré, la carte à gratter, les films inactiniques que je découpais au scalpel X-Acto. J'ai mis au rencart mon té, mes équerres, mes règles, mon typomètre, mes stylos Rotring qui se bouchaient parce que l'encre de Chine avait séché. Mes compas et mes tire-lignes ont rouillé dans mes tiroirs.

Mes yeux sont devenus mes mains et des lasers remplacent mes yeux.

La lettre N initiale du mot nuancier

D'année en année, de décennie en décennie, je réponds à des commandes : affiches, logos, mises en page de livres, de brochures, créations de caractères typographiques, animations avec des lettres. Je reprends inlassablement mes idées sur l'écran de mon ordinateur. Je multiplie à l'infini les possibles. Bien souvent, j'ai l'impression de n'avoir jamais fini mon ouvrage. J'imprime les étapes de mes recherches et les accroche sur les murs de mon atelier pour les avoir en permanence sous les yeux. Je les observe attentivement ou simplement d'un coup d'œil en passant. Je crayonne dessus ce qui ne va pas, j'annote ce qui peut être amélioré ou supprimé. Il m'arrive de les découper et de les assembler, pensant avoir ainsi trouvé une meilleure solution. Puis je reprends mon projet sur l'ordinateur jusqu'au moment où tous les éléments sont bien proportionnés et à leur juste place.

Je travaille dans un atelier baigné de lumière. Je ne me résigne pas face à la toute-puissance du numérique, même si l'ordinateur, l'écran, le clavier, la souris, le serveur, le disque dur externe, les clés USB, l'imprimante, les cartouches d'encre, etc. sont devenus mes principaux outils. La tactilité de mes mains est confinée à des petits battements du bout des doigts qui tapotent le clavier et cliquent sur la souris. Parfois elles s'immobilisent en surplomb des touches du clavier. J'hésite un moment avant de tout effacer et de recommencer, un peu comme dans le film *Le Mystère Picasso* de Clouzot, que j'ai revu bien des fois.

Mes mains ont subi les aléas du temps. Elles se sont épaissies, ridées, avec des veines qui sont de plus en plus apparentes. Elles sont surtout devenues paresseuses. Leurs mouvements ont régressé. Elles ne tiennent presque plus rien et portent peu de choses. Mais elles touchent sans arrêt. Aujourd'hui, c'est même seulement la pulpe de mes doigts qui effleurent et caressent l'écran de mon téléphone portable ou celui de ma tablette numérique. Les ingénieurs continuent à inventer et à perfectionner les instruments numériques. Bientôt, avec l'intelligence artificielle, un dessin se fera tout seul au son d'une voix qui dictera à l'ordinateur les desiderata des designers. Demain, à quoi mes mains serviront-elles?

Ces mains qui m'ont gardé en vie

Patrick Baudry / astronaute

J'ai passé mon enfance dans la terreur de ne pouvoir garder l'excellente vue que j'ai eu l'immense chance d'avoir. Je n'ai jamais réalisé que l'usage de mes mains était tout aussi vital. À quatre ans, je rêvais de voler, le reste a été du gâteau. Je savais ce que je voulais faire, je n'avais plus qu'à m'en donner les moyens ! Et, c'est ce que j'ai fait.

Dans mon cas, la main n'a été rien d'autre que l'élément essentiel qui me permettait de transformer mes rêves. Elles, mes deux mains, parce qu'elles marchent par paire et sont complémentaires en duo – comme souvent ce qui fonctionne le mieux dans la vie –, ont pris en mains nombre d'accessoires qui étaient l'interface entre mes rêves, ma volonté et les objets que je voulais m'approprier, comme un enfant prend son jouet : à deux mains !

Guidon de vélo, puis de moto, volant de voiture, manche d'avion, porte d'entrée du Soyouz russe et de la navette américaine ! Mes mains m'ont servi à assouvir mes désirs tout simplement parce qu'elles sont le dernier élément du corps permettant de créer un lien entre notre cerveau et le monde, ou pouvant y faire obstacle si elles nous font défaut. Ce fut le cas toute ma vie, je me suis servi d'elles comme d'un moyen de passage entre mon esprit et le monde que je dévorais !

J'ai déjà prêté mes mains à un livre pour une amie qui les trouvaient belles et expressives, et mon épouse Stéphanie a coutume de dire que leurs mouvements sont élégants ! Je n'y avais jamais songé, mais cela est très vrai : les mains ont cette capacité, cette dimension esthétique en plus qui permet aussi de traduire et parfois de trahir certains aspects psychologiques de notre caractère. Comme Carla Bruni le souligne : « Tout est dans l'élégance, même au creux d'un looping ! », et Dieu sait que mes mains, qui semblent donc être élégantes, m'ont permis de faire de sacrés loopings, et même une barrique en Concorde ! Elles ont été – avant tout – l'instrument nécessaire de toutes les manœuvres que j'ai engagées à bord d'un aéronef quel qu'il soit, dans ma volonté de vivre avec eux les plus beaux vols de ma vie, et souvent, ce sont elles qui ont fini par guider les mouvements que mon cerveau voulait initier. Ce sont mes mains, finalement, dans mes vies de pilote et de pilote d'essai, qui m'ont gardé en vie !

Lorsque j'étais dans l'espace, mes mains me servaient surtout à capter tous les objets qui échappaient à mon contrôle, flottant librement dans l'habitacle de la navette, et elles étaient surtout heureuses de happer au passage les objets qui passaient ! Mon cerveau leur disait de privilégier mon appareil photo Canon ou la cacahuète que mon ami Sultan mettait sur ma trajectoire. Parfois je me passais de mes mains et l'attrapais directement avec ma bouche !

En fait, une fois là-haut, elles sont surtout redevenues une partie de mon corps comme une autre. On n'a besoin de ses mains, lorsqu'on vole, que pour s'accrocher à quelque chose, lorsqu'on cherche à se poser, comme un oiseau se sert de ses griffes pour s'accrocher à la branche qu'il guette au loin… Mes mains, que j'oubliais – cela ne se produit jamais sur Terre tant on les sollicite –, me rappelaient alors mon existence, et avec leur existence, celle de mon corps qui ne pesait plus rien. Dans mes très rares moments de liberté, lorsque mes mains et moi-même n'avions pas de travail, j'oubliais mes mains et mon corps, pour n'être que le produit de ce que mes yeux renvoyaient – en matière d'informations et d'images, d'émotions aussi – à mon cerveau. Lorsque vous oubliez vos mains, vous oubliez votre corps, un peu comme lorsque vous vous couchez : vous posez vos mains sur le matelas ou sur votre corps, et votre corps suit le même abandon. Le réveil ne se produit vraiment que lorsque votre main saisit ou effleure le premier objet, la main mise en mouvement amorce les mouvements de votre corps, et la journée n'a plus qu'à se dérouler au gré de votre présence en divers lieux, au gré des actions que vos mains enchaînent !

Avec ce nouveau siècle qui évolue, les mains semblent un peu perdre la partie. Leur force primaire, primitive, disparaît doucement au vu de l'usage démultiplié que nous faisons de nos doigts. Je me souviens encore, le 29 juin 2007, quelque vingt-deux ans après mon vol spatial, avoir pensé que mes mains étaient le prolongement de mon cerveau, en tenant l'un des tout premiers iPhone. Moi qui avais eu tous les ordinateurs, tous les téléphones, j'avais là quelque chose qui remplaçait tous mes anciens outils de travail, lourds et encombrants, qui tenait directement dans ma main – une seule main – et qui remplissait quasiment toutes les fonctions de ma vie quotidienne, qui parait à tous les impératifs de ma vie professionnelle.

Ceci est en train de disparaître. La voix prend de plus en plus de place – et pas toujours à bon escient – et la technologie et l'ergonomie aidant, tout se fait au doigt (pas encore à l'œil... quoi que !). Le monde de demain efface le pouvoir des mains. Les outils et les robots ont déjà mis à mal nombre de métiers où elle était essentielle, et je déplore profondément cela. La main et son talent apportaient un peu plus de beauté au monde ! Nous contrôlons de plus en plus de choses de nos seuls doigts, et souvent même avec une seule de ces résurgences de nos griffes ancestrales. Le monde moderne semble vouloir signifier la fin du pouvoir de nos mains dans notre vie quotidienne !

Je veux que ma vie utilise encore mes mains comme dernière étape du processus de ma volonté, qu'elles soient celles qui choisissent de frapper ou de caresser, de serrer ou de lâcher, de saisir ou d'éviter selon les circonstances et en toute justice ! Je veux que mes mains servent mon expression et montrent ma considération. Et, lorsqu'elles s'empareront encore de choses, qu'elles les choisissent mieux parce qu'avec le temps, j'ai appris qu'elles me seront essentielles jusqu'à ce qu'elles ne puissent plus rien happer du tout et s'éteignent dans le souvenir de tout ce qu'elles auront saisi, car mes mains vivantes, c'était ma vie !

LA MAIN EN ESCARGOT

Albin de la Simone / musicien, dessinateur

Je suis gaucher. Personne ne m'a empêché, mais cela n'a pas été simple pour autant. Si dans les années 70, il était accepté de l'être, il fallait se fondre dans le moule des droitiers et ne pas déranger la bonne marche de la classe. J'ai donc appris sans assistance à écrire de la main gauche, obligé d'inventer une technique très personnelle pour éviter que ma main, repassant sur le texte à mesure qu'elle l'écrit, ne vienne étaler l'encre fraîche sur le papier. Une position de main que je nommerai « en escargot ». Plus tard, intéressé par la calligraphie, j'ai aussi découvert que, à moins d'écrire en arabe, je n'avais pas les mêmes possibilités que les droitiers. D'abord parce qu'ils tirent la plume vers la droite alors que moi je la pousse. Quand elle est pointue, il arrive régulièrement qu'elle se plante dans la fibre du papier, occasionnant des coulées ou des éclaboussures d'encre. Plus difficile encore : l'écriture à la plume biseautée, le gothique, par exemple, a été conçue par et pour les droitiers. Il est presque impossible d'obtenir le même graphisme de la main gauche, à moins d'écrire à rebours en commençant chaque lettre par son extrémité droite et en tirant la plume vers la gauche. Résultat discutable. Fluidité et plaisir zéro. Une autre possibilité est de tourner la feuille d'un cran vers la droite. Les verticales deviennent des horizontales, le cerveau ne comprend plus rien, mais l'angle de la plume est rétabli. Ça marche à peu près, c'est même la seule vraie solution, et elle exige qu'on accepte de désapprendre pour réapprendre autrement.

Bizarrement, au piano, tout comme au foot ou au ping-pong, je ne suis pas gaucher. Ma main droite est légère et déliée. Ma main gauche est plus… pachydermique. Je n'ai presque jamais fait de gammes ni d'exercices techniques. Mon rapport à ce travail mécanique, que je ne trouvais pas suffisamment musical, était proche de l'aversion, et ne relevait pas de la flemme, comme le croyait mon père. Cette fragilité technique m'a barré l'accès à la musique classique, et également éloigné de ma première vocation, le jazz, une musique

Mes deux mains gauches,
Albin de la Simone

elle aussi très demandeuse en technique. J'ai développé une façon de jouer limitée, adaptée à mes besoins, à mes envies et mes goûts, qui a sans doute réciproquement contribué à mon attrait pour les choses simples et minimales. On apprend à aimer ce qu'on a, ce dont on est fait, et à en faire une force.

Par ailleurs, ma capacité à lire la musique écrite n'est pas fluide. Je déchiffre, mais ne lis pas à vue. Devant une partition, je ressemble à un enfant de six ans qui lit un texte presque phonétiquement, son après son, sans intention. Je suis donc toujours resté éloigné des partitions, qui ne m'apportaient que frustration et complexes, pour développer une oreille forte, capable instantanément de décoder et jouer ce qu'elle entend. Cela aussi a orienté ma façon d'entendre, penser, et concevoir la musique. En revanche, j'écris facilement les partitions, pour faire interpréter par d'autres ce que j'ai en tête. Ensembles de cordes ou de cuivres, chorales, orchestres en tous genres. Des partitions que souvent je ne pourrais moi-même pas lire de façon fluide, mais qui s'adressent à des instrumentistes dont c'est le métier. J'aime écrire la musique à la main, soigneusement. La forme des notes, des nuances, le tracé à la plume des liaisons, les pleins et les déliés, la répartition sur la portée si proche de la composition d'un dessin. Le graphiste et le musicien unis par la même tâche ! Mais malheureusement, l'écriture numérique, beaucoup plus rapide et universellement lisible, a remplacé l'écriture manuelle, et je n'ai que très rarement l'occasion d'écrire des doubles croches, des clés de sol et autres *crescendos* sur du papier. Quand on apprend le piano, on numérote les doigts de 1 à 5, en partant du pouce. Sur les partitions, on ajoute parfois au crayon un petit chiffre au-dessus d'une note pour préciser quel doigt doit la jouer. Depuis quelques années, mes deux pouces ont découvert une nouvelle activité, un grand rôle qui les conforte dans leur position de doigt numéro un: saisir les messages sur mon téléphone. Je développe une nouvelle dextérité, tapant à la vitesse de l'éclair en alternant pouce droit et pouce gauche au gré de la position des lettres sur le clavier. Alors que tous les moins de trente ans semblent avoir acquis ce nouveau talent, certains de mes congénères ne tapent qu'à un pouce. Ils se livrent à une gymnastique extrêmement contraignante qui me ralentit et me fait souffrir pour eux. Je ne parle même pas de ceux qui tapent avec un index, condamnant leur seconde main à tenir l'appareil.

Mes auriculaires sont aussi sollicités d'une nouvelle manière depuis le développement massif de l'écriture sur *smartphone* : l'appareil repose sur eux pendant la rédaction des messages, et je commence à sentir que cet appui ne sera peut-être pas sans incidence sur l'état de mes mains.

La vie des bijoux

Jean-Sébastien Lamour / sertisseur

Assis sur la chaise, le corps bien installé devant l'établi ; l'épaule gauche en appui. Dans le creux de la main droite, l'échoppe ; dans la main gauche, la poignée en bois sur laquelle est figée dans la cire la bague, la boucle d'oreille ou le pendentif. Tout le haut du buste est bien calé afin d'exercer d'une légère rotation la pression nécessaire pour que l'outil attaque le métal. Le poids du corps via l'épaule transmet la force à l'avant-bras et au bras. Le poignet dirige et la main guide l'échoppe dans la matière. À chacun, selon son physique et sa corpulence, de trouver la bonne sensibilité. L'équilibre vient avec la pratique. C'est la main dans toute son intelligence qui dompte et organise les différentes parties du corps. Les forces s'ordonnent et se mettent en harmonie. Ce sont elles qui sont le dernier capteur coordinateur des informations. Dans son exécution, le geste doit paraître le plus simple et le plus épuré possible. Sans force et sans à-coup, avec tact, grâce et fluidité, comme un gymnaste ou une danseuse étoile.

Dans mon atelier de sertissage, il y a quelques machines telles qu'un mouton, un balancier à bras, un laminoir, un tour à polir et, au milieu de tout ça, des tables et des établis sur lesquels travailler. Mon établi est particulier, avec une large échancrure pour que le corps puisse y rentrer en partie au niveau des épaules. Ainsi, je peux bloquer mon épaule gauche et libérer mon bras droit, pour être libre de tout mouvement. Ma tête est juste au-dessus de ma pièce à apprêter. Mes mains m'ont aidé à trouver ma voie après un premier travail dans un atelier. La délicatesse et la finesse de leur travail m'ont fait opter pour la branche sertissage, un des métiers du monde du bijou, un des maillons de la chaîne… Peut-être la partie la plus délicate, la plus sensible et la plus précise dans l'élaboration du bijou. Celle qui requiert la plus grande attention et la plus infime concentration. Elle doit surtout respecter les pierres précieuses qui, pour certaines, sont très fragiles. La pierre brute est mise en forme et facettée par un lapidaire ou un diamantaire. Ensuite, le joaillier crée le support en métal précieux et ménage des emplacements pour recevoir les pierres. C'est au sertisseur d'ajuster une pierre dans chaque logement, pour la bloquer et la maintenir, afin que métal et pierres ne fassent plus qu'un. Il donne vie au bijou. Les outils servent à maintenir fermement la pierre. Le métal, solide au demeurant, s'il est trop contraint, trop sollicité par des étirements ou des torsions, finit par céder, alors gare à la casse! De même pour la pierre, la force exercée sur elle peut mettre en péril sa structure ou sa surface. Elle peut se rayer, se casser, s'égriser sous l'action et la pression que met le sertisseur pour l'incruster dans la monture. La plus dure d'entre elles, le diamant, peut s'abîmer aussi comme toutes les pierres. Les tenir entre des griffes ou marteler l'or autour d'elles tient de la juste combinaison entre force et résistance que seule la sensibilité de la main arrive à traduire et à maîtriser. Les actions d'outils, comme les pinces, les échoppes, les perloirs, le marteau et autres, sont potentiellement très violentes, mais la main apaise leurs ardeurs.

Un beau sertissage est un travail qui doit s'effacer derrière la beauté et la splendeur des couleurs de certaines gemmes. Je masque le plus possible le support et monture. La lumière vient saisir et faire scintiller toutes les facettes des centres qui semblent suspendus aux griffes. Le bijou devient joyau.

Seul le pouvoir de la main est apte à faire opérer la magie. L'interaction entre mon cerveau et mes mains se fait tout en délicatesse, en subtilité, en caresses et en sensualité. La confiance en ses mains offre une liberté dans la réalisation et un travail de meilleure qualité. Quelle intelligence artificielle serait apte à copier ces petits gestes et ces subtiles imperfections de la main? La main sait rendre humain ce qu'elle touche, mettre de l'émotion et faire vibrer une œuvre. Je remercie mes mains tous les jours. Je les vois encore œuvrer autour d'un bijou. Je me vois comme dans une transe à mon poste de travail. Isolées du monde extérieur par mon esprit, mes deux mains s'ordonnent et se coordonnent comme pour une valse. Elles créent une danse si particulière autour de l'objet à habiller. Elles s'exécutent par gestes, sans amplitude, avec une grande simplicité et en pleine harmonie. Une fluidité sans accroc et sans effort, le geste devient limpide. Elles semblent dicter à mon cerveau le mouvement demandé aux muscles. L'esprit visualise la finalité et les mains, en parfaite indépendance, demandent au cerveau de bouger tel ou tel doigt. L'une crée un petit déplacement, une rotation, une inclinaison, pendant que l'autre exerce un effort sur la matière par le truchement de l'outil. Quand l'accord est parfait, en toute décontraction, si bien maîtrisé, on passe dans l'autre dimension. Le dérapage, la casse, la malfaçon ou le désordre deviennent moins obsédants. Même si dans tout le haut du corps les tensions sont toujours aussi palpables, l'esprit reste léger. Il fait le silence autour des mains, préserve mes mains des agressions extérieures, les laisse baigner dans leur dimension artistique.

LES MAINS COMPAS

Stéphane Montalto / potier

Championnat du monde des tourneurs en poterie en Italie, je découvre l'épreuve : refaire à l'identique et les yeux bandés une poterie sans la voir, seulement en la touchant. Comment est-il possible d'exécuter ce travail, privé de la vue. Vais-je être à la hauteur ? Que va-t-il sortir de mes mains sans la vision ? Chaque concurrent dispose d'une minute pour toucher des deux mains la forme de la poterie, placée dans un carton percé de deux trous.

Et c'est là que tout commence. La concentration se met en place à la première seconde. D'abord, il faut enregistrer un maximum d'informations, uniquement avec le toucher, prendre les dimensions avec les doigts. Mes mains se transforment en compas, en réglet, en pied à coulisse. Je mémorise la hauteur totale, le diamètre de la panse, de la base. L'ouverture du col étant étroite, il est impossible d'y entrer la main gauche ou quelques doigts. Je caresse bien la forme et la visualise mentalement, pour mettre toutes ces informations en « 3D » dans le dossier de ma mémoire, dans mon « *cloud* ». Aucun bug ne doit survenir car chaque information doit être retrouvée dans un ordre préétabli à chaque étape du tournage, sans en perdre une seule. Aucun retour en arrière n'est possible. Durant cette minute, je ressens le besoin de fermer les yeux afin d'atteindre une concentration maximale et de connecter pleinement les sens du toucher et le cerveau. À la fin de la minute, je ne trouve rien dans le *cloud* de mon cerveau. J'en conclus que je n'ai jamais tourné cette forme évidemment difficile à reproduire et comprenant quatre changements de courbe avec des diamètres et hauteurs bien différents. Mon cerveau devient celui d'un designer, d'un chef de projet, d'un chef d'orchestre, d'un chef d'atelier donnant des objectifs, des directives au cerveau de l'ouvrier tourneur que je suis. Les mains renvoient au cerveau les sensations reçues au bout des doigts. Le cerveau s'adaptant aux informations des mains, ainsi de suite tout au long du travail. Une fois la minute terminée, une autre décision est à prendre : de quelle quantité d'argile aurai-je besoin pour réaliser la pièce ? Les bases de données de mon cerveau m'informent que j'aurai besoin d'environ trois kilos.

Enfin arrive le tournage, la balle d'argile préalablement malaxée est placée sur le tour. Nous disposons de trente minutes pour la réalisation, toujours les yeux bandés. Durant cette demi-heure de concentration totale et active sont coordonnés tous les gestes nécessaires au tournage. Surtout, éviter de faire un mauvais geste. Rester en totale osmose avec la terre, l'eau, la rotation. Retrouver les sensations de la douceur de cette argile de Toscane que je connais un peu. Après environ deux minutes de pressions successives, je me demande si le centrage est parfait, si cette première étape est réussie et si le perçage de la boule d'argile est bien axé. Je dois ressentir sans pouvoir voir. Dès à présent, l'argile doit obligatoirement être montée dans une forme conique en un minimum de trois élévations. Régulièrement, les mains quittent la pièce pour être trempées dans la bassine d'eau. L'apport d'eau est nécessaire pour étirer l'argile, mais avec une quantité d'eau trop importante la poterie pourrait s'effondrer sur elle-même en un souffle. Tout se déroule automatiquement, le cerveau a en mémoire tous les gestes nécessaires et les renvoie jusqu'au bout des doigts. Avec prudence, les gestes s'enchaînent, le cerveau est en alerte totale, les infos vont et viennent, remontent et descendent. Des questions sont permanentes. Des réponses sont aussi automatiques, mais sans certitude. Les doutes sont là.

Le moment est venu où je dois mettre en forme les différentes courbes imposées et aux bonnes hauteurs. Mon cylindre va obligatoirement perdre de sa taille totale. Aurai-je la bonne hauteur ? Tout va se jouer sur les décisions multiples qu'envoie le cerveau au bout de mes doigts, et celles qu'envoient les sensations du toucher au cerveau. Une lutte intense entre décisions et actions, entre toucher et décisions. Quelles sensations perçoivent mes doigts ? Malgré le calme qui règne, mon troisième sens, l'ouïe, m'indique que je suis le dernier à terminer. Les organisateurs nous informent qu'il reste une minute. J'ai juste le temps de passer en revue les différents galbes de la poterie en la caressant une dernière fois. À cet instant, je pense qu'il me manque une toute petite information que je n'ai pas retenue, sur les deux centimètres de la partie haute de ma pièce.

Dernière question : ai-je bien réalisé la forme que j'allais enfin découvrir ? J'ai la réponse en enlevant mon bandeau et en comparant aussitôt mon travail réalisé dans le noir total avec le modèle. Je m'aperçois qu'il manque bien ce détail que j'avais ressenti lors de la découverte du modèle et oublié. J'ai dû faire une fausse manipulation lors de l'enregistrement dans mon *cloud*.

J'ai terminé troisième lors de ce premier championnat, mais je suis presque satisfait. Je n'aurais jamais pensé que cela était possible.

La deuxième peau

Michaël Jeremiasz / champion paralympique de tennis fauteuil

Du jour au lendemain, mes mains sont devenues mes pieds. La raquette n'est plus uniquement là pour taper dans la balle, mais aussi pour pousser le fauteuil. Quand on est joueur en fauteuil, les mains sont un outil très précieux.

J'étais en tennis fauteuil en 2000-2001, un peu après mon accident quand, pour la première fois, on m'a dit de prendre soin de mes mains. J'ai compris pourquoi plus tard, après avoir passé un an et demi avec des ampoules, et même à saigner; le temps que mes mains s'habituent à pousser un fauteuil, qui plus est un fauteuil de tennis; le temps que mes mains se parent d'une deuxième peau, protectrice.

Dans le tennis, quand on parle « d'avoir la main », on parle de toucher. Je me souviens d'un entraîneur qui me disait: travaille ta main, pense à ta main, joue avec ta main. C'est ainsi que l'on distingue les joueurs de tennis. Les très bons comme Roger Federer ont une main particulière et un toucher de balle exceptionnel, et d'autres aussi comme Marcelo Rios et Gordon Reid en tennis fauteuil.

Plus la liaison se fait rapidement entre le cerveau et la main – instinctivement, plus on est efficace. Il y a quelque chose de tellement répété, tellement mécanique, qu'on ne se pose plus la question au moment de jouer. Les mains savent où elles doivent aller; elles savent naturellement où se replacer; elles savent à quel endroit ça va faire mal. Du coup, on comprend comment réduire la douleur, comment être efficace. Donc oui, les mains sont autonomes et indépendantes.

Quand je suis devenu champion de France en novembre 2001, un an après ma découverte de ce sport, mon grand frère est venu me voir après la finale et m'a dit: « Putain, gros, ce sport, il était fait pour toi: t'avais un mental et une technique de dingue, mais un jeu de jambes de merde! » Effectivement, mon don en tennis en fauteuil, c'est de n'avoir jamais vu le fauteuil comme un obstacle, mais plutôt comme un outil de liberté. Et j'avais surtout des capacités sur le haut du corps. Du coup, c'était fait pour moi.

Lascaux, des mains par milliers

Aurélie Sartres / peintre

Du cerveau à la main : c'est une belle aventure. Pareille à ces voyages de la Terre à la Lune, de l'équateur au pôle, de l'assiette à la bouche ou de la tête aux pieds. Le croquis, le dessin, le graphisme, la peinture, mon quotidien depuis l'enfance, font partie des miracles qui empruntent ces chemins.

En écrivant ces lignes, je mets enfin des mots sur ces mouvements primaires, ces gestes primitifs qui, des grottes de Lascaux à la chapelle Sixtine, sont l'apanage de l'*Homo sapiens* et ma raison de vivre. J'observe comme je respire, je dessine comme je parle. Je me suis assigné la simple et noble tâche d'être témoin de mon temps.

Au temps des premiers hommes, la main était déjà source d'inspiration et signe universel. Des grottes préhistoriques aux tombeaux égyptiens, des pyramides aztèques aux tatouages africains, une même main conjuguait l'ouvrage et l'ouvrier, l'outil et l'œuvre d'art.

Les traits, qu'on dit naïfs, des peintures de Lascaux font courir en tous sens, au fond de ces cavernes, des hommes et des taureaux dans des rouges, noirs et blancs. Leurs simples silhouettes nous disent leur puissance et leur rapidité.

Aux parois de la grotte, pour dire l'intelligence, la force de la pensée, le signe de reconnaissance de toute l'humanité : nul visage, nul combat, nulle arme et nul trophée. Rien que la main de l'homme, par sa main imprimée. Et des mains par dizaines, par centaines, par milliers. Depuis la nuit des temps, aux quatre coins du monde, l'homme a toujours laissé son empreinte digitale, son empreinte manuelle, sa signature humaine, par la mise en abîme de la main qui dessine et de la main qu'elle a, elle-même, dessinée.

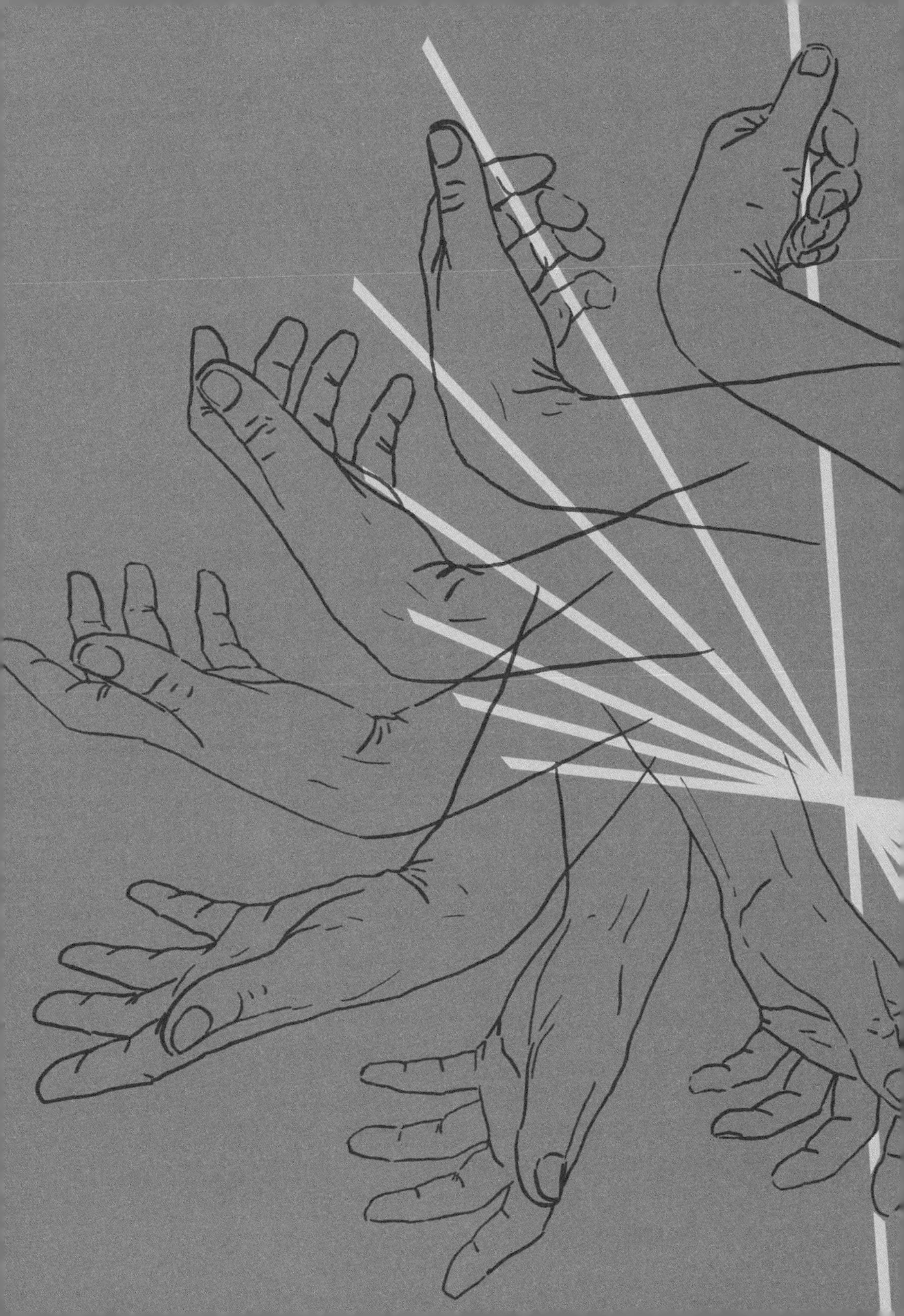

La première des étapes pour dessiner le monde est fixée par mon œil qui, tel un interprète, observe la lumière, la capte, l'analyse, la convertit en image et la livre au cerveau. Celui-ci la regarde, réfléchit, puis, rapide comme l'éclair, envoie ses instructions à mon bras, mon poignet et ma main, jusqu'au bout de ses doigts. Les doigts deviennent pinceau, le pinceau devient gouache, huile ou bien aquarelle, et l'image voit le jour au bout du bout du geste.

L'aquarelle correspond à mon rythme de vie. Elle permet d'aller vite et de moduler facilement l'intensité de la couleur. C'est une matière brillante, transparente et fluide qui traduit toutes les nuances du visible.

En revanche il n'y a pas de repentir, jamais de marche arrière. Ce qui est peint est peint !

J'ai toujours avec moi une boîte d'aquarelles, un pinceau, un crayon, un carnet de croquis. Mon atelier de poche qui, une fois déployé, tient entre mes deux mains et je croque sur le vif, les passants, les badauds, les cuisiniers en action dans la cuisine d'un restaurant… Un neurochirurgien penché sur un cerveau au bloc opératoire !

Comme le cycle de l'eau qui, de la mer au ciel, des nuages au ruisseau et du fleuve à la mer, remet l'eau dans son verre ; le cerveau s'alimente de ce que l'œil observe : ici c'est un visage, un peu plus loin un chat ou un clair paysage et la main de l'artiste, cette main qui est la mienne, sent monter la sève dans chacun de ses doigts.

Le cycle de l'image est comme une évidence, presque un impératif. Lorsque ma main dessine, c'est mon cerveau qui trace, trait pour trait, ligne à ligne. Il répète, à la lettre, ce que l'œil lui indique. L'œil ne dit pas : visage, nuage ou pâturage. Il dit : courbe, contre-courbe, ligne droite ou brisée, il parle de direction, de hauteur, de contraste, il parle de couleur et d'ombre et de lumière, il parle de spirale, de rectangle ou d'ellipse.

Un bon dessinateur n'est pas un magicien, ni l'héritier d'un don ou d'un talent unique. Il existe chez certains une vraie dextérité, une vraie facilité, mais c'est l'observation qui conduit au trait juste.

À l'École nationale supérieure des arts décoratifs, je reçus en cadeau d'un de mes professeurs la seule formule magique qui vaille d'être transmise : « Oublie ce que tu sais… Dessine ce que tu vois ! »

C'est cette acrobatie qu'exécute mon cerveau quand je dois dessiner. Il prend en main ma main, il regarde mes yeux, puis doucement il s'efface et les relie entre eux. Une vraie prouesse ! car parmi les cinq sens, le toucher et la vue sont les plus éloignés. La main ne peut sentir qu'en étant au contact, alors que le regard porte jusqu'au bout du monde, se perd dans le ciel bleu ou scrute les étoiles. Étrange ! car si notre œil est l'organe du plus loin, il est biologiquement, embryologiquement, au plus près du cerveau, il est son prolongement comme à la main, ses doigts.

Cette main est l'outil qui forge nos outils. C'est elle qui signe et qui dessine, qui rapproche, qui accroche, qui se mêle, s'entremêle, agrippe la main de l'autre. La main qui porte en elle tant de sens, tant de signes, tant de dextérité, de sensibilité. La main qui, de toutes les parties du corps humain, est celle qui nous distingue des autres animaux et peut revendiquer d'être porte-parole de notre volonté et de nos sentiments, le médium de notre créativité et de notre sensualité. Elle est le bras droit du cerveau, son commandant en chef et son petit soldat.

Toutes les informations, toutes les réflexions, toutes les actions qui orchestrent le cycle de l'image marchent sur des chemins qui ne mènent pas tous à Rome, mais chacune est maillon d'une chaîne artisanale (artistique pour certains) d'où naît la création… du cerveau à la main.

UN CRESCENDO IMPRÉVU

Claire Gibault / cheffe d'orchestre

Nikolaus Harnoncourt, qui venait du violoncelle, dirigeait à mains nues avec un regard perçant. La main gauche « mythique » de Claudio Abbado était enveloppante et charnelle. Carlos Kleiber s'arrêtait quelquefois de diriger et reprenait d'une seule main. Il aimait surprendre l'orchestre, le déstabiliser pour le rendre attentif à ses moindres suggestions gestuelles. Leonard Bernstein pouvait diriger toute une symphonie de Haydn les mains derrière le dos, avec des regards et des froncements de sourcils éloquents. Les mains de Pierre Boulez étaient métriques sans ostentation. Il dirigeait lui aussi à mains nues.

Ces grandes personnalités avaient un style de direction unique et personnel, avec des options d'interprétation et de style fortes, loin des routines ou des académismes. Elles ont fasciné les orchestres et le public. Leurs gestes ont participé grandement à donner une couleur spéciale au son des orchestres qu'ils dirigeaient. Toutefois, la beauté gratuite d'un geste n'est pas suffisante, le chef d'orchestre n'est pas un danseur. Il est avant tout à l'écoute de ses musiciens, au service d'une partition, et modèle le son avec ses mains en fonction de ce qu'il entend et souhaite entendre.

Bien sûr, la *Gestalttheorie* donnerait une interprétation signifiante des gestes, et plus particulièrement des mains des chefs d'orchestre, et révélerait sans doute beaucoup de leur personnalité intime. Moins ils parlent lors des répétitions, plus leurs gestes sont suggestifs. Certains sont plus charnels ou plus intellectuels que d'autres. Pour certains, le geste est un outil froid, pour d'autres il est un moyen d'expression complet.

Sculpter le son avec ses mains ! Modeler un phrasé avec sa main gauche ! Qu'entend-on par ces phrases utilisées dans le monde musical, et plus précisément dans celui de la direction d'orchestre?

Les mains ne sont pas une préoccupation majeure d'un chef d'orchestre, mais un moyen d'expression et de communication, un langage parmi d'autres à sa disposition: l'expression des yeux, du visage tout entier et de la posture du corps. Elles prolongent le geste du bras en lui apportant une précision supplémentaire comme un supplément d'âme.

Mon métier de cheffe d'orchestre n'est pas manuel, du moins je ne le considère pas comme tel. Il est charnel et corporel, mais je l'ai choisi avant tout par passion pour la musique et les partitions symphoniques, par goût pour la transmission et le partage. Il réunifie toutes les composantes qui constituent une personne: corps, cœur, esprit.

Les deux mains du chef d'orchestre doivent être indépendantes et jouer chacune leur rôle.

La droite bat la mesure et tient la baguette, si besoin. Elle exprime la rationalité du langage musical et demande la précision du jouer ensemble en dessinant dans l'espace les mesures plus ou moins complexes de l'écriture musicale. Elle découpe le temps, le fractionne. Il existe un code des gestes à lire et recevoir pour les musiciens auxquels elle s'adresse. Il s'enseigne dans les cours de solfège et de direction d'orchestre et s'inscrit dans la mémoire corporelle. Battre la mesure fait partie des gestes qui deviennent automatiques.

La main gauche, plus inventive, spontanée et changeante, suggère l'expressivité aux musiciens et suscite l'intensité, les dynamiques, tout ce qui n'est pas proprement mesurable. Elle peut donc amener la douceur et le *pianissimo* comme la violence et le *fortissimo* dans le discours musical, un phrasé comme le *legato* ou le *staccato*, évoquer une couleur sonore, « un son mort sans vibrato et un son vivant avec vibrato ».

Si un orchestre expérimenté vous connaît bien, un seul petit doigt de votre main gauche qui s'élève peut déclencher un *crescendo* imprévu !

Les mains sont le prolongement du cerveau et du cœur, de la pensée et de l'affect. Elles transmettent un savoir et le travail d'interprétation d'une partition musicale. Selon l'époque de la partition jouée (Haydn ou Debussy), son style (Bach ou Berlioz), son orchestration (Mozart ou Stravinsky), l'amplitude et la souplesse des gestes des chefs d'orchestre varient de même que les mains. Il arrive que l'entente avec les musiciens soit parfaite après un long travail de répétition, les gestes du chef d'orchestre deviennent alors presque inutiles et sa main peut devenir seulement un très doux signe de complicité et d'invitation, la conscience de l'altérité.

Beauté du geste

D. C.

J'ai coutume de penser qu'un chirurgien opère comme il est dans la vie. Les caractères de l'être humain étant uniformément représentés dans la profession – à quelques surreprésentations égomaniaques près – on peut discerner dans la gestuelle d'un opérateur qui se cache vraiment derrière le masque. Les précautionneux, les impatients, les craintifs, les pompeux ne peuvent réellement se dissimuler derrière leurs mains. Dans la présente aventure, j'ai pu découvrir qu'il en était de même des dessinateurs, des magiciens, des musiciens, etc. Nos mains seraient alors les grandes traîtresses de nos âmes… Si je devais me prêter au jeu de l'introspection, il me serait facile de tirer quelques grands traits de personnalité et surtout de soulever une obsession, celle de la rentabilité. Personne ne s'opposera à l'évidence, un geste chirurgical doit être efficace. C'est au moins un minimum que le patient sur le billot serait en droit d'attendre. Cette efficience passe par de la précision et de l'application, traduites par une main sûre et habile.

C'est sûrement là que la dimension artistique de la chirurgie prend son ancrage. Se mêlent dans de simples actions d'apparence anodine de nombreuses qualités pour que l'efficacité du geste vienne se parer d'une forme de beauté ; ne s'exclame-t-on pas, en voyant certains mouvements de dissection, un « Joli ! » admirateur ? En dézoomant sur les nombreux métiers que ce livre comporte, quelles notions sous-tendent ce concept de « beauté du geste » : la simplicité ou la complexité de l'acte ? Sa lenteur ou sa rapidité ? Sa grâce ou sa force ? Et qui travaille le plus dans cette quête : la main ou le cerveau ? Est-ce la spontanéité ou l'expérience ? L'inné ou l'acquis ? La main est inévitablement au cœur des débats. Les témoignages qui suivent sont autant de définitions personnelles, imbibées des vécus de chacun. Elles apportent tout de même leur début de réponse en un même élan, entre fluidité et souplesse, en passant par l'effacement du superflu. Comme si la main devait être invisible pour mieux briller.

COMME DES COPEAUX...

François Ettori / archetier

J'ai observé le docteur Chauvet extraire des tumeurs, maniant un scalpel entre deux nerfs optiques séparés de quelques millimètres tout en me disant qu'il m'emmènerait ensuite dans une brasserie très sympa.

J'ai vu Eric-Maria Couturier répéter cent fois la même phrase musicale de Bach pour l'avoir « dans la main » avant un concert en direct à la télévision japonaise tout en me confiant les derniers cancans d'un orchestre parisien.

J'ai vu Bertrand Belin m'expliquer un process d'écriture musicale à la guitare en ne regardant que moi pendant qu'il parlait, comme si l'instrument était un organe, une prolongation de son corps.

J'ai vu Jean-Pierre Igoulen peindre des rouges en me racontant le gris concarnois, sa lumière et sa puissance ; ce gris dont je sais tout moi-même, dont chacun est par ailleurs l'unique dépositaire.

J'ai souvent fabriqué des archets tandis que l'on me parlait, ces gens ou d'autres. En leur compagnie, je n'ai pas su penser, au sens de la pensée comme abstraction, de formulation, mais j'ai réfléchi une production. Dans une intelligence qui se suffit à elle-même, première, fondamentale comme une pierre taillée, et ce, quoi qu'en disent les livres poussiéreux qui croupissent toujours dans les bibliothèques bourgeoises, avec une certaine intelligence.

Celle de mes pairs, celle de mes maîtres, celle de mes mains.

Chronologiquement pourtant, on s'entendra pour désigner la protohistoire comme le point de départ de nos intelligences. C'est une pierre taillée qui nous désigne comme animaux pensants. Malgré cela, les artisans et ouvriers ne sont pas les acteurs véritables de la société, mais son produit. Une sorte d'immuable dans un monde en mouvement perpétuel. Nécessaires et ennuyeux. Une carte postale jaunie sur un frigidaire de maison de vacances. Parce que nous étions tantôt des voleurs, tantôt de sympathiques Gepetto bourrus. Jamais en tout cas associés à l'idée d'un génie humain quelconque, d'une intelligence réelle, contemporaine et dynamique. Admirez donc sur cette brocante la dague du fantassin qui servit à Austerlitz. Écoutez ce soliste qui joue sur un si beau violon avec cet archet si rare et si cher... Mais qu'est-ce que le savoir-faire de l'armurier sans le génie militaire d'un Napoléon ? Et *quid* du violoncelle et de son archet sans un violoncelliste tel Éric-Maria Couturier ? Voilà ! Je la tenais, ma revanche, et Dorian Chauvet me confirmait des points communs à nos pratiques, lui, chirurgien qui enlève des tumeurs, moi, des copeaux... mais c'était au fond les mêmes gestes que nous réalisions, et ces gestes-là – puisque nous étions si peu à savoir les accomplir – étaient le fruit d'une intelligence, celle de nos mains.

Nous pensons quand nous dormons, quand nous travaillons ; nous pensons inlassablement. Il m'arrive de raboter une baguette en pensant à une liste de courses, une facture à éditer, un bulletin de notes de mon fils. Pourtant je suis là, ancré, investi, habité. Je tends vers une idée que je me suis faite du parfait (cette idée vient autant de ce que j'ai vu, de ma culture artisanale, que de ce que mes mains ont ressenti en touchant ce que j'ai vu). Je cherche dans ce bois à dégager un essentiel (et croyez-le, sans prétention), peut-être même un absolu. Pendant que je pense à cette facture, ce bulletin de notes ou cette liste de courses, tout mon corps, tout mon esprit tend vers cette exigence. Ma main ressent chaque nœud, chaque fibre, chaque aspérité de la baguette. Elle me dit l'indicible, ce que je ne peux voir, et ce qu'elle doit réaliser. Elle sait avant moi où s'arrêter, où poursuivre. Elle est ce chien d'aveugle nécessaire, ultime recours face au danger, bienveillante et amorale en ce sens qu'elle ne tend vers aucune justice. L'intelligence de la main est ici une forme de désinhibition, un laisser-aller de la pensée qui ne serait pas dialectique au sens hégélien du terme ni surtout conceptuelle. Une lévitation assise, un rapport direct entre le corps et le cerveau qui veut et peut s'abstraire de l'articulation intellectuelle. Une forme d'humanité primitive et complexe parce que trop pure justement pour l'idée de l'intelligence que nous voudrions admettre aujourd'hui. Quand j'observe mon travail *a posteriori* (pour l'entretien de l'objet le plus souvent), je suis toujours étonné par la fascination que j'éprouve face à l'archet lui-même. Comme s'il était magique, impossible à recréer parce que trop complexe, trop précis, comme s'il ne pouvait venir de moi, ni d'aucun autre d'ailleurs. Au même moment sur l'établi, son successeur est en cours et, pour lui, je n'ai pas de regard émerveillé. Pour lui, je n'ai qu'ambition, rage, obsession. Pour lui, il y aura assemblage, ajustage, réglage, rabotage, étalage de mon modeste savoir-faire. Ma main fait des choses dans mon dos. J'en suis de temps en temps le témoin honteux ou bienheureux. Elle décide seule de la qualité d'un bois, car elle vote, fait de la politique, désigne un(e) élu(e) pour cet archet. Elle dit que le feu est trop fort ou ne l'est pas assez quand je plie une baguette à la flamme, car ma main parle le bois et le traduit dans ma langue maternelle. Elle m'a prévenu que celle-ci était disposée à cette épreuve des flammes si périlleuse, que compte tenu de sa masse et de son volume c'était, pour elle et pour elle seulement, le moment, son moment, le nôtre. Plus que mes yeux, elle valide une harmonie de la forme, une efficience, une esthétique. Un collègue à qui je demandais, pendant mon apprentissage, de quel modèle de tête ancienne il s'inspirait en sculptant les siennes me répondit sans ironie qu'il « laissait faire l'outil ». J'ai depuis bien longtemps déjà cessé d'observer le travail de mes pairs dans ces moments plus « artistiques ». Nos mains, je suppose, ont leurs idées propres du beau…

Mes mains sont au départ de toutes les recettes

Pierre Hermé / chef pâtissier

Il m'est arrivé récemment d'observer un cuisinier et de me dire qu'il était beau à voir. Son expression corporelle et le langage de ses mains formaient un ballet magnifique. Je me suis fait cette réflexion devant des cuisiniers qui réalisent un plat à la fois, moins devant les pâtissiers, car nos gestes sont plus saccadés et peut-être plus répétitifs. Il y a énormément de gestes manuels dans la confection de mes pâtisseries. Dans le macaron au chocolat, par exemple, les éclats de chocolat à la fleur de sel sont parsemés manuellement comme une ponctuation pour révéler le goût du chocolat, éviter toute uniformité et créer la surprise à la dégustation. Pour le macaron à l'huile d'olive et vanille, on dépose trois morceaux d'olive verte pour faire ressortir le goût de l'olive. Il y a de la beauté dans ces détails portés par la main. Nous avons fait des vidéos qui montrent le travail de la main dans nos ateliers, afin d'éloigner l'idée que nos fabrications seraient automatisées. Pour moi, la beauté du geste passe par la grâce, par l'intimité qui se crée entre l'artiste et son objet. Cette capacité d'expression par les mains, que peuvent avoir des artistes comme Mona Oren avec ses œuvres en cire, me touche et me fascine.

Je suis né dans une boulangerie-pâtisserie, dont je suis la quatrième génération. J'ai toujours été dans cette ambiance artisanale qui consiste à travailler manuellement. Dans le métier de pâtissier, peu de choses sont automatisées. Malgré le côté un peu mathématique de la pâtisserie, la main tient un rôle prépondérant. On peut parler véritablement d'interprétation. Mettez cinq pâtissiers devant la même recette sans indication précise sur les gestes, on obtiendra cinq créations différentes. La « lecture » de la recette, la dextérité, le savoir-faire sont différents d'une personne à l'autre.

La technique est importante aussi. Le gâteau fétiche de la maison, « Ispahan », comprend une crème au beurre qui, par nature, est assez lourde. Nous l'avons rendue très différente et beaucoup plus agréable par le fait de la foisonner, c'est-à-dire de lui apporter de l'air, par un travail énergique et purement manuel.

La création de saveurs et d'architectures du goût fait appel à une dimension artistique, alors que la réalisation des recettes, relève plus de l'artisanat, qui correspond à la reproduction quotidienne de gestes. Néanmoins, mes mains sont au départ de toutes les recettes, car chaque nouvelle idée est d'abord apposée sur papier par un dessin et quelques annotations. Ce stade initial de création qui passe par la main ne m'a pas quitté depuis 1983, quand j'ai commencé à créer. Ensuite vient la recette à proprement parler, avec une forme beaucoup plus précise où tous les gestes sont détaillés.

Quand j'étais enfant, j'étais fasciné par un oncle architecte ; par cette capacité à imaginer un bâtiment et son ergonomie pour accueillir des personnes. À présent dans mon métier, j'imagine des architectures de goût, je construis des associations de saveurs dans ma tête avant de les réaliser, ce qui n'est pas si éloigné.

CE QUE MA MAIN COMMET, MA MAIN PEUT LE RATTRAPER

Jean-Pierre Suchéras / coutelier

Comment décrire la beauté du geste ? Il m'est difficile d'expliquer ce qui peut définir l'esthétique d'un geste, sa rapidité, son efficacité, sa justesse, sa sincérité, sa délicatesse. Car toutes ces conditions se hiérarchisent selon le besoin, créant d'elles-mêmes un enchaînement en perpétuelle évolution. Un geste ne peut être désordonné s'il a pour souci de sublimer un désir. Je recherche encore la fluidité de ce geste naturel si subtil, avec tous ses risques, mais nécessaire pour obtenir une transparence laissant place à l'émotion. Parfois, je sens mes mains aller seules, comme libérées de toutes écoles, me laissant là comme simple spectateur d'une chorégraphie dont j'ignore le créateur. Ces moments m'inondent d'un bonheur si difficile à expliquer. Je m'en régale, m'en imprègne pour aller plus loin. Il me semble que la patience et l'altruisme font partie des composantes indispensables à cette quête élévatrice.

Comment m'exprimer sur ma relation avec mes mains ? La complexité de la tâche m'est apparue lorsque je me suis assis devant ma table de travail avec une feuille de papier vierge et un crayon à la mine de plomb soigneusement taillée pour m'exécuter, muni d'une gomme de bureau pour m'assurer que ce que ma main écrit, ma main peut l'effacer, m'assurer que ce que ma main commet, ma main peut le rattraper, comme elle le fait si bien à l'établi. En me mettant à écrire, je me retrouvais, sans l'avoir prémédité, dans la situation dans laquelle je me trouve chaque jour lorsque je m'installe derrière mon établi sur lequel chaque chose, chaque outil a sa place, et que bien entendu j'ai un projet, voire un plan de travail. C'est pourtant ce projet, ce plan de travail qui dès les premières étapes et tout au long de sa réalisation sera à infléchir ou à remettre en cause. Ce qui me conduira à moduler mon projet, en contournant ses limites, en acceptant d'amoindrir mon ambition, et cet enrichissement le plus souvent m'est suggéré par mes mains ou plus exactement en dialogue avec elles. En travaillant avec mes mains depuis de longues années, j'ai appris à les comprendre, à décrypter souvent intuitivement ou plus rationnellement, souvent également, les informations qu'elles me transmettent ; j'ai surtout appris à les protéger, toujours. Mon activité d'artisan coutelier m'impose – c'est la moindre des choses – de réaliser des couteaux qui sont fonctionnels et de les réaliser dans les règles de l'art coutelier. Il m'a fallu beaucoup de temps et de patience pour acquérir et développer ces compétences, en particulier pour apprendre à régler le geste juste, ce geste juste que précisément mes mains doivent guider. Mais être parvenu à un niveau satisfaisant dans mon savoir-faire ne peut pas me suffire. Ma vocation depuis plusieurs années déjà est d'apporter quelque chose de moi dans ce que je fais, qu'il s'agisse de donner une touche esthétique particulière qui permet de distinguer mes couteaux parmi les autres, voire d'aborder dans certains de mes projets ce que je souhaite être une part de nouveauté, de créativité, une part d'exigence qui n'a rien de fonctionnel. J'aime, pour le plaisir, habiller avec élégance, distinction et originalité les vertus précisément fonctionnelles, les vertus essentielles de l'outil quel qu'il soit et les vertus d'un couteau en particulier qui doit pouvoir servir loyalement et efficacement celui qui l'utilise. Ma relation avec mes mains repose sur une trilogie de relations réciproques : protéger et se protéger, éduquer au geste et en apprendre les limites, recevoir et comprendre les informations transmises.

Protéger

J'ai appris à mes mains les gestes qui me les rendent précieuses, non pas pour leur faire acquérir des routines qu'il suffirait de mettre en œuvre à la demande, car rien ou presque n'est routinier dans le travail manuel. Le plus important est ce que j'ai appris d'elles. Par exemple, un coutelier travaille souvent les pièces qu'il façonne sur une bande abrasive qui défile à grande vitesse. Pour que cette action soit précise et efficace, il est important de maintenir la pièce métallique avec le pouce au plus près de cette bande avec une pression suffisante pour qu'elle puisse se maintenir en place, sans exercer une pression excessive qui fatiguerait la main et lui ferait perdre de sa sensibilité. C'est la main qui va renseigner le coutelier lorsqu'une trop grande proximité avec la bande qui défile risque de le blesser et/ou de le brûler. Une main qui a été bien éduquée va l'informer du danger avant que la brûlure n'advienne. Malgré toute l'attention que l'on donne et les précautions que l'on prend pour éviter les blessures, elles adviennent parfois, elles profitent de toutes les occasions, de toutes les absences, aussi fugaces soient-elles, de toutes les distractions que subit le coutelier. Là encore, le miracle de l'interaction se produit. Un doigt blessé se verra systématiquement mis en retrait et protégé par ses quatre compagnons qui feront de leur mieux pour suppléer cette absence provisoire. Je protège mes mains, elles se protègent, elles me protègent, nous nous protégeons ensemble. Je vis cette attention, cette protection que nous nous portons comme la relation la plus essentielle, la plus intuitive. C'est de notre attention réciproque que naît la confiance mutuelle que nous nous accordons et qui permet de « faire » ensemble.

Éduquer

L'éducation de la main participe de l'exercice qui n'est en aucun cas la répétition séquentielle de routines qu'il suffirait de théoriser, c'est-à-dire d'ordonner logiquement les unes à la suite des autres. Cette éducation est évidemment distincte des protocoles de production qui obéissent à des contraintes objectives, comme le sont les protocoles à suivre pour l'émouture, la trempe, l'ajustage, etc., qui sont dictées par le coutelier. Les routines sont essentielles, mais c'est en s'assemblant dans une théorie adaptée qu'elles constituent le geste. J'ai envie de dire, sans craindre ce rapprochement entre immatériel et matériel, à la façon dont les molécules constituent la matière. Bien sûr et fort heureusement, à l'établi, tous les gestes ne sont pas décomposables en routines qui auront dû être imaginées et construites par la pensée avant d'être mises en œuvre. Nombre de gestes sont intuitifs, mais j'aime penser qu'une intuition est elle-même un assemblage de routines dont on n'a pas une conscience explicite, mais qui s'est construit quelque part et qui ne se révèle qu'en temps utile. Dans le travail manuel, la raison et l'intuition font bon ménage, elles se complètent, elles se substituent l'une à l'autre, comme si elles travaillaient en équipe. Si pour moi l'intuition prend ses racines dans l'exercice, l'expérience de l'usage de mes mains, dans leur « éducation » à la tâche coutelière – éducation que nous avons construite ensemble –, le réflexe en revanche ne vient pas de cette connivence, mais de moi seul, de mes faiblesses, de mes craintes et il n'est pas de bon conseil. Intuition et raison sont les maîtres de l'éducation de mes mains. Le plus difficile et le plus long dans cet apprentissage est probablement de les rendre indépendantes, solidaires mais indépendantes, en harmonie mais pas à l'unisson, à un rythme coordonné mais chacune au rythme de sa tâche. Éviter que l'une reste vagabonde lorsque l'autre travaille. Éviter que l'autre ne reproduise le geste que l'une doit accomplir. Les mains ont naturellement une fâcheuse tendance à refuser de se dissocier. C'est une longue éducation qui va leur conférer cette indépendance nécessaire à la réalisation de la plupart des tâches qu'on leur confie. La main qui maintient n'est pas la main qui guide, et la main qui maintient ne doit pas se relâcher ou exagérer sa pression au risque de dévier ou de fausser l'inflexion de la main qui guide.

Comprendre

Comprendre enfin ce que transmet ou ce que ne transmet pas chacune des mains, comprendre ce qu'elles transmettent ou ne transmettent pas ensemble. Les mains sont des capteurs qui renseignent sur la forme, la nature des matériaux, leur température, mais aussi sur des interactions plus complexes, comme l'effet de l'action d'un outil sur une pièce, la fluidité d'un mécanisme, l'ergonomie d'une forme, l'effet d'un geste, etc. Dans la plupart des situations, la main lit mieux que l'œil ce que pourtant elle ne voit pas. Par exemple, lorsque vous voulez contrôler la régularité de l'épaisseur d'une lame, sauf s'il s'agit d'un défaut majeur, la regarder ne vous renseignera pas utilement. En revanche, si vous pincez délicatement la lame à sa base et que vous la parcourez entre un pouce et un index qui ont été bien éduqués, elle vous renseignera avec précision sur les irrégularités éventuelles et leur localisation, qu'il s'agisse de surépaisseurs ou d'amincissements inopportuns. Avec l'expérience qu'elle aura acquise, la main vous renseignera également sur la température d'un corps. Elle lira les formes et surtout les volumes au moins aussi bien que vos yeux. C'est votre main qui vous dira si un mécanisme est fluide ou s'il gratte à quelque endroit. C'est enfin votre main qui vous renseignera sur l'essentiel ; la qualité du contact entre extrême douceur et rugueux de bon aloi d'une part, et la qualité précisément de la tenue en main, qui est si importante et déterminera en grande partie la qualité réelle de l'ergonomie du couteau que vous avez imaginé avant de le réaliser, d'autre part. Il y a une véritable sensualité sous-jacente et toujours présente dans la réalisation d'un couteau, comme une basse continue qui souligne et structure la musicalité dans une pièce de musique baroque. C'est cette basse continue qui a vocation à soutenir et permettre l'improvisation. Savoir éveiller cette sensualité, la révéler, la laisser prospérer résume ce que l'on pourrait appeler la créativité d'un coutelier. Il la tient en grande partie de ses mains. Je ne me lasse jamais d'écouter mes mains et de laisser mon cerveau interpréter ce qu'elles me disent.

Pour conclure, mes mains me sont précieuses, vous l'avez compris. Je m'entends très bien avec elles.

Je chéris la main du cœur

Carolyn Carlson / danseuse, chorégraphe, poète

La danse est un langage universel. Le plus important passe par les mains, qui en incarnent l'expression poétique. Symboles de l'ordinaire et de l'extraordinaire.

La main articulée qui balaye l'air dans des mouvements uniques, laissant son empreinte dans le temps et l'espace. Instillant un souffle dans nos doigts, comme autant d'éclairs d'énergie physique traduisant la force communicative de gestes partagés par l'Homme depuis la nuit des temps.

Des mains qui se lèvent et tombent, embrassent et capitulent, saluent et s'en vont. Mon travail de danseuse-chorégraphe, poète, calligraphe chérit la main-cœur qui me permet de créer. En 2011, *Dialogue avec Rothko*[1] était publié, écrit en prose et inspiré du tableau de Mark Rothko *Noir, Rouge sur Noir sur Rouge*, exposé au Centre Pompidou. Le sujet était fascinant et stimulant. Je choisissais la main comme force motrice du peintre et de ce qu'il peint.

Deux ans plus tard, je créai un solo[2] à partir de ce livre, dans lequel je traçais et esquissais l'espace sur une toile invisible, avec les bras, les mains et tout le corps, laissant en mémoire des mouvements suspendus dans le temps. Des images fixées pour l'éternité dans une œuvre d'art.

Tous les thèmes utilisés dans mes chorégraphies utilisent la puissance des mains, pour évoquer des racines, les lignes de la main, ou une manière d'incarner physiquement le placement de l'âme.

1. *Dialogue avec Rothko*, Éditions Invenit, 2011.
2. *Dialogue with Rothko*, solo chorégraphié et interprété par Carolyn Carlson et produit par le Centre chorégraphique national de Roubaix en 2013.

La prise de conscience de la puissance des mains qui travaillent établit une connexion primaire avec le monde artistique, mais aussi avec le monde des soignants, du docteur, au contact affectueux d'un parent pour son enfant, jusqu'à la consolation apportée par la main posée sur le corps d'un mourant. Le contact physique par compassion des êtres humains entre eux est éternel.

Les feuilles sont comme des petites mains balancées au gré du vent, destinations inconnues supportant le poids des oiseaux, auxquelles je dédie ces poèmes qui révéleront mieux qu'un discours ce que j'exprime dans mon travail de poète visuelle de la danse.

La main
Avec ces mains je lave la mer
Avec ces mains je peins le ciel
Avec ces mains je danse les airs
Seulement un instant…

Mes doigts caressent ton visage
Battements de cœur au bout du poignet
Une marque d'amour
Lâcher prise
Les mains se souviennent

Sur quel bateau voyagez-vous ?
Tirez-moi de votre rêve
Tout commence dans ta main
Glissant d'un rocher

Mains silencieuses au repos
Qui que vous soyez
Cette main prend un stylo
Les idées fusent
Merci pouce et index

Par une soirée lumineuse
La langue des signes
Répond à l'écho des montagnes
Sans être entendue

Cercles, courbes, lignes brisées
Taches d'encre
Ratures, tout recommencer
S'échappent de la page, lettres, mots
Autant d'imperfections faites maison
Gestes uniques inventés
Par la main

Qui est cette main qui
Esquisse une scène
Des plans imaginaires
Bouge d'elle-même
L'imagination a une voix

À peine nées
Nos mains sont serrées
À peine mortes
Nos mains sont ouvertes
Pour dire que nous partons sans rien
Lignes de vie sur une paume

*

Risque un œil et tu verras d'une volonté convaincue la pénombre
L'enfant rouge pénétré par l'obscur
Creuset où se fondre parmi les autres
Pris dans le demi-jour au crépuscule
Enfoui dans une extase de brume et de lucioles

Tremblement pour la main qui peint
Pour la main qui se tend

La Main Qui Est[1]

1. Extrait de *Dialogue avec Rothko* de Carolyn Carlson, traduit de l'américain par Jean-Pierre Siméon

DANSE AVEC LA MATIÈRE

Mona Oren / sculptrice sur cire

La beauté du geste se rapproche pour moi de la beauté de la danse. Je suis un peu comme un danseur qui exerce sa main en permanence. Pour faire les tulipes de cire, chaque pétale est un geste fait au pinceau. Ce moment de peinture dans le creux du moule est pour moi une chorégraphie, une danse avec la matière. Ensuite il y a cet instant où je replie les pétales sur eux-mêmes dans le creux de la main. La fleur épouse alors la forme de ma paume dans un geste très charnel et sensuel. Il a fallu trouver la bonne osmose avec la matière, ni trop peu ni trop de cire dans chaque création. Les mains sont pour moi une continuité de mon cerveau, c'est la partie la plus sensible de mon corps au niveau émotionnel. Tout mon travail fonctionne sur cette spontanéité, c'est seulement ensuite que vient la réflexion. Le toucher passe avant la vue, et je suis sûre de pouvoir réaliser une tulipe en cire les yeux fermés. Cela s'est fait sur de nombreuses années, de telle sorte que quand on me demande combien de temps a pris telle ou telle œuvre, je réponds souvent : « 1 heure et 47 ans ».

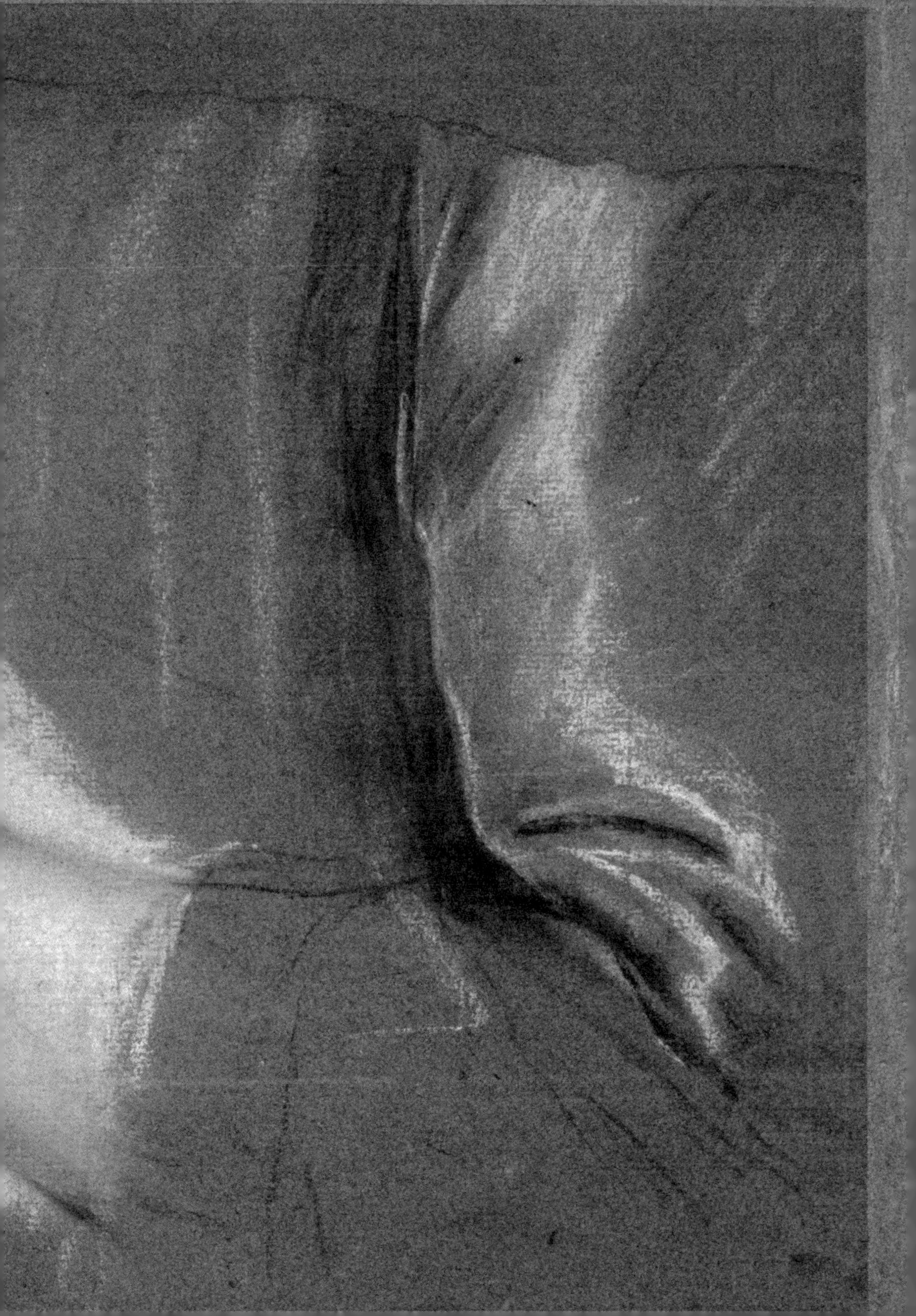

Ma main omniprésente

Romain Hugault / dessinateur de bande dessinée

J'ai toujours dessiné, mais je ne dessinais pas mieux que les autres. Quand mes copains ont arrêté de dessiner pour passer à l'écrit, qui était un meilleur moyen d'expression, moi, j'ai continué. Comme mon père était pilote de l'air dans l'armée, j'ai dessiné d'emblée des avions et je ne me suis jamais arrêté.

Je n'ai pas de don; je dessinais comme les autres gamins. En revanche, il faut avoir une certaine qualité d'observation. Dans mon domaine, l'aviation, je pense surtout aux nuages… Je passe beaucoup de temps à lever les yeux au ciel pour les observer. Je dessine les aventures que j'aurais aimé vivre, les avions que j'aurais aimé piloter et de nombreuses femmes. J'ai un amour inconditionnel pour le corps féminin. À croire qu'il y a une part de fantasme dans mon dessin.

Mon dessin est très méticuleux avec de nombreux détails à représenter, j'ai donc une main omniprésente qui ne fait pas appel au bras et qui a tendance à se crisper. Mes gestes sont étriqués en quelque sorte. J'aimerais parfois travailler sur des grandes toiles pour lâcher le geste. Mais j'ai du mal à sortir de mon carcan de précision. En somme, mon dessin est plutôt figé. En même temps, je m'éclate dans ce que je fais. Quant à la beauté d'un dessin, elle tient dans sa capacité à pouvoir s'arrêter à n'importe quel moment. Même après les trois premiers traits, il peut y avoir de la beauté. Je suis d'ailleurs admiratif des dessinateurs, notamment ceux qui bossent dans le cinéma d'animation, qui parviennent à rendre un homme qui marche en trois ronds et deux bâtons.

Il y a trois choses difficiles à dessiner: les mains, les pieds, et j'ajouterais pour moi les chevaux. Il est unanimement reconnu dans le monde de l'illustration que l'on reconnaît la qualité d'un dessinateur à son excellence – ou sa médiocrité – dans la représentation des mains. Les proportions doivent être parfaites, car il y a une connaissance humaine instinctive de ce qu'est une main. C'est ce que l'on regarde le plus dans notre propre corps.

Je suis fier de mes mains, car elles m'ont permis de devenir quelqu'un et de développer ma personnalité. Grâce à elles, j'ai un peu plus confiance en moi, ce qui n'a pas toujours été le cas. J'ai donc un rapport particulier à mes mains. Mais je ne les trouve pas vraiment belles. Il y a juste cette bosse sur la face latérale de mon majeur droit qui m'est chère. Elle correspond à l'endroit où mon crayon repose et je suis très attaché à cette petite monstruosité, qui signe mon métier de dessinateur en quelque sorte.

Christophe Peyrus / vigneron

Notre métier de vigneron n'existe qu'à travers des gestes répétitifs au contact de la vigne. La gestuelle danse et vient se poser sur la taille d'un cep de vigne ou la prise en main d'un outil, pour *in fine* élaborer le vin de notre esprit.

Pour nous, la mosaïque du temps est une complice dans laquelle le geste intervient, mis à l'épreuve du climat. Nos mains passent de la douceur d'une feuille de vigne à la marque d'une empreinte laissée sur la pruine du raisin. Au moment des vendanges, elles se parent d'une couleur noire, subissant la dureté des grappes et l'acidité du jus qui suinte.

Plus tard, par le froid de l'hiver, leur sensibilité est mise à rude épreuve. À moitié engourdies, elles réalisent la taille des vignes sans faillir au devoir d'accomplir le meilleur. Alors que la main gauche est soutien, la droite est plus précise et décisive. Les deux sont indissociables et permettent que nos gestes deviennent des évidences.

Je suis toujours très curieux quand je croise un autre vigneron, mon premier regard est dirigé vers ses mains. Elles me racontent toujours quelque chose sur elle ou lui.

Face à ce métier dur et simple à la fois, nous, vignerons, avons la tâche de transmettre sans faille la gestuelle d'un savoir-faire pour toucher en une douce ivresse toutes les femmes et tous les hommes au grand cœur.

L'OMBRE EXISTAIT AVANT NOUS

Philippe Beau / ombromane, *avec Arthur Dreyfus*

Une main, pour moi, c'est d'abord un outil de travail. Ou plutôt : un moyen d'expression. Car c'est par là que je vais réussir à véhiculer des émotions, et à créer des images.

Mais ma main ne m'appartient pas : elle a sa propre intelligence – qui me dépasse. On a beau essayer de la maîtriser sur *le bout des doigts*, de percer à jour son fonctionnement, elle conserve beaucoup d'inconnues et de secrets. Elle possède – comme nous – un cerveau et un corps.

La main me fascine par son extrême degré de précision. En un éclair, peuvent naître par son intimité un profil humain, un fauve, une étoile… On nommait jadis la magie *prestidigitation* : soit, les *doigts rapides*.

L'ombre, c'est une autre histoire

Probablement l'histoire humaine la plus ancienne… De fait : l'ombre a précédé *Homo sapiens*. Elle existait sur terre du temps des diplodocus, des tricératops. Elle existait avant nous.

Les premières œuvres d'art, dans l'histoire de l'humanité, furent sans doute des ombres. Les hommes préhistoriques, découvrant ce « phénomène », songèrent forcément à jouer avec la lumière de leur corps, avec la trace du feu… Et le spectacle primitif devint spectacle éternel.

Dans les peintures rupestres, le premier réflexe des artistes fut de délimiter le contour de leurs mains. Les enfants, avec les crayons et la peinture, passent inévitablement par cette étape. Il y a un instinct humain de jouer avec sa propre main. [N'y a-t-il pas *main* dans *humain* ?]

Pourtant, la première ombre dont je me rappelle n'est pas humaine : c'est la projection d'une persienne chez ma grand-mère ; cette lumière des voitures glissant à travers les volets... Les phares forgeaient des formes qui se déformaient, grossissaient, caressaient les murs. [Car l'ombre demeure un mystère, un test de Rorschach perpétuellement mouvant.]

J'aimais beaucoup, gamin, relier l'abstrait au concret. Chercher des dragons dans le sable et dans les nuages. Et l'ombromanie, en fin de compte, n'est pas éloignée de ce jeu-là : partir d'une tache, déceler une figure, pressentir un corps, dévoiler un imaginaire avec ses doigts... Françoise Giroud disait : « On voit le monde tel qu'on l'éclaire. » Lorsque je sculpte des animaux, certains spectateurs voient un zoo, d'autres voient la Bible.

Dans une ombre, s'affirme en premier lieu *ce qu'on veut voir*. Mais certains enfants ont peur du noir. Et certains adultes, *peur de leur ombre*. [C'est-à-dire : peur de leur vérité ?] C'est pourquoi les artistes d'ombres ne sont pas nombreux : l'éteint effraie. Moi, j'ai toujours aimé la volupté de la nuit – et la peinture de Soulages. Des vidéos, sur YouTube, montrent des enfants terrorisés, découvrant leur propre ombre. La révélation de ce *transfert* est peut-être le complément du « stade miroir » décrit par Lacan. La prise de conscience – pacifiste – qu'on peut marquer le monde sans l'abîmer. Sans casser de branches ni faire de ronds dans l'eau. Juste en existant.

Enfant, je n'observais pas autant mes mains. C'est adolescent, dans une école de magie, que j'ai pris conscience du pouvoir de mes dix doigts. Dans cette école, un de mes professeurs était spécialiste d'ombres chinoises : il m'a montré qu'on pouvait faire de la magie sans trucage. En effet, lorsque j'utilisais une carte à double face ou une poche secrète, j'avais l'impression de tricher : ça me déplaisait. Avec ses mains et ses ombres, on est nu. On expose une vérité nue.

« Cinq doigts, c'est suffisant pour dessiner le monde ? », demande ma fille.

« C'est plus que suffisant », je réponds.

Le *Concerto pour la main gauche* de Ravel se passe parfaitement de main droite. Convoquons aussi René Lavand, ce célèbre magicien manchot qui fit le tour du monde avec sa main gauche et un paquet de cinquante-deux cartes...

Il n'est pas nécessaire d'avoir de grandes mains pour pratiquer l'ombromanie. Au contraire : de longs doigts peuvent rendre l'opération plus difficile. Même Mickey Mouse, avec ses quatre petits salsifis, aurait pu être un grand ombromane. Malgré cela, on ne peut pas tout représenter en ombres : seul le vivant « fonctionne ». Profils – corps – animaux – silhouettes – lèvres : tout cela se traduit bien. Mais une voiture, un bâtiment : quasi impossible. Car la rondeur, la souplesse, le tremblement du vivant s'avèrent indissociables de la main.

En outre, il est plus aisé de représenter un corps qu'un visage. Quant à différencier un individu d'un autre, cela réclame quelques années de travail… Pour passer du féminin au masculin, on va modifier d'un millimètre le volume du front, l'arête du nez… L'ombromanie est un art du micro détail. Néanmoins, l'ombromanie n'est pas *d'abord technique* : un lapin, un oiseau ne naissent pas d'une disposition « officielle » des phalanges. Ils naissent de l'idée du lapin ou de l'idée de l'oiseau, qui se vit, qui se raconte. L'émotion cruciale est celle ressentie par l'artiste.

Il faut avoir envie de créer la vie pour représenter la vie. Comme un pianiste, c'est l'âme du geste qui fabrique l'enchantement. Et chaque ombromane va insuffler son style, sa propre manière de créer du vivant. D'autant plus que chaque « outil » est unique au monde. Je disais qu'une main possédait un cerveau et un corps : ajoutons à cela une personnalité, un visage, des traits de caractère.

En observant ses mains, on s'observe soi-même. On se révèle comme un acteur sur une scène invisible. Au demeurant, j'ai toujours aimé la danse : lorsque mes mains produisent des ombres, elles s'adonnent à une authentique chorégraphie. L'ombromanie est une nano danse.

Et un paradoxe : au théâtre, on regarde ce qui est éclairé.

Sur scène, mes mains sont éclairées, cependant je demande au public de regarder ce qui n'est pas éclairé. Tout mon travail repose sur cette contradiction. Nous rejoignons la *forme* et la *contreforme* bien connues des graphistes – soit l'espace vide révélé par le plein. Or comme on sait, il n'y a pas d'ombre sans lumière, ce qui signifie que je dessine autant avec les ombres qu'avec le feu. Je sculpte un contraste.

[Drôle de contraste : il faut de la lumière pour créer l'ombre…
mais dans l'ombre, il n'y a pas de lumière.]

Je me dis souvent qu'il n'y a rien de plus fort que l'absence de lumière.

Dans le néant, on peut tout construire.

Dieu – dit-on – ne s'y prit pas autrement.

Dans ma vie aussi, ombre et lumière rivalisent.

Mais dans toute existence, il me semble.

C'est cette dualité, cette concomitance, qui font la beauté du voyage.

La main ne trahit plus, elle traduit

Jean-Pierre Igoulen / artiste peintre

Artiste peintre, j'ai choisi le chemin de l'abstraction. Reproduire le réel ne m'intéresse pas. J'admire et j'ai le plus profond respect pour les peintres figuratifs, mais leur univers n'est pas le mien. Je préfère la suggestion à l'affirmation. C'est ainsi.

Pour moi, peindre c'est sauter dans le vide, oser faire ce pas vertigineux vers l'inconnu.

Chercher à donner corps à cet « infracassable noyau de nuit » en nous, dont parle André Breton.

Comment alors évoquer cette mystérieuse alchimie qui aboutit à transformer ce qui n'est qu'un rêve en une réalité tangible ?

Devant ma toile vierge, tout semble déjà écrit. Tout est là : brosses, pinceaux, spatules, couleurs, chiffons, éponges, grattoirs. Je dois juste « sauter », et même si le vertige du saut vers l'inconnu en soi est un appel, il n'en demeure pas moins une énigme. Convoquer ce qui s'est perdu au fil du temps, enfoui sous des couches de fards, de mensonges, retrouver « le royaume » caché du jeu et du plaisir simple de l'école buissonnière, des cours de récréation, cet « archipel des possibles » aux rivages incandescents.

C'est d'abord une invitation presque mécanique, je « laisse » mes mains agir. Méthodiquement, tout est réglé. Préparer la toile, enduire d'une ou plusieurs couches d'apprêt. Avec précision, je laboure, j'élague, je coupe, j'avance. Résolument. La technique, pour moi, n'est que l'outil qui me sert à préparer ce qui va advenir, j'avance, certes à tâtons, mais avec cet incroyable culot de l'insouciance du gentil demeuré qui ne sait à peu près rien de ce qui l'attend et qui, pourtant, s'aventure avec gourmandise vers un « à venir » attendu, espéré.

Puis viens l'instant où tout se joue. Un combat s'installe, je lutte, je bataille. Je sais qu'il me faudra alors oser lâcher prise pour enfin mystérieusement « accoucher » de quelque chose qui viendra du plus profond de moi, d'un ailleurs que je pressens, quelque chose qui sommeille en moi et que je voudrais retrouver, presque amoureusement.

Souvent, je devrais dire très souvent, c'est un accident, une légère erreur de dosage, un geste trop appuyé, qui provoque une direction nouvelle, non préméditée.

Est-ce cela qu'on appelle un heureux hasard ? Je ne sais pas. Je ne sais rien.

Lorsque, après un long moment fait de tâtonnements, de doutes, d'expérimentations, de recherches, le mirage prend forme, la toile semble enfin vouloir offrir ce qu'elle cachait.

Le processus de création est profondément mystérieux, j'avance sans vraiment comprendre, je méconnais tout de ce qui m'invite à utiliser cette couleur plutôt que celle-ci, cet outil plutôt que celui-là, je suis un instinctif doublé d'un contemplatif, un inconscient, un somnambule.

La main dès lors ne trahit plus, elle traduit. Elle va ici puis là, apparemment délestée de toute velléité conscientisée. Cette association de couleurs me plaît ou pas, j'ajoute ou je retranche, je cherche, je tâtonne mais j'avance, pas à pas, j'ai cessé depuis longtemps de vouloir dominer mon approche picturale. Fuir à tout prix la volonté d'être celui qui impose un chemin, laisser résolument de côté toute ressemblance à untel ou untel.

Avec une pression ici plus intense, là une caresse, ma main sait, elle connaît son chemin. Curieuse alchimie entre mon cerveau, mes yeux, ces muscles et ces tissus de connexions neuronales, serviteurs dévoués qui agissent avec une fluidité et une facilité déconcertante.

Si je peine, si je suis à court, je pioche, je sue, je deviens inquiet, irritable à souhait, c'est alors « ma technique » qui me sauve du néant.

Certes, je connais, pour les avoir expérimentés, les effets de tel ou tel outil, l'harmonie des couleurs s'impose, mais je me fiche des codes et des canons de l'art. Ici les chemins sont rodés, je laisse à l'impromptu, à l'accident, au « hasard », le soin de ravir à mon âme de gosse quelque chose venant d'ailleurs. Une émotion retrouvée, attendue, espérée, l'expression d'un juste dosage, une fulgurance, une beauté ? Peut-être…

Lorsque les surprises engendrent les jouissances, lorsque mes intuitions deviennent récompenses, lorsque je suis inspiré, j'avance et je crée avec une incroyable légèreté.

Les sportifs parlent du *flow*. Cet état de grâce dans lequel parfois ils se trouvent, avec cette sensation d'irréalité, de « flotter » au-dessus du réel, tout semble facile, simple, tout fonctionne avec une évidence et une réussite incroyable.

J'ai moi aussi par moments, l'impression d'un état second. Rien n'existe d'autre que la toile et ce qui s'y passe. Le monde est là certes, mais je suis ailleurs, et mes mains au bout de ce corps semblent alors être les mains d'un autre agissant à travers moi.

Étrange sensation.

Nos pensées, nos vies intérieures, ordre, ou chaos, lignes, couleurs, figures, aplats, toutes ces formes imprévisibles semblent échapper au déterminisme et retentissent les unes sur les autres comme pour nous inviter à questionner le champ des possibles.

Avec mon âge déjà avancé, mes articulations sont douloureuses, l'arthrose gagne petit à petit et je souffre de n'avoir plus cette fluidité dans mes gestes les plus simples. Cependant, je remarque qu'une fois le processus de création enclenché, je n'ai plus conscience de ces douleurs. Je suis tout à l'objet de mon attention. Ce n'est que lorsque la toile est achevée que petit à petit, les douleurs digitales réinvestissent mes mains, mon corps redevient pesant, voire douloureux.

Entre pesanteur et grâce, devant tant de combats, de virtuosité, je regarde cette mystérieuse fée agissant là au bout de mes doigts, je souris et m'incline avec respect devant ce miracle. Me vient alors à l'esprit cette pensée de Henry David Thoreau :

« Ce qu'il y a devant nous et ce que nous laissons derrière, ceci est peu de chose comparativement à ce qui est en nous. Et lorsque nous amenons dans le monde ce qui dormait en nous, des miracles se produisent. »

LA MAIN BRESSONIENNE

Bruno Podalydès / scénariste, réalisateur

Pour évoquer la main au cinéma, l'auteur de ces lignes est tout de suite assailli par une multitude d'images fortes de films célèbres où, en un seul plan de main, se synthétise toute l'esthétique de l'œuvre. Entre Hitchcock et Tati, Pialat et Lang, Welles et Kubrick, la liste pourrait faire l'objet d'un livre entier. Si je ne devais choisir qu'un film emblématique à ce sujet, ou qui fait image en moi essentiellement par ses envoûtants gros plans de mains, ce serait *Pickpocket* de Robert Bresson. Ce film est à la croisée de trois univers artistiques qui me sont chers : le cinéma bien sûr, dont ici la rigoureuse grammaire ennoblit chaque geste, la prestidigitation (ce sont deux magiciens, Kassagi et Pierrre Etaix, qui à l'écran exécutent savamment les manipulations des voleurs à la tire) et enfin le dessin d'Hergé, tant la chorégraphie des passes, la précision des postures évoquent la ligne claire et la grâce de Tintin. On assiste, comme hypnotisé, à l'incarnation furtive de notre génie humain. L'expérience est telle que se renverse notre perception habituelle d'un personnage au cinéma. La main se dissocie de l'acteur, elle a sa vie propre. Son hésitation ou sa fermeté nous décrit une pure pensée en mouvement, une musique affranchie, intime et secrète.

Me revient alors la citation de Bernanos avec laquelle Godard ouvre pour la dernière fois son *Livre d'image* : « Il y a les cinq doigts de la main, les cinq sens, les cinq parties du monde, les cinq doigts de la fée. Oui, mais tous ensemble, ils composent la main. Et la vraie condition de l'homme, c'est de penser avec sa main. »

Et la main bressonienne de nous le rappeler.

La main sujet/objet

Éric Delaclos / sculpteur

De loin, je vois arriver un groupe d'enfants, ils ont forcé la main aux moniteurs, ils veulent regarder le sculpteur. Il s'agit probablement d'une excursion prévue par un centre de loisirs. Les enfants me posent de nombreuses questions : ils veulent savoir ce que je fais aux sources de la Seine et ce que représente la statue naissante. Une des monitrices demande à l'un des garçons combien il pèse. « Vingt-trois kilos », répond-il. Elle me demande ensuite combien pèse la pierre que je sculpte. « Approximativement une tonne », lui dis-je tout en tapant. Elle se retourne vers l'enfant pour le questionner à nouveau, elle veut savoir combien de fois la pierre est plus lourde que lui. Il ne sait pas. Elle réfléchit et, s'adressant aux autres moniteurs, tente de calculer le rapport. Les voix se font de plus en plus faibles. Je distingue cependant une réponse fausse annoncée sans conviction aux enfants.

Ils me quittent pour suivre l'un des sentiers gagnant la forêt. Trois heures après, le groupe repasse me voir, il y a un nouveau: petit, noiraud, cheveux longs, six ou sept ans. Il s'appelle Djiane. C'est le plus terrible. Il donne des coups de pied sur le bloc que je travaille, il touche à tous mes outils sous l'œil las des moniteurs. Vif comme l'éclair, il est impossible à maîtriser. La situation risquant de dégénérer, je lui propose de sculpter la pierre. Il se saisit du ciseau que je lui tends et prend la massette dans l'autre main. Ce dernier outil est beaucoup trop lourd pour lui, mais il est animé d'une volonté farouche. Toute sa conscience est placée dans ses mains; il a les yeux rivés sur le lieu où se produit le choc des deux outils, il ne se préoccupe pas de l'impact du ciseau sur la pierre. Il ne pense qu'à crisper ses doigts sur le manche de la massette, à faire en sorte que le cône de métal soit bien centré pour frapper sans déraper.

Djiane a peur de taper sa main gauche. Djiane a peur de laisser échapper la lourde massette. Il n'a pas d'autre choix que de relier directement sa conscience à ses deux mains. C'est pourquoi il oublie la pierre et les éclats qu'il doit extraire par la percussion.

Lorsque les mains sont utilisées pour la préhension, un sculpteur les oublie naturellement. Elles ne sont qu'un intermédiaire docile entre la pensée muée en volonté et l'outil qui entame la matière. On ne devrait d'ailleurs pas dire « avoir l'outil en main », mais « avoir l'outil en corps ». Le corps dans son ensemble participe à l'effort et au juste coup : les deux bras, le dos, les muscles du ventre et les jambes nécessaires à l'équilibre et au positionnement du centre de gravité. Pour ce qui est de la préhension, les mains du sculpteur ne se différencient guère, dans leur relation avec la volonté, de celles d'un autre métier manuel – ferronnier ou jardinier.

Cependant, la main ne doit pas être réduite à un rôle de porte-outil, elle peut être outil elle-même. Frapper le bois à l'aide d'un maillet, c'est se résoudre à accepter que chacun des coups de gouge laisse au départ de la coupe une fine marque correspondant à la fois à la ligne du tranchant de l'outil et au choc premier du coup : la cicatrice du temps dans l'espace de la matière. Une sculpture réalisée uniquement à l'aide d'un maillet serait couverte de ces traits-stigmates invisibles de loin et perceptibles de près. Afin d'éviter ces marques, et lors de la finition, le sculpteur utilise sa main directement pour frapper la gouge ou le ciseau. Le seul endroit où l'on puisse agir ainsi efficacement se situe dans la dépression qui marque la séparation des éminences thénar et hypothénar, un peu au-dessus du pli de flexion du poignet. À cet endroit, le manche de l'outil peut être frappé par la zone plus ferme du massif carpien. Bien entendu, la sensation est ici très différente de celle d'un maillet tenu par la même main. Le choc n'est plus transmis par la vibration de l'outil se répercutant dans l'intérieur même du corps, le toucher est mis directement à contribution. Suivant la force du coup et la durée du travail, la sensation peut être indifférente, désagréable ou douloureuse. La main-outil possède exactement le niveau de fermeté/élasticité nécessaire pour retirer un fin copeau de bois sans que le coup soit marqué. Il n'est pas question ici de savoir-faire, mais d'opportunisme : la main est un outil qu'on a toujours sous la main et qui remplit, dans le cas présent, un service qu'aucun objet manufacturé ne saurait remplacer.

De façon plus subtile, le toucher est également mis à contribution pour les finitions, que ce soit pour la pierre ou le bois. Il s'agit cette fois de déceler les imperfections d'une surface régulière. Par exemple, si je sculpte la jambe nue d'un éphèbe dans la pierre calcaire de Bourgogne, il me faut obtenir une surface unie aux courbes régulières rappelant la fermeté des chairs d'un jeune homme. Or le calcaire, composé de lits de sédimentation successifs, est rarement d'une homogénéité parfaite et, en dépit de mon attention, il arrive que le ciseau crée d'imperceptibles ondulations. Imperceptibles pour lors, mais que la lumière facétieuse dévoilera un jour ou l'autre, affublant le garçon d'une cellulite malvenue. L'œil ne suffit plus, il faut effleurer la pierre du bout des doigts pour déceler ces éventuels défauts. Presque instinctivement, les paupières se ferment, le regard devient interne. Entre la main et le cerveau, l'espace semble se rétrécir au point de disparaître. Il n'est pas question de plaisir puisque la chair est factice et que je ne suis pas homosexuel, il y a plutôt la curiosité de l'exploration. Saisir les reliefs les plus ténus sans l'aide des yeux devient un voyage minuscule et éphémère dont la mémoire conserve longtemps l'empreinte.

Néanmoins, le sculpteur, dans le cas présent, ne se différencie guère d'un carrossier qui, les yeux clos, caresse l'aile de la voiture qu'il vient de redresser.

Quittons les matières dures par nature pour choisir, cette fois, celles qui ne se raffermissent qu'après dessiccation : l'argile et le plâtre. L'argile nous conviendra mieux car elle est, dans un premier temps, travaillée sans outil, à mains nues. Deux sens participent simultanément au modelage : le toucher et la vue. J'ignore comment cela est coordonné, mais l'efficacité est remarquable. Le toucher (bien souvent l'extrémité des phalanges) envoie continuellement les informations relatives à la consistance de la matière : trop humide ou trop sèche, homogène ou hétérogène. La vue envoie tout aussi constamment à la main les directives quant à la forme à adopter. Il semble que le travail des sens soit partagé entre texture et structure, mais aucun résultat n'est possible sans l'union fusionnelle des deux. Une argile trop humide ou trop sèche ne permet pas de réaliser la forme désirée. Y aurait-il donc ici la singularité recherchée, un rapport spécifique entre la main du sculpteur et son cerveau ?

Non, car le potier ne fait pas autrement, peut-être même est-il plus rompu à cet exercice que le premier.

LA PÂTE NE PARLE QU'À LA MAIN

Frédéric Lalos / boulanger

Tout petit et très vite j'ai compris que j'utiliserais mes mains pour m'accomplir. Je sentais déjà qu'elles pourraient reproduire de jolies choses, personnaliser mon travail et tout simplement façonner ma propre identité. J'ai tout de suite aimé jardiner, bricoler, cuisiner, faire des choses qui demandaient de la précision.

Ainsi, naturellement la boulangerie est entrée dans ma vie. Pourquoi la boulangerie ? Je ne saurais pas vous l'expliquer ; mais ce n'est certainement pas un hasard, car c'est un métier manuel par excellence.

La main est l'instrument qui permet de faire des merveilles et surtout de se différencier. Bien sûr, un boulanger utilise d'autres sens tels l'odorat ou le goût pour apprécier la fermentation ou goûter les pains et viennoiseries. Mais c'est dans nos mains que réside la clé de la réussite. Elles seules guideront les pains jusqu'à la perfection.

Il existe autant de pains que de boulangers ; et ce, bien qu'ils utilisent une même matière première, la farine. Ce qui change, c'est bien sûr la main et le travail réalisé par cette main. Au tout départ, c'est la main qui va apprécier la finesse de la farine et ce toucher donnera les premières indications. Si toutes les farines se ressemblent, leurs caractéristiques sont différentes. En premier lieu, il y a le paysan avec sa terre, ses parcelles, son métier et son expérience. Moi, je fais confiance à mon meunier, Les Moulins d'Antoine à Murat au cœur de l'Auvergne.

C'est un rituel, ma main plonge dans le sac de farine pour sentir la granulométrie, l'humidité, la tenue de cette belle matière première. La main prend une boule de farine, pour la presser et voir si elle se tient, tester son comportement. Ici déjà, une vie se dégage, je perçois à travers mes sens guidés par la main, la finesse et la qualité de mes futures productions.

La journée de travail, tout le monde le sait, commence vers deux ou trois heures du matin… D'abord, on pétrit et façonne les différentes pâtes avant de cuire les viennoiseries et les pains spéciaux pour que tout soit prêt dès sept heures du matin, pour commencer la journée avec un petit-déjeuner à la française, pain, croissant et café.

Une boulangerie va travailler en moyenne entre 300 et 400 kg de farine par jour, utiliser environ 190 à 260 litres d'eau, et beaucoup de levain naturel, le petit secret, la caractéristique et la touche personnelle du boulanger. N'oublions pas la fermentation, très importante, plus elle sera longue, meilleur sera le pain. De plus, le gluten sera mieux dégradé pour améliorer la qualité du pain, ainsi les personnes sensibles au gluten seront moins affectées.

La main émet des gestes variés alliant douceur et technique – nous pesons, nous façonnons, nous lamons la pâte à l'enfournement pour obtenir différents pains –, mais en fait, la boulangerie implique bien plus que cela.

Certes le boulanger est aidé de machine, donc du pétrin, mais la main est toujours là, elle vérifie, prend des informations… Car la pâte est un corps vivant qui se forme, respire, se développe, s'assouplit ou se stresse. La main par son toucher ressent tout cela et agira ensuite en fonction. La pâte envoie énormément de messages. Elle doit être lisse, soyeuse, douce, moelleuse, vivante, et surtout ni collante ni déchirée. Ces sensations seront ressenties par les mains et aussitôt transmises au cerveau bien sûr. Cette compétence liée au toucher peut se travailler avec le temps, mais je pense qu'un bon boulanger a une sensibilité accrue. Car la pâte nous parle, en émettant des signaux que seules les mains peuvent comprendre. Elles replongent alors dans la pâte avec un contact incessant. Une relation très sensuelle s'installe : quel bonheur éprouvent les mains de toucher cette pâte, de la caresser, de la façonner, de l'analyser !

La pâte devient une drogue pour les mains et plus jamais elles ne pourront s'en passer.

Jeux de main

François-Régis Gaudry / auteur, journaliste gastronomique

Enfant, je passais une partie de mes vacances à Chamonix et j'avais un petit rituel secret : je me postais derrière la vitrine du boulanger-pâtissier du centre-ville et je le regardais, pendant de longues minutes, façonner ses baguettes et les scarifier d'un coup de lame de rasoir, rouler des triangles de pâte sous la paume de sa main pour en faire des croissants, foncer ses moules à tarte de pâte sablée puis les garnir de myrtilles fraîches sans en faire tomber une seule à côté... Depuis, dans ma carrière de journaliste gastronomique, les chorégraphies manuelles sont devenues rien de moins qu'une quête obsessionnelle : le maître sushi qui forme son *nigiri* dans une savante chorégraphie manuelle, la *donna* des Pouilles qui creuse les *orecchiette*, ces pâtes célèbres en forme de « petites oreilles », d'une caresse appuyée avec le pouce, le chef pâtissier faisant virevolter sa poche à douille au sommet d'un saint-honoré, ou encore Alain Passard, le prodige trois étoiles de L'Arpège, greffant, par de délicats points de suture, une moitié de canard ou une moitié de poularde pour enfanter une volaille hybridée... Passard, Savoy et tant d'autres qui revendiquent « l'intelligence de la main » qu'aucun robot ne pourra jamais remplacer. Le robot duplique, quand l'humain applique et... s'applique ! D'art comme de bouche, l'artisanat puise sa raison d'être dans le beau geste.

J'AI MIS TRENTE ANS À AVOIR LE DOIGT CORNÉ

Carla Bruni / artiste

Les mains ont leur importance dans la grâce générale du mannequin. On voit très bien quand une main est parfaite. Lors de shootings, il m'est arrivé de travailler avec des « mannequins main ». Même si les miennes étaient belles et bien proportionnées, les leurs étaient juste parfaites. Mais la beauté d'une main est aussi sa force. Pour être belle, une main doit être incarnée.

Je me suis beaucoup plu et amusée dans ce monde du mannequinat et de la mode, qui a été une vraie famille pour moi. J'étais un peu comme la cerise sur le gâteau de toute une chaîne de travail. On a tendance à penser que tout cela est superficiel, mais c'est faux. Tout est très créatif et a pour simple but de donner du plaisir aux gens. Karl Lagerfeld disait: « La mode n'est pas morale ou amorale; la mode est faite pour remonter le moral. »

Le monde de la mode, c'est plein de mains. Il y a de la main dans le dessin au tout début de la conception, puis dans la couture pour la confection du vêtement, et enfin dans les innombrables retouches de dernière minute. Il m'est arrivé d'attendre des heures une robe sur laquelle les couturières faisaient l'ultime arrangement. Il y aussi l'art du gant, qui se perd. C'est si élégant et charmeur une main qui se dégante. Et puis pendant une séance photo, il y a des mains partout autour de vous. En permanence le mannequin est recoiffé, maquillé, manipulé, presque tripoté. J'ai dû être entourée de milliers de mains au fil de ma carrière.

La véritable participation des mains au monde de la mode se joue chez les couturiers et couturières: les « petites mains », mais aussi les premiers et premières d'atelier. Ce sont là de très grands artistes et artisans comme on n'en fait plus. Leurs mains possèdent une grande délicatesse, une grande créativité aussi, ce, malgré un travail de longue haleine qui nécessite la répétition de gestes très précis des milliers de fois. Porter une broderie qui a nécessité plus de cinquante heures de travail a représenté un grand honneur pour moi. D'ailleurs quand Karl Lagerfeld a été décoré à l'Élysée par mon mari, ce sont ses couturières qu'il a invitées… aucune personnalité connue. Simplement ses « petites mains ».

Monsieur François Lesage a conçu et brodé des robes qui ont leur place dans un musée. Karl Lagerfeld a dessiné la vie. Assis en face de lui, il pouvait vous tirer le portrait en quelques traits. Tout son travail et son équipe étaient d'une puissance absolue, ce qui se sentait dans ses collections. Mais j'ai aussi vu des stylistes mettre la main à la pâte. Comme Azzedine Alaïa qui a lui-même décousu un pantalon qui ne lui plaisait pas ; pour le recoudre précisément selon sa volonté. À la façon d'une Scarlett O'Hara, il y a des couturiers qui pourraient décrocher un rideau et en faire une robe !

Les mains ont pris encore plus d'importance dans ma deuxième vie professionnelle, la musique. J'avais commencé à jouer du piano et du violon aussi, dans une famille très musicienne. Mais j'étais réfractaire au solfège – que je n'ai jamais appris d'ailleurs. Vers neuf-dix ans, on m'a offert une guitare et tout de suite ça a été une révélation. J'ai pu découvrir la maniabilité de cet instrument et me mettre à chanter en même temps. Pas besoin d'être Frank Zappa pour s'amuser avec une guitare. La main gauche qui presse les cordes voit la pulpe de ses doigts s'endurcir petit à petit. Cette indispensable corne déconcerte les manucures qui veulent l'enlever ! Je leur dis: « T'es folle ?! J'ai mis trente ans à avoir les mains comme cela ! » Les mains sont omniprésentes quand on chante. J'y ai beaucoup pensé quand je me suis mise à chanter, car je regardais beaucoup Aznavour. C'est comme s'il mettait tout dans une main; le corps immobile, droit. On croirait que sa main raconte quelque chose avec lui. Aznavour utilisait ses mains comme un roi. Voici une main incarnée ! Mon mari aussi s'aide avec les mains quand il parle, très naturellement. C'est un homme du Sud… Cette gestuelle me parle, car chez nous en Italie, les mains participent énormément au discours; on les utilise beaucoup. Donc quand je chante, j'utilise tout le temps les mains. Elles peuvent accompagner des mots, d'une manière irréfléchie, presque inconsciente. Et c'est une telle volupté que d'écrire la musique à la main.

Dans ma vie de Première dame, j'ai été marquée par les grandes et magnifiques mains de Nelson Mandela, qui était un homme très grand d'ailleurs ; quand on pense qu'il a été enfermé dans une si petite cellule pendant vingt-sept ans… J'ai aussi souvenir d'un moment plutôt curieux, mais sympathique, avec le dalaï-lama. Pour une raison qui m'a échappé, il m'avait pris la main longuement – je dirais quinze bonnes minutes, en la serrant fermement en plus. Certainement dans un geste de paix…

L'œil qui voit, la main qui fait

Adrian Colin / verrier

C'est difficile à exprimer, mais lorsque je manipule le verre, je le considère plus comme un partenaire de travail qu'une matière inerte. Je dois comprendre comment il fonctionne. Il peut être susceptible voire contrarié, auquel cas la pièce casse. Aussi, on apprend à respecter son tempérament. On peut le pousser dans ses limites, mais plus on le connaît, plus on sait jusqu'où aller. C'est en travaillant main dans la main avec la matière que l'on obtient les meilleurs résultats.

Comme un lien entre notre corps et la matière travaillée, les mains sont des capteurs d'émotions et de ressentis qui permettent d'apprécier la surface d'une matière par le toucher. Qu'il s'agisse d'une surface lisse ou texturée, aux formes saillantes ou arrondies, les sensations perçues par le bout de nos doigts sont innombrables.

Dans le travail du verre, les mains, en ressentant la fluidité du verre, nous guident sur le positionnement à adopter dans la flamme pour atteindre une température appropriée à l'opération. Elles deviennent alors un excellent complément à notre appréciation visuelle.

Pour le travail du verre au chalumeau, il est indispensable de maintenir la rotation du verre en fusion durant le travail pour mieux contrôler la forme que l'on va donner. Tout en gardant ce rythme, on viendra ajouter une masse de verre supplémentaire ou apporter un travail à l'outil.

En général, la main gauche tient la pièce et exécute la rotation, tandis que la droite effectue les différentes interventions. La main droite est ainsi polyvalente, qu'il s'agisse de tenir une baguette de verre pour apporter un élément sur la masse principale, d'utiliser une pince pour prélever de la matière ou un outil en graphite pour apporter de la texture ou ouvrir un pied, ou encore de porter le verre à la bouche pour le souffler. Ces différentes manipulations, ainsi qu'une multitude d'autres actions forment la trame complexe de notre métier.

Une erreur de gestuelle, une mauvaise rotation conduit parfois à un rendu qui n'était pas celui attendu. La plupart du temps, la pièce part simplement à la poubelle. Ce défaut de réalisation peut mettre en valeur un rendu visuel intéressant, le hasard faisant parfois bien les choses. Un travail de recherche commence alors pour reproduire cet effet de façon maîtrisée afin de l'appliquer sur de prochains projets. L'apprentissage d'un geste involontaire ouvre de nouvelles possibilités artistiques.

La main permet aussi d'accompagner. Au cœur du processus de transmission, elle prend celle du stagiaire pour lui faire réaliser le bon mouvement. Une fois que le geste est assimilé, il ne reste plus qu'à le parfaire à l'atelier heure après heure. Un proverbe dit : « Quand l'œil voit, la main fait. »

LA BEAUTÉ DU GESTE QUI PRODUIT LA BEAUTÉ

Marc-Antoine Coulon / portraitiste

Mon premier souvenir de vie est très net : un dessin pour lequel j'hésitais entre un bleu clair et un bleu marine. J'ai quasiment su dessiner avant de parler. C'était en quelque sorte l'oxygène dont j'avais besoin pour respirer. Ce doit être génétique, car toute ma famille a soit dessiné, soit sculpté, soit peint.

L'art du portrait est particulier et presque charnel: on est face à quelqu'un que l'on ne connaît pas pour construire quelque chose de beau par l'intermédiaire du regard et du pinceau. Et donc de la main qui, par sa vibration, va mettre tout cela en scène. Cela pourrait même s'approcher de la relation amoureuse avec son caractère éphémère et total. Car, durant le temps du portrait, je suis éperdument amoureux de la personne qui pose, même si elle n'aurait jamais attiré mon attention en dehors de cette relation. Tirer le portrait d'une personne est comparable à faire l'amour: on ne peut le faire « un petit peu ». Le rapport au papier, aux pinceaux et à l'encre est aussi très sensuel et participe à ce sentiment charnel du portrait. Certains dessinateurs travaillent avec les outils numériques; moi, je ne suis pas prêt à faire l'amour en virtuel ! Même si je suis toujours partant pour essayer de nouveaux instruments, j'ai mes préférés qui assurent le meilleur résultat. Ceux-ci sont la véritable extension de ma main.

S'il y a bien une chose que je suis clairement incapable de dessiner, sans modèle, ce sont les mains. Rien de plus difficile à dessiner, car c'est une architecture si compliquée, en particulier au niveau du jeu des ombres. Quoi de pire pour mettre en l'air un portrait que de représenter les mains avec trop de rides, trop de détails…? C'est d'ailleurs une de mes préoccupations, j'essaie de retirer le superflu, de gommer certains traits inappropriés. À la fin, c'est l'interaction entre le modèle, le dessin et moi qui détermine quand le portrait est achevé. Le dessin a des droits.

Quand on me demande de faire des brouillons, cela ne rime pas à grand-chose, car la fluidité du geste, son ondulation et son espèce de « jeté » ne se reproduisent pas. La destination du geste déteint sur le geste lui-même. J'essaie de faire confiance à mon premier trait, car la spontanéité ne se répète pas. Il n'y a rien de plus désespérant que de chercher à se copier soi-même.

Quand un artiste possède la véritable maîtrise de son art, ses gestes sont beaux. Cela ne vaut pas uniquement pour les arts plastiques, je pense à mon coiffeur, par exemple ; il ne coiffe pas, il danse ! Je suis persuadé qu'un geste qui produit de la beauté ne peut pas être laid.

Louis Bertignac / guitariste

Jouer de la musique que j'aime entendre est un immense plaisir, et je ne regretterai jamais ces milliers d'heures passées à travailler et m'améliorer. Mes mains, c'est bien pratique, je les ai toujours avec moi. Je regrette que la vie ne dure pas quelques siècles, car j'ai encore énormément à apprendre !

Les mains sont nos premiers instruments de musique

Nicolas Dautricourt / violoniste

Je suis un violoniste professionnel – un « *performing artist* », comme on dit dans une autre langue. Depuis vingt-cinq ans, je sillonne le monde avec mon violon et, aussi longtemps que la flamme pour ce métier singulier, mais ô combien exaltant, brûlera dans mon cœur, je continuerai de le pratiquer.

Le public voit en moi un artiste ; je me considère avant tout comme un artisan. Il est vrai qu'en jouant, interprétant, manipulant les œuvres de compositeurs qui sont appelés en toute légitimité, eux, « artistes », je me retrouve, de fait, par assimilation ou simple extension, dirais-je, estampillé « artiste » à mon tour.

Cette dénomination a toujours revêtu pour moi un caractère d'étrangeté ; il y a toujours eu quelque chose qui m'a semblé un petit peu louche là-dedans, allez savoir pourquoi…

Au risque d'anéantir certaines certitudes, et si tant est que l'on considère qu'être artiste n'est pas seulement, comme le définit le *Robert*, « pratiquer l'art » ou bien « se vouer à l'expression du beau », mais aussi une chose qui s'incarne totalement, un mode de pensée, voire un art de vivre, rares, parmi les musiciens que j'ai rencontrés, sont ceux qui étaient des artistes, au sens commun du terme.

En revanche, ils avaient UN point commun : c'étaient des artisans. Même si un artiste doit souvent se servir de ses mains, et qu'un artisan, à l'instar de l'artiste, met lui aussi toute son âme dans son travail, être un artiste, c'est produire avec son âme, et produire avec ses mains, c'est être un artisan.

Je me considère donc parfois artiste, dans les bons jours, dans les moments d'inspiration, disons, mais artisan, toujours. Et à ce titre j'aurais dû, je devrais, disons, accorder une attention particulière à ce qui fait justement de moi un artisan, mes mains, outil de transmission par excellence, trait d'union physique et symbolique entre la pensée et le produit dont elle accouche.

Chose assez rare pour être soulignée : le violon, comme tous les instruments à cordes d'ailleurs, excepté la harpe, présente la singularité que les deux mains y sont employées dans des rôles totalement différents l'un de l'autre.

Alors que la plupart des instruments, à vent, cuivres, claviers, percussions, sollicitent les mains dans des fonctions similaires (certains n'en sollicitant même qu'une seule des deux), le violon, l'alto, le violoncelle, la contrebasse, la guitare – ainsi que tous leurs dérivés baroques – nécessitent le maniement d'un archet pour les trois premiers et le pincement des cordes pour le quatrième, et imposent ainsi à la main droite et à la main gauche la maîtrise de deux techniques qui ne se reconnaissent en aucune manière l'une dans l'autre.

On dira volontiers, d'ailleurs, pour décrire les qualités d'un violoniste ou pointer les défauts d'un altiste par exemple, qu'il a une « bonne main gauche » ou une « mauvaise main droite » !

Lorsque l'on évoque la « main », c'est en réalité de toute la chaîne épaule-coude-poignet-main-doigts que l'on parle.

Une bonne main gauche possède, selon moi – et je n'évoquerai là que ce qui est perceptible à l'oreille, passant sous silence les multiples gestes et mouvements microscopiques qui concourent à ces résultats, quatre qualités indispensables :

– la vélocité, autrement dit la capacité pour les doigts de se poser et de se relever rapidement, qui permet de jouer un grand nombre de notes dans un temps court et à quoi est souvent associée la notion de virtuosité ;

– l'agilité du coude, qui permet de passer très rapidement d'une position à une autre ;

– le vibrato, que l'on module à loisir selon le caractère que l'on souhaite conférer au passage ou à la pièce que l'on est en train de jouer, lent pour les pages élégiaques, modéré, voire rapide dans les passages que l'on souhaite un petit peu plus frénétiques ;

– la justesse, ou bien le fait de placer ses doigts parfaitement à l'endroit voulu, afin d'obtenir la hauteur de note souhaitée. Cette composante ne revêt d'ailleurs pas seulement un caractère technique, car l'on peut choisir d'ajuster la hauteur de la note que l'on joue en fonction de la valeur expressive que l'on souhaite lui donner. À noter que la touche du violon, contrairement à la guitare, ne dispose pas de frets et les repères n'y sont, de fait, que virtuels ; cet élément est sans doute déterminant dans la place qu'occupe le violon sur le podium des instruments les plus redoutables.

Si la main gauche a donc, comme nous venons de le voir, relativement fort à faire, la main droite n'est de son côté pas en reste ! Contrairement à certaines idées reçues, ne soyons pas dupes : la virtuosité au violon ne vient pas seulement de la main gauche !

Les vertus de la main droite sont peut-être plus discrètes et apparaissent de manière moins éclatante. Toutefois, il faut une maîtrise parfaite de tous les membres de la chaîne évoquée plus haut, si l'on veut pouvoir tantôt appuyer fort l'archet sur les cordes pour donner beaucoup de son, tantôt l'alléger pour changer subitement d'atmosphère, trouver l'équilibre infiniment subtil entre pression sur les cordes et allongement de l'archet, passer d'une corde à l'autre, voisine ou éloignée, coordonner parfaitement les mouvements de l'archet à ceux de la main gauche, jouer des accords en double, triple voire quadruple corde, bref, exprimer avec finesse l'ensemble des caractères présents dans une œuvre musicale. Nul n'ignore à quel point ils sont nombreux, divers et variés.

Le constat est donc simple : pour nous autres musiciens, les mains sont nos premiers « instruments de musique » !

C'est à ce titre que la plupart de mes collègues souscrivent des contrats d'assurance qui protègent leurs mains, ou bien s'interdisent la pratique de certaines activités pour ne pas risquer de les mettre en péril, donnant ainsi l'impression qu'ils sont unis à cet organe par un lien presque sacré.

J'ai toujours trouvé cette posture excessive, voire un peu ridicule. J'imaginais que si quelque chose devait se passer, eh bien ma foi, je composerais avec sagesse et philosophie avec une partie de mon corps amputée ou à tout le moins altérée, et je saurais me constituer, ou plutôt me reconstituer à partir de là.

C'était sans compter sur ce qui allait, effectivement, m'arriver.

Fin septembre 2020, je décide avec Samuel, un ami musicien et néanmoins sportif aguerri, de partir pour un petit périple à vélo – deux-cents kilomètres dans le week-end pour rejoindre La Baule depuis Angers, en suivant la voie cyclable des bords de Loire. Nous partons donc d'Angers un samedi matin. La première partie du trajet se déroule sans encombre, si ce n'est les douleurs coutumières en bas du dos, assez insupportables dois-je dire mais qui font partie, paraît-il, du charme de l'exercice.

En arrivant à l'hôtel à Nantes, je suis préoccupé par une sensation pour le moins bizarre dans la main droite, l'impression d'une ankylose tenace sur certains doigts, et en tout cas l'impossibilité de serrer quoi que ce soit. J'ai en gros l'impression que ma main est devenue un peu comme cette espèce d'odieux bras articulé que l'on trouve dans les foires – bras articulé que l'on commande avec deux boutons pour aller piocher je ne sais quel nounours de fabrication chinoise. Je me dis que cette sensation est passagère, et, fourbu, je dors dessus. Quoi faire d'autre de toute façon ?

Le lendemain matin, rien n'a changé. Le syndrome est le même, mais Samuel et moi décidons de poursuivre la route. Mon inquiétude grandit quant à cette sensation étrange et surtout inédite, qui de surcroît ne s'est absolument pas atténuée depuis son apparition.

Mission accomplie, arrivée à la Baule le dimanche soir et au cours de notre retour en train le lendemain matin, je reçois un courriel me disant que la Salle Gaveau est contrainte, pour les raisons que l'on sait (la pandémie…) de repousser la date de mon récital, qui devait se tenir la semaine d'après. Sur le moment, je le vis avec une assez grande frustration, sans savoir encore à ce moment-là que tenir mon archet est devenu entre-temps une chose impossible, et que ce report est en réalité une véritable aubaine ! Dès mon retour à Paris, je décide de consulter.

Le premier spécialiste, un chirurgien de la main, le docteur Bauer, m'accueille dans son cabinet – en musique – avec le double concerto de Mendelssohn (dans une version autre que la mienne, mais je ne lui en tiens pas rigueur !). Son diagnostic paraît encourageant : « Soyez patient, ne faites rien, et tout reviendra à la normale dans un mois et demi. » C'est effectivement ce qui se passera, et cette mésaventure est maintenant bel et bien derrière moi ; mais, pour la première fois de ma vie, je me suis senti inquiet, très inquiet. « Soyez patient, ne faites rien », c'est évidemment facile à dire. Néanmoins, quand votre métier est en jeu, cette recommandation est extrêmement difficile à observer !

Dans le doute, j'ai donc multiplié les rendez-vous médicaux, d'échographies et IRM, en passant par l'étape électromyogramme, d'ostéopathes et kinésithérapeutes, et ainsi de suite pendant plus de deux mois, sans que personne ne perce vraiment le mystère.

L'hypothèse d'une défaillance de mon système nerveux m'a aussi fugacement traversé l'esprit, mais heureusement je n'ai pas laissé mes penchants hypocondriaques prendre le dessus !

Néanmoins, ces deux mois durant lesquels j'ai, d'abord légèrement, puis, à mesure que le temps passait, un peu plus sérieusement, envisagé de ne plus pouvoir jouer de violon ont été une épreuve.

Pour être très honnête, et peut-être un petit peu cynique aussi, je m'étais depuis fort longtemps fait la réflexion que la musique, au fond, entre la jouer, avec tous les sacrifices que cela implique, et l'écouter confortablement au moment où on le décide, pas sûr que je préfère la première option.

Je ressentais probablement une petite lassitude, ou j'avais l'impression tout simplement d'avoir un petit peu fait le tour de la question.

Ce handicap soudain a radicalement modifié cette approche, et je me suis accroché passionnément aux deux concerts que je suis malgré tout parvenu à assurer durant cette période.

Ils ont, de fait, revêtu un caractère particulier, comme ils ont réinterrogé entièrement ma condition de musicien.

Parmi ces deux prestations, l'une était le concert-hommage à Frédéric Lodéon pour son départ de Radio France. Si j'ai réussi à aller au bout de cette pourtant courte prestation d'environ dix minutes, c'est tout simplement un miracle. Jamais je n'ai été aussi stressé de ma vie, car j'étais à chaque mesure à un cheveu de laisser tomber mon archet ! Je suis passé d'un statut de violoniste-concertiste qui ne mesurait pas sa chance à celui d'un survivant qui convoque l'ensemble des forces supérieures pour, tout simplement, retrouver l'usage de sa main. Il faut donc croire que cet épisode singulier de ma carrière a finalement eu un effet vertueux sur mon évolution, et que le bonheur de me retrouver en pleine possession de mes moyens n'a jamais été aussi grand qu'aujourd'hui.

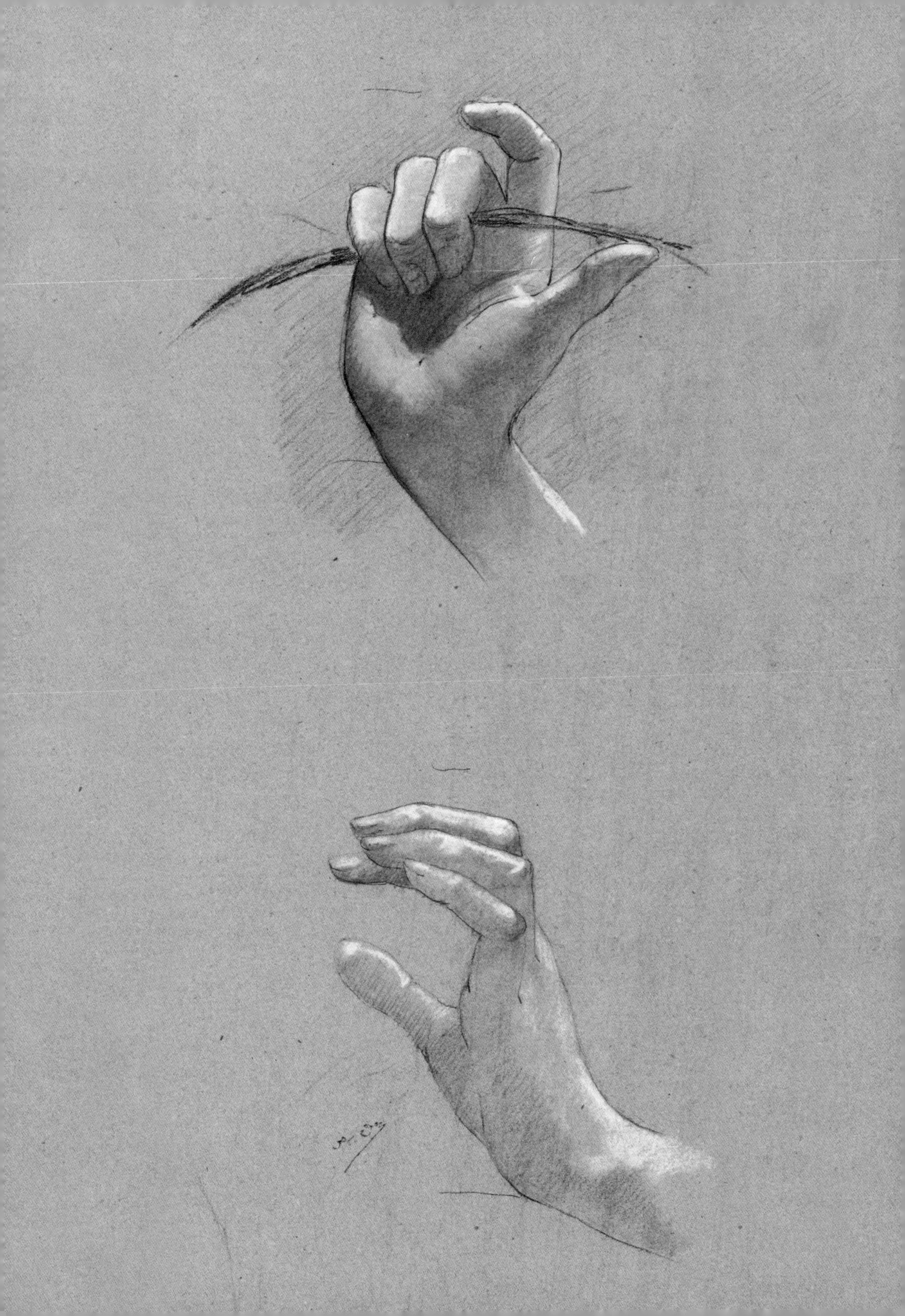

LES MAINS SONT MON POUVOIR

Nelly Saunier / art de la plume

Fascinée par la nature qui m'entoure depuis mon enfance, j'ai découvert et choisi un métier de la main à l'âge de 14 ans: plumassière. Maître d'art, je mets mon talent d'artiste au service de la plume. De la mode à la haute joaillerie, ou pour des créations personnelles, je transcende un savoir-faire ancestral, imaginant de nouvelles façons de faire vivre la plume. Les mains sont mon pouvoir et sont au centre de mes aventures. Elles vivent et dansent devant mes yeux à chaque instant. Elles créent l'harmonie et font le lien entre les choses. Elles sont le reflet de ma personnalité. La main est un langage qui souligne l'intelligence du geste. L'esprit guide la main, montre le chemin, prolonge l'idée et révèle mon mode d'expression. En découvrant ce monde des oiseaux, dont les plumes portent en elles les secrets aériens de ceux dont les corps les engendrent, je les lie du bout des doigts, les classe, les trie, puis m'en sers en même temps comme un peintre ou comme un sculpteur, travaillant à la fois volumes, effets de matière et couleurs. La plumasserie n'est pas réductible aux seules techniques multiséculaires que j'ai apprises: aucun artiste ne saurait se réduire à sa technique d'exécution, aussi aboutie soit-elle. Mon univers créatif tire sa richesse d'un don de soi et d'une générosité qui insufflent à mes créations leur charge d'émotions.

Dans l'acte de création, l'espace se contracte, le temps s'étire à l'infini, la gestuelle de chaque main se mêle en une illusion vers une plénitude faite d'une joie simple et profonde. Faire prend alors tout son sens, c'est mettre au monde. Réaliser, c'est à la fois des mains agiles et détentrices de la pensée. Les mains portent en elles nos secrets éphémères, et seule la magie du geste a le pouvoir de nous donner des ailes. Les mains sont au centre de nos univers. N'est-ce pas la première représentation de l'Homme? C'est par ses mains que l'Homme s'est construit. Depuis le paléolithique, ses empreintes ou ses traces marquent son passage et délivrent un message de son histoire, la présence d'une existence ou même d'une signature. Mes mains montrent ce qui ne se dit pas. Bras ouverts, mains tendues, elles portent en elles tant de messages.

La main égyptienne

Christophe Barbotin / égyptologue au musée du Louvre

La main en Égypte, ce sont d'abord des mots. Le plus commun est le nom féminin *djeret,* au duel *djerty*, « les deux mains ». Étymologiquement parlant, il semblerait n'être qu'une périphrase décrivant sa fonction, « celle qui saisit », alors que le mot originel désignant la main subsisterait à travers la valeur phonétique *d* véhiculée par le hiéroglyphe correspondant. On observe le même phénomène avec l'œil, *iret* en égyptien, (« celle qui fait »). La cause de telles circonlocutions tiendrait à la crainte d'exposer ces organes fondamentaux de la personne humaine aux agressions, car dire un nom revient à prendre pouvoir sur lui, mais la réalité comme le détail du processus se perdent dans la nuit des temps.

La main est pleine de doigts, les Égyptiens aussi l'avaient remarqué. Ils distinguaient donc les doigts (*djebâ*, au pluriel *djebâou*) et les ongles (*ânet*, *ânout*). Pour la largeur de la paume, on créa la périphrase *chesep*, « celui qui reçoit », pour l'ériger en unité de mesure. La paume pouvait aussi être qualifiée de « milieu de la main », tandis que certains papyrus magiques ou médicaux évoquent en termes vagues le « dessus de la main » ou le « dos de la main ». Dans cet ensemble que nous appelons la main, les doigts étaient par conséquent les mieux définis, le mot désignant aussi bien les doigts de la main que les orteils des pieds.

Mais pour les Égyptiens, la main n'est pas seulement la main. Elle se confond souvent avec l'avant-bras qui la prolonge, *â* en égyptien. On dit « tendez-moi le bras » à l'équipage d'un navire pour vous aider à monter à bord, on tient un sceptre indifféremment « dans le bras » ou « dans la main ». Dans le grand recueil de formules funéraires, dit les *Textes des sarcophages*, qui remonte au début du deuxième millénaire av. J.-C., le dieu

Osiris est invité à donner son « bras » à Isis et sa « main » à Nephthys, les deux sœurs presque jumelles, et à marcher ainsi soutenu entre elles: le parallélisme de la langue permettait d'établir l'équivalence des déesses par symétrie avec celle des deux termes. De même la « coudée » (*meh*), l'unité de mesure de longueur par excellence, comprend l'avant-bras depuis le coude jusqu'à la main.

La main droite et la main gauche ne furent explicitement distinguées qu'à partir du Nouvel Empire, à la deuxième moitié du deuxième millénaire av. J.-C. La main droite *ounemy* et la gauche *semehy*, au genre masculin cette fois, apparaissent dans les textes magiques ou sur certains types de statues dont le geste implique le découplage des deux mains. Or cette innovation est concomitante à la différenciation des mains et des pieds qu'on observe sur certains reliefs ou peintures aux XIVe et XIIIe siècles av. J.-C. Alors que, dans la figuration traditionnelle issue du troisième millénaire, les humains présentaient mains et pieds identiques en fonction du sens où ils étaient tournés, les Égyptiens s'attachèrent alors à reproduire la réalité visuelle de manière plus systématique qu'auparavant. Aussi, dans les scènes où s'applique la nouvelle règle, chaque individu se trouve-t-il doté d'une véritable main droite et d'un véritable pied droit, d'une véritable main gauche et d'un véritable pied gauche.

La main et le doigt

On a vu que la langue réservait un sort particulier au doigt. N'est-ce pas le doigt porté à la bouche qui détermine l'enfance, à côté de la nudité et du crâne rasé orné d'une tresse latérale ? Rappel probable du geste du nourrisson qui suce son pouce.

Lorsqu'on lit les chants de poésie amoureuse, qui datent tous du Nouvel Empire, on est frappé de constater l'absence de la main. L'amant et l'amante aiment à comparer le corps du bien-aimé ou de la bien-aimée avec des fleurs, des parfums ou des matériaux précieux. La chevelure, les yeux, les lèvres, la nuque, les seins et les bras émoustillent ainsi l'imagination du poète, mais pour la main, presque rien. Certes, les amoureux marchent « la main dans la main » comme les jeunes gens d'aujourd'hui, mais nul n'en chante la beauté comme le font habituellement les soupirants transis. Une seule fois pourtant, le doigt de la belle est comparé à une fleur de nénuphar.

Ce sont en effet les doigts qui forment la partie vraiment belle de la main pour les Anciens, le dos des doigts pour être précis. En ronde-bosse, c'est le dos de la main qui est le plus souvent représenté avec des doigts très longs, souvent plus longs que le modèle de la nature, comme pour attirer l'attention sur leur importance. Régulièrement au cours des temps, depuis le début du IIIe millénaire jusqu'aux derniers siècles avant le Christ, les sculpteurs se sont plu à détailler les plis de peau et les ongles, des mains comme des pieds, avec un naturalisme extraordinaire qui témoigne d'un véritable amour pour le sujet. Dans les images en deux dimensions, on retient, par exemple, les longs doigts effilés des images du temps d'Akhénaton et de ses successeurs au XIVe siècle av. J.-C., où ils résument à eux seuls la quintessence de la main. La prévalence des doigts est également manifeste dans l'abondante littérature médicale que nous a laissée l'Antiquité égyptienne. Ce sont les doigts, souvent associés aux orteils, qui font l'objet de traitements dans les grands papyrus médicaux Ebers et Hearst ainsi que dans celui du Louvre. Sans doute est-ce le pouvoir de préhension des doigts et la dextérité qui en découle qui ont conduit à les mettre en valeur, à la limite de la métonymie pour la main entière.

En revanche, la reproduction du détail de la paume avec les lignes qui la parcourent est rarissime, les quelques exemples que l'on connaît remontent presque tous au XIVe siècle av. J.-C., sous les règnes d'Akhénaton et de Toutânkhamon, une époque où le souci perspectif pénètre la mentalité égyptienne plus loin qu'il ne l'avait jamais fait auparavant. Il est un cas spécifique toutefois où la paume est mise en exergue, ce sont les statues dites des « chauves d'Hathor ». Ces fidèles de la déesse de l'amour arborent une sorte de calvitie qui est la marque hiéroglyphique de la vigueur sexuelle masculine. Figurés en statues accroupies, les fameuses « statues-cubes » égyptiennes, ils portent la main droite devant leur bouche, paume tournée vers le haut, de façon à recueillir la bière offerte par les passants, parfois aussi du pain : « Mettez-moi de la bière sur ma main, du jus de dattes à ma bouche, de l'onguent onctueux sur ma calvitie et une guirlande de fleurs fraîches à mon cou… », demandent-ils à qui veut bien lire leurs inscriptions, tous produits propres à réveiller le désir du propriétaire de la statue. Mais c'est là une fonction passive de la main, correspondant à l'étymologie du nom de la paume, *chesep* « qui reçoit », bien loin de la sensualité qui émane parfois des doigts.

La main et le monde

La main est l'outil, le moyen de connaissance et d'action par excellence de l'être humain, l'un des marqueurs capitaux qui séparent la culture de la nature. La main égyptienne n'échappe pas à un tel déterminisme.

Les dix doigts représentent, comme pour nous modernes, la racine du système décimal et se trouvent donc à la base du processus d'appropriation du monde tel que les Anciens le concevaient. Le hiéroglyphe du doigt est d'ailleurs l'idéogramme qui exprime le nombre dix mille. Le système des unités de longueur repose aussi sur les déclinaisons de la main : la coudée *meh* qui vaut cinquante-deux centimètres environ se divise en sept « paumes » (*chesepou*) et en vingt-huit « doigts » (*djebâou*), subdivisions arbitraires puisqu'elles ne correspondent en rien à la réalité physiologique du bras et de la main réels, le lecteur s'en convaincra aisément en se mesurant lui-même.

La main, c'est à la fois la possession et l'autorité. Les images des tombeaux et des temples, les statues de dieux, de rois et de particuliers montrent le sujet serrant dans la main tel ou tel attribut qui détermine son rang ou sa fonction. On dit que le sceptre est « dans la main » ou « dans le bras » d'untel. Ce sont les petits, les gens de rien, qui ne tiennent rien en main sinon l'outil pour travailler. La langue reflète cet état de fait : la préposition *n-djeret*, littéralement « pour la main de », signifie « sous la responsabilité de » et *m-djeret*, « dans la main de », veut dire « par l'entremise de ». D'une manière générale, la main, *djeret*, et son synonyme *â*, le bras, expriment la possession, la richesse. L'une des manifestations les plus éclairantes de ce phénomène est le mot *djebât*, « sceau ». Étroitement apparenté à *djebâ*, « doigt », comme s'il en constituait le prolongement direct, le sceau-doigt affirme la propriété et le pouvoir de son détenteur par l'empreinte qu'il laisse dans l'argile fraîche.

La main agit : elle sert d'outil à l'artisan bien sûr, mais aussi de moyen de connaissance au médecin qui palpe le patient « sous ses doigts » ou « sous sa main », qui le frotte d'un onguent avec sa main. D'un scribe efficace, et nous savons combien le scribe est le socle du pouvoir égyptien, on dit traditionnellement qu'il est un « scribe aux doigts experts ». Ce sont donc ses doigts en tant que tels et non la main qui déterminent sa qualité. Cette capacité d'agir de la main et des doigts a des correspondances profondes dans la mythologie et la pensée religieuse. Les rames des barques divines sont parfois assimilées à des doigts, car les doigts effilés comme les rames déterminent l'action et donc le mouvement. Et surtout, le Soleil primordial ayant initié la création du monde par masturbation, puisqu'il était seul, sa main était conçue de fait comme le moteur à l'origine de l'univers. C'est d'ailleurs en référence à cet archétype que la grande prêtresse du dieu Amon-Rê de Karnak, qui est en même temps son épouse consacrée, est appelée la « main du dieu ».

Outil de la création primordiale, la main est figurée à l'extrémité des rayons du disque rayonnant sous Akhénaton, au XIVe siècle av. J.-C., à une époque où Aton, le Soleil transcendant et asexué, dispense ses bienfaits au monde entier comme une création qui serait perpétuellement en mouvement. Une petite inscription dans une scène d'adoration au soleil précise en effet : « Ta main (à toi le Soleil) porte la vie et le pouvoir. »

A contrario enfin, si on entend priver pour toujours un adversaire de ses moyens d'action, on lui coupe la main. Tel est le sens profond de cette coutume des guerriers du Nouvel Empire de rapporter les mains, les oreilles et plus tard le sexe des ennemis tués sur le champ de bataille.

La main et les puissances surnaturelles

Les anciens Égyptiens, peuple d'agriculteurs imprégnés du spectacle de la nature, étaient confrontés aux chances et aux épreuves qu'elle leur imposait tous les jours. Ce miracle du soleil qui revient chaque matin, ce mystère de la lune croissante et décroissante, la manne de la crue annuelle du Nil aussi régulière qu'une horloge, mais la hantise des crues trop faibles et de la famine qui s'ensuit, des pluies diluviennes qui dévastent tout sur leur passage, des maladies qu'on ne prévient pas, il fallait les interpréter, les susciter ou s'en défendre tour à tour. À défaut de science, dont même la notion n'existait pas, on recourait à des techniques éprouvées par l'usage lorsque c'était possible, et surtout aux moyens de communication avec ces puissances surnaturelles qui, pensait-on, régissaient les lois de la nature. Religion et magie, inextricablement mêlées, étaient reines. Et pour agir, là comme ailleurs, il fallait la main.

La qualité première était la pureté. Le prêtre est souvent dit « aux mains pures », car il approche l'image de la divinité conservée dans le secret du temple. De même l'échanson du roi, qui dans le palais fréquente le pharaon auquel la théocratie égyptienne confère une nature divine. L'usage des instruments de musique dont on joue pour attirer l'attention de la déesse Hathor exige aussi la pureté des mains.

La main, pure assurément, effectue certains gestes requis par le rite ou la prière grâce auxquels on pourra accéder à la divinité ou au défunt. Le geste de la prière et de l'attente respectueuse face à un dieu ou une déesse dont on espère la réversion des offrandes, indispensables pour la survie éternelle, consiste à étendre les bras devant soi, contre son corps, paume tournée vers soi. C'est la phase passive de la prière face à la puissance à qui on s'adresse.

Pour louer cette puissance en revanche, aspect actif de la communication avec elle, on lève les mains devant soi à hauteur du visage, paumes vers l'extérieur et doigts dressés.

L'exécution d'un rite pour un défunt ou une divinité commande parfois une gestuelle précise. Afin de protéger un patient des dangers qui le menacent, le médecin magicien peut « imposer les mains » sur lui. Une stèle du roi Âhmosis, fondateur du Nouvel Empire au XVIe siècle av. J.-C., donne un exemple très vivant d'un rite en cours d'exercice. Pour honorer sa grand-mère, la défunte reine Tétichéri, « Sa Majesté tendit le bras, baissa la main et accomplit pour elle (la récitation de la formule) "veuille le roi accorder une offrande"... » Dans ce cas rare de description gestuelle, le lecteur est conduit à se représenter le bras tendu de l'officiant, la paume tournée vers le sol.

L'offrande de l'encens occupait une place capitale dans le culte, car il rendait efficiente la présence de la divinité dans son effigie. Ainsi, cette main qui agit face aux dieux est figurée au bout des encensoirs dont l'horizontalité évoque le bras, en sorte que main et bras se confondent en un seul objet comme ils le font dans la langue.

Ces instruments, les « bras d'Horus » selon les termes égyptiens, servaient d'intermédiaire entre le prêtre, simple délégué du roi, et la divinité dont Pharaon demeurait l'interlocuteur exclusif. Par leur matérialité, ils permettaient de pérenniser l'intercession royale auprès de celle-ci. Ce même principe de duplication du bras et de la main unis en un objet unique conduisit les Égyptiens à sculpter de somptueux claquoirs en bois, en os et en ivoire pour rythmer les danses en l'honneur d'Hathor, la déesse de l'amour et de la mort à la langoureuse chevelure qu'on invoquait sans cesse comme dame du désir, désir préliminaire à la naissance et donc à la perpétuation de la vie.

Assurément, la main dans tous ses états apparaît dans l'ancienne Égypte comme un monde aux facettes insoupçonnées. Les remarques qu'on vient de lire ne constituent donc que les toutes premières touches d'une grande fresque qu'il reste à peindre...

UNE CARESSE, UNE TENSION ET UN FROTTEMENT

Johan Dampierre / canut

Au cours d'une journée, mes mains doivent tantôt être délicates quand je façonne mes fils de chaîne, tantôt fermes quand je prépare mon métier. Avec le temps et la pratique, les mains apprennent et se sont imprégnées des gestes ancestraux. Les mains d'un canut sont en contact avec la matière 80 % du temps. Les outils dont nous disposons nous aident à ordonner les fils, mais tout est fait à la main, avec l'aide du corps aussi parfois. En contact avec la matière, principalement la soie, les mains sont des indicatrices. Le toucher est essentiel. La matière selon son état peut être cassante, sèche ou incroyablement douce.

Le terme canut désigne un ouvrier tisserand lyonnais qui opère sur des métiers dits « à bras ». Principalement localisés dans le quartier de la Croix-Rousse, ces artisans ont fait rayonner le tissage lyonnais à travers le monde depuis le XVIIIe siècle. Les techniques et gestes sont parvenus jusqu'à nous et nous sommes désormais une poignée à perpétuer ce savoir-faire. C'est un métier hors du temps.

Avant ma formation pour devenir canut, je travaillais dans une usine de production où je répétais jour après jour les mêmes tâches monotones. J'avais besoin et envie de changer de voie professionnelle afin d'être en adéquation avec moi-même. Quand j'ai débuté, il y a maintenant deux ans, j'ai été surpris par le nombre de gestes que j'allais devoir comprendre, analyser, apprendre. La main de l'homme est présente et nécessaire à chaque étape. Et à ce jour j'apprends encore, il faut environ cinq années pour devenir pleinement compétent sur toutes les sortes de tissus, les métiers…

Parmi les gestes les plus spécifiques de ce métier, il y en a un qui pour moi en est l'essence même : le « tordage ». Ce geste que l'on répète maintes et maintes fois est le plus complexe. Il consiste à relier les fils un à un entre une ancienne chaîne de tissage et une nouvelle. Cette action est le savant mélange de trois facteurs. Une caresse, une tension et un frottement.

La caresse intervient quand on vient sélectionner les fils à casser et à relier. La tension est nécessaire pour casser les fils afin de pouvoir les avoir entre le pouce et l'index. Puis le frottement, quand on roule les fils entre nos doigts en les gardant en tension afin qu'ils se nouent entre eux et tiennent ensemble. Avec le temps, la main se crée une mémoire et ce geste si technique et spécifique devient facile, permettant à l'exécutant de se laisser aller à d'autres pensées. Cette opération est nécessaire à chaque nouvelle préparation pour un tissage, on le fait plusieurs fois par semaine. Avec le temps il est et devient véritablement ancré dans nos doigts, il s'effectue sans effort avec un automatisme déconcertant pour les novices.

L'ourdissage est un moment particulier. C'est ce moment où l'on ordonne les fils pour que chacun ait sa place. Véritable danse entre les fils de soie et la main. Tel un ballet aérien, les doigts viennent s'entremêler à la soie par un petit mouvement de balancier. Cette opération ne peut se faire qu'en délicatesse et légèreté, comme si le canut devenait le temps d'un instant harpiste ou pianiste.

Si mes mains sont extrêmement sollicitées par mon métier de canut, je leur en demande également beaucoup quand je couds ou brode, mes activités annexes et complémentaires. En étant canut, je crée mon étoffe à partir des fils de soie. En passant du côté du couturier, je crée un vêtement à partir de l'étoffe, c'est un peu comme le ruisseau qui alimente la rivière et la rivière qui alimente le fleuve.

Couturier-créateur, je donne vie aux désirs, envies, idées de mes clients, créant pour eux et avec eux des pièces d'exception. Du croquis à la réalisation, mes mains sont un vecteur inépuisable. Elles donnent vie à une ligne, une idée, un ressenti, une émotion ou parfois, par un simple toucher sur une étoffe, me disent ce que le tissu veut ou peut devenir. Cependant on ne travaille pas la soie, le satin ou le lainage de la même manière. Les mains s'adaptent d'elles-mêmes à la matière. Les tissus légers, la dentelle, nécessitent des mains délicates, comme des ailes de papillon, il faut effleurer les étoffes à assembler. Les lainages et matières plus lourdes demandent de la délicatesse aussi, mais davantage de fermeté.

Je me surprends parfois à me dire que mes mains savent ce qu'elles ont à faire et que si ma tête a des défaillances, mes mains, elles, n'en ont pas.

LA MAIN SAVANTE

Marie Schweitzer / architecte

L'architecte imagine un lieu de vie, un édifice, sous toutes ses formes, dans ses détails, il le rêve et le dessine avec la main comme prolongement de sa pensée. Le patrimoine architectural se construit au fil du temps en réponse à des usages que des bâtisseurs éclairés ou de simples artisans ont rendus remarquables grâce à leurs connaissances et leur savoir-faire exprimés dans l'art du trait et de la mise en œuvre. De la conception à la fabrication de l'édifice, la main, douée d'une intelligence, traduit une réalité existentielle et culturelle de notre cadre de vie. Lorsque j'imagine une ambiance en croquis, ma main prend le relais de mon imagination, apportant des traits correctifs qui enrichissent ma proposition. La main de l'architecte participe à l'acte de création indépendamment de sa pensée, de la même manière que la main du pianiste accentuera la nuance au point de lui échapper. La main ajoute à l'esquisse architecturale une expression juste et raisonnée.

Changer de main, c'est changer de point de vue

Jordane Saget / street artist

Quand je travaille avec la main, je travaille en fait avec tout le corps : l'angle de la main dépend de celui du coude, qui dépend de celui de l'épaule… Ce n'est pas surprenant : en *taï-chi-chuan*, on apprend que tout mouvement vient des jambes. C'est le corps qui place ainsi la main, en particulier dans mon travail en extérieur. Le fait d'avoir agrandi le format dans la rue a changé le geste : l'épaule, la hanche sont plus sollicitées, tout le corps est ainsi employé… Quand je travaille au stylo (et donc en intérieur), l'emplacement de la main est plus clair, les frontières sont plus nettes, seuls le poignet et les doigts bougent. Dans ces moments-là, j'ai en réalité moins l'impression d'utiliser ma main…

Avec le temps, une mémoire de la main se développe, elle apprend et retient les gestes, les techniques – que dis-je: les réflexes. Chaque fois que je prends un autre outil, il y a nécessairement un temps d'adaptation, le temps que la main (ré-)apprenne. Quand je change de dimension également: en passant des toutes petites lignes aux très grandes, la main se doit de réapprendre. Au bout d'un moment, lorsque ma main s'est suffisamment entraînée sur un support et avec un outil donné, il peut survenir ce que je qualifierais de fulgurance: je dirige alors ma main tout autant qu'elle me dirige…

Récemment, j'ai changé de main. En effet, depuis environ deux ans, je m'entraîne à travailler également de la main gauche. Il y a d'abord une raison pratique à cela : à la longue, il m'arrive de fatiguer de la main droite et je peux ainsi changer de main pour continuer à travailler. C'est aussi une façon de parer la maladie. *In fine*, mon objectif serait de pouvoir dessiner des deux mains en même temps: un nouveau geste assurément... En changeant de main, j'ai aussi mieux compris ma propre activité. Ce que je faisais sans réfléchir avec la main droite, je le réanalyse maintenant avec la main gauche. Je me suis notamment aperçu que je faisais toujours certains gestes. J'en ai fait évoluer d'autres: j'ai ainsi retiré le geste du retour quand je dessine. Bref, changer de main, c'est changer de point de vue.

La main, c'est aussi le rapport au toucher, notamment dans mon travail à la craie. D'une certaine façon, je suis l'artiste qui a le plus « caressé » Paris: je caresse le sol pour savoir comment la craie va adhérer. La main devient alors une sorte d'antenne. Je me suis mis récemment à la peinture, donc au pinceau, mais je m'y sens (jusqu'ici) moins à l'aise. En effet, il y a plus de distance qui se crée mécaniquement entre l'œuvre et moi. Là où je suis bon, c'est à la craie ou au marqueur, car ils sont au contact de la matière. La même chose est vraie avec les mines: il y a des dimensions que je connais bien, d'autres que je ne « sens » pas. La meilleure est celle d'un centimètre, c'est-à-dire celle de la craie ou du doigt – tout près du sol ou du papier...

Suivant cette même démarche, j'ai aussi cherché à apprendre le braille il y a quelques années. Avec un objectif simple: je voulais pouvoir lire dans le noir le soir, sans avoir à garder la lumière allumée. Je me suis donc acheté une méthode: au bout d'un moment, j'arrivais à lire des textes, quoique pour enfants. Cependant, comme je joue de la guitare et dessine, bien sûr, j'ai beaucoup de corne sur les mains, ce qui rend malheureusement la lecture plus difficile...

Pour autant, telle que je la conçois, la main, ce n'est pas les doigts. La main constitue une sorte de « pince » qui vient tenir la craie quand je travaille, faisant ainsi partie d'un tout. J'en reviens ici au geste: à la craie, celui de la main est en fait celui du poignet. Qui plus est, je n'utilise pas les trois derniers doigts de ma (ou mes) main(s): deux suffisent... La main est un moyen.

D'aucuns diront que c'est étrange d'avoir choisi d'exercer un métier autour de la main: je ne pense pas avoir de facultés physiques particulières. Je suis bon en guitare rythmique, certes, mais pas quand il s'agit de faire des arpèges, encore moins des solos: ma dextérité atteint rapidement ses limites. À vrai dire, je ne me sens pas « artiste des mains ». Quand je dessine, je le fais avant tout dans ma tête. Pour une performance récente au musée du quai Branly, il s'agissait de poser mes lignes sur la paroi vitrée autour de la grande salle de réception. La question était alors celle du temps que je pouvais consacrer à chaque vitre. J'ai finalement dessiné sur l'une d'elles en fermant les yeux: j'ai imaginé les gestes...

Une main, Jordane Saget

Quand je visualise un dessin, je me vois placé pour le dessiner, sauf quand je travaille sur une tablette. Dans ce cas-là, je vis mon travail comme un mathématicien, si je peux me permettre le parallèle. De fait, il y a une distance avec la main : le fait de pouvoir récupérer son geste, le corriger, change tout. À l'inverse, le travail à la main, que ce soit à la craie ou au marqueur, vient avec les imperfections. Ma main amène l'accident, le côté humain, la chaleur. Un tableau est intéressant précisément parce qu'il est réalisé à la main…

Je déteste certains supports, ceux qui n'opposent pas de résistance. Celle-ci constitue un moyen de contrôler la vitesse de mon trait. À la craie, par exemple, il y a un rapport à la vitesse. Je la préfère à cet égard au marqueur, car il y a plus encore de résistance. Si le support sur lequel je travaille à la craie est homogène, je n'aurai pas de surprise. Le marqueur, lui, peut trahir. À l'extrême, quand la main glisse sans opposition, je perds mes moyens : au pinceau, je ne retrouve pas la résistance que je recherche. En tout état de cause, il faut que je touche la matière avant de commencer à travailler pour savoir quel outil utiliser. Sinon, je pourrais louper ma première ligne… Ma main est un moyen de prendre mesure de la matière.

Si on me disait que je ne peux plus dessiner avec les mains, je m'en moquerais. Parce que c'est dans la tête que cela se passe avant tout. Parce que, aussi, il faut que le geste soit justifié : je ne vois pas l'intérêt de dessiner à la main *systématiquement*. Les vitrophanies font souvent très bien l'affaire. Parce que, enfin, mes lignes existent déjà. Je distingue de plus en plus le travail que j'ai réalisé et qui vit de lui-même, de moi ou de mon geste. Car, au fond, le plus important est ce qui reste – et ce que les autres en perçoivent…

LA MAIN OUVERTE DU SALUT

Fabien Milliasseau / lieutenant-colonel de gendarmerie

Ma main, mes mains… que représentent-elles pour moi, militaire, gendarme, dans mon quotidien, citoyen parmi les autres, mari et père ?

Dans l'exercice de mon métier, de manière opérationnelle, il s'agit essentiellement d'un moyen de dissuader, de garder à distance, de saisir, d'appréhender ou encore de manipuler des moyens de défense intermédiaires ou parfois létaux. Dans la prière du gendarme adressée à sa sainte patronne, sainte Geneviève, on peut réciter : « Et si je dois armer mon bras pour faire respecter la loi, garde mon âme dans la sérénité, Seigneur. Car c'est mon devoir d'assurer la paix, l'ordre et la sécurité. » Cela nous rappelle alors le sérieux, la gravité de notre engagement, mais également la puissance qui nous est conférée au travers du monopole de la violence légitime. La main, c'est bien elle qui tient cette arme, ce compagnon de tous les jours, et cette main ne peut, ne doit pas trembler. Elle doit réagir efficacement et exécuter strictement l'ordre qui lui est intimé. Une action décisive afin de protéger, sauver, et mettre hors d'état de nuire un adversaire.

Pour cela, l'entraînement est régulier, une répétition impérative d'exercices afin d'habituer la main, les mains, à tenir fermement ce morceau de métal complexe dont l'emploi peut avoir des conséquences irrémédiables.

Mes mains sont parfois des outils de communication opérationnelle lorsqu'il s'agit de progresser en discrétion, elle trouve une utilité particulière afin de faire comprendre aux autres l'intention. Fermes et déterminées, elles dirigent, organisent, donnent les ordres nécessaires pour aboutir à l'effet final recherché. Compléments des yeux et des rictus du visage, elles viennent améliorer le dispositif corporel tourné vers la réussite. Tel un plongeur, les mains ordonnent.

Mais « appréhender », c'est aussi pouvoir sauver, retenir un désespéré qui enjambe le parapet, rattraper l'enfant qui sombre dans la noirceur des eaux, ranimer et raviver la flamme d'un cœur à l'arrêt, pouvoir agir dans bien d'autres situations auxquelles nous sommes toutes et tous confrontés.

C'est une main qui la plupart du temps se veut rassurante mise à disposition des autres. Cette main que l'on tend, car c'est l'essence même de notre engagement.

Les mains traduisent la pensée au service des citoyens. Le pilote d'hélicoptère ou d'embarcation nautique agit avec précision par une main aguerrie, le maître de chien tient la laisse de son compagnon canin et oriente son travail, le motard dirige son engin avec une juste et nécessaire pression, le technicien en investigations criminelles prélève des preuves, l'analyste navigue dans l'immatériel, les militaires du corps de soutien accompagnent les opérationnels, etc. Mais on se protège également de celles des autres. N'est-ce pas toute l'utilité des moyens de contention, que l'on appelle menottes, qui servent à entraver les mains de personnes supposées dangereuses ? Le terme de « menottes » est par ailleurs utilisé pour parler de petites mains…

Pour un militaire, la main porte aussi le poids de l'héritage et de la tradition. Symbole de paix, le salut entre les militaires s'échange main droite ouverte afin de montrer qu'aucune arme n'est portée. Signe de fidélité, de fraternité, gantée de noir ou de blanc, c'est également un geste de juste allégeance à notre drapeau, à notre hymne, à notre nation, à nos idéaux, ceux d'une république dans laquelle la liberté de chacun règne. Mais c'est aussi le moment du souvenir, on lève à hauteur de coiffe cette même main lors de l'hommage à nos morts afin de se rappeler l'ultime sacrifice de nos aînés et de nous permettre de poursuivre notre route. En toute humilité et reconnaissance, on salue avec amour celles et ceux qui sont partis avant nous dans l'exercice de leur devoir.

À l'ère du numérique, dans une phase d'accélération des processus, de la dématérialisation, ces mains formalisent parfois l'horreur. Elles tapent sans répit sur le clavier les récits parfois douloureux de vies bouleversées. Elles ne doivent pas témoigner d'émotion, juste permettre de reporter avec la plus grande fidélité les éléments rapportés, puis enfin participer à la manifestation de la vérité.

La rigueur de ce métier et la réflexion menée ne doivent pas me faire oublier que ces mains, mes mains, sont aussi celles qui, une fois l'uniforme remisé, peuvent caresser la joue de mes proches.

Le grip et le swing

Alexis Lozach / golfeur

Le golf est très singulier : c'est un sport d'échec, puisqu'en théorie on devrait mettre la balle dans le trou dès le premier coup – ce qui est impossible. Quant à sa réussite, elle repose à 99 % sur la main. C'est d'abord la recherche du *grip*, le positionnement des mains sur le club. Ce premier geste, d'allure simple, est décisif, car les mains doivent être parfaitement placées. Tous les golfeurs, même au plus haut niveau, cherchent ce *grip* à chaque coup. Ensuite, les mains arment le swing avec une prédominance de la main gauche, qui est la main directrice, celle qui porte le gant aussi, car elle serre plus fort le club. À l'inverse au moment de l'impact avec la balle, c'est la main droite qui se fait plus présente pour mettre un effet. Les mains s'adaptent aussi aux conditions du terrain. Tout le talent d'un golfeur s'apprécie plus dans les coups d'approche du *green*, et c'est là que l'on admire vraiment la « patte » du joueur. C'est aussi dans ce petit jeu que le pouvoir créatif de la main s'exprime.

Tous les plus grands ont des mains en or, mais le geste beau est aussi celui qui donne des émotions. Je pense à Sergio García, au swing de Tiger Woods et son aura, mais un coup de golf reste plus standardisé qu'un coup de tennis. J'ai rêvé et vibré devant les coups de Pete Sampras ou de Roger Federer, mais la plus belle main que j'ai pu voir quand j'étais tennisman, avant de devenir golfeur, est celle de Richard Gasquet. Son revers à une main, alliant rapidité du poignet et relâchement total, est le plus beau de tous les temps.

L'ÉBÉNISTE DE LA CHAIR

Pascal Lafaye / boucher

Si toute ma famille vient du monde de la viande, je voulais être ébéniste au départ, un métier finalement très proche de celui de boucher. On part d'un produit brut qu'il faut travailler et transformer avec les mains. Je me considère comme un artiste, car à partir du moment où le geste est bien fait, avec application et avec un but précis, il est par essence beau. Je suis attaché à la destination du geste et à la fierté du travail bien fait, avec le cœur. J'ai vu un jeune collègue qui sortait d'un parcours difficile s'affirmer avec magie dans la boucherie : chaque geste à peine observé était reproduit à la perfection. Il incarnait pour moi ce qu'on peut appeler l'intelligence de la main. D'ailleurs, les bouchers se blessent rarement en travaillant, tellement la main devient le cerveau.

Je fais le parallèle entre serrer la main d'une personne, qui constitue pour moi un véritable pacte, et palper une viande. En un seul contact, on peut recueillir de nombreuses informations. Ainsi, on perçoit sa tendreté, qui peut varier à quelques centimètres près, mais on peut prédire aussi la façon dont la viande va réagir sous le couteau. Mon grand-père, qui était éleveur, touchait ses bêtes pour apprécier si la viande serait grasse ou maigre…

Surtout, la main nous fait apprendre des choses différentes avec l'âge. D'abord les mains s'usent et vieillissent. Paradoxalement, elles s'affaiblissent et se bonifient en même temps. Les certitudes des débuts peuvent être ébranlées plusieurs dizaines d'années plus tard, car les mains et le rapport à la matière évoluent. Il y a certains gestes que je n'arriverai jamais à faire, et préparer une côtelette d'agneau à la façon meilleur ouvrier de France est presque un métier en soi. À l'opposé, ce que je préfère est le désossage: partir d'une carcasse pour en tirer le meilleur. Il se crée alors une forme de chorégraphie autour de la bête, où la respiration du boucher compte beaucoup, comme un musicien face à sa partition.

Au commencement était le geste !

Guy Savoy / chef cuisinier

C'est en observant le travail de ma mère que j'ai découvert que des gestes simples transformaient des produits bruts sans intérêt gustatif en mets délicieux. C'est ce que j'ai appelé « la magie de la cuisine ».

J'ai ainsi le souvenir d'un après-midi pluvieux où ma mère avait décidé de faire des langues de chat. Je la revois mélanger du sucre, de la farine, des œufs, du beurre, réaliser des petits boudins de pâte, puis enfourner le tout. Elle me demande alors de surveiller la cuisson. Rapidement se dégage du four une odeur formidable, et la pâte devient dorée. J'ai alors découvert, émerveillé, que cette pâte s'était transformée en gâteaux savoureux, et cela en quelques minutes : c'était magique ! Cet émerveillement ne m'a plus quitté, et je donne désormais cette définition : la cuisine est l'art de transformer instantanément en joie des produits chargés d'histoire.

Lorsque je suis devenu cuisinier, j'ai découvert combien la qualité des produits était essentielle. Cette qualité est le fruit de l'observation et du travail des agriculteurs, éleveurs, pêcheurs, vignerons, cueilleurs... Ainsi, par exemple, la volaille de Bresse doit son goût unique à la conjonction d'un terroir et d'une race de volaille. Ce sont les éleveurs qui, par leur observation, ont découvert cette alchimie exceptionnelle, puis ils sont intervenus, concrètement. Le processus est toujours le même : l'Homme observe, puis sa main agit et crée. La main est ainsi le prolongement concret de cette capacité à observer la nature.

Pour les cuisiniers, le geste et la main ont une place tout aussi essentielle. Je l'ai compris très vite, lors de mon apprentissage chez Pierre et Jean Troisgros. J'ai découvert en les regardant (en les observant !), la beauté, la précision et la sûreté de leurs gestes.

Beauté d'un geste aussi banal que celui de décrocher une casserole : depuis le moment où leurs mains se saisissaient de la casserole jusqu'à celui où ils la posaient sur le fourneau, sans bruit et tout en douceur, c'était un véritable ballet.

Précision, ensuite, lorsqu'ils salaient une viande, par exemple : le sel tombait en pluie et le geste était si parfait qu'on aurait pu, je crois, découvrir au microscope l'équidistance entre les grains !

Sûreté, enfin, car quand le geste n'est pas sûr, la sanction est immédiate : on se salit, on se brûle, on se coupe. Un cuisinier a toujours un tablier impeccable !

Nos métiers manuels sont des métiers gestuels et, pour cela, ils sont beaux à regarder. Une photo remarquable a d'ailleurs été prise des mains en action de Pierre Troisgros. Je l'ai dans mon bureau, elle m'accompagne...

Enfin, lorsque la main touche les produits, la sensation ressentie est de l'ordre de la sensualité : la peau si douce d'une volaille dodue, la carapace lisse d'un homard, les aspérités d'une feuille de chou, le craquant d'un pain... Quel programme ! Le cuisinier est aux anges devant tant de perfection ; à lui, ensuite, de cuire, assaisonner, parer... Alors le cuisinier se doit d'avoir toujours les mains impeccables, l'hygiène est ainsi dans l'ADN de notre métier. Lorsqu'on goûte, toutefois, on utilise une cuillère !

Au service en salle, la main, le geste restent essentiels. Là aussi, c'est un ballet qui se réalise pour servir, napper, verser, présenter... Le geste a mille facettes, la main doit toujours répondre présente !

La réussite de ces gestes est l'aboutissement de l'apprentissage. Seul celui-ci permet en effet la transmission du geste parfait, du positionnement exact de la main. Une fois ces techniques acquises, le cuisinier peut donner libre cours à sa sensibilité... et les cuisiniers sont très sensibles !

La main sensible

D. C.

Dans *Les Lumières de la ville*, Charlie Chaplin donne à son personnage mythique des allures de touche-à-tout. Charlot est tour à tour boxeur, sauveteur, nettoyeur, milliardaire par erreur, chapardeur au grand cœur. Il se prend d'amour pour une femme, son alter ego dans la misère, avec quelques fleurs à vendre. La fille est belle et le touche par son handicap invisible ; elle est aveugle. Le génie du quiproquo de Chaplin le fait passer pour richissime aux yeux de la belle, et leurs mains s'effleurent une première fois. Le vagabond se met alors en tête de sortir sa bien-aimée de l'adversité et même de lui faire recouvrer la vue ; un médecin à Vienne pourrait permettre ce miracle. Quelques péripéties et un larcin plus loin, Charlot parvient à ses fins en donnant à la fleuriste une liasse de billets de la main à la main. Le clochard est devenu un fugitif et la police ne tarde pas à l'envoyer en prison. Le temps passe et, pour Charlot, qui vit de nouveau dans la rue, la vie a repris son cours. C'est alors qu'il retombe sur sa belle, toujours entourée de fleurs, mais dans une boutique luxuriante. Elle l'a vu se faire taquiner sur son perron par quelques vauriens. Elle le voit dans son costume dépenaillé. Elle lui offre une fleur du bout des doigts, puis s'approche pour lui remettre une pièce de monnaie. C'est alors qu'elle découvre, par le contact de la main du vagabond dans laquelle elle dépose son obole, qu'elle est face à son bienfaiteur. Le temps se suspend et les mots se font rares. « *You ?* », lance-t-elle troublée. Un signe de tête approbatif de Charlot. « *You can see now?* » « *Yes, I can see now.* » Le rideau tombe sur le sourire ébahi du plus heureux des mendiants.

Dans ce fabuleux conte que Chaplin nous livre avec toute son intelligence, la hiérarchie établie des sens est chamboulée. La vue, qui fait souvent figure de sens le plus indispensable, le plus précieux, est chahutée par le toucher. Le grand dénouement de ce chef-d'œuvre du 7e art passe donc par un banal contact des mains des deux personnages, une simple sensation tactile de reconnaissance. Et derrière la sensation se cache le sentiment… En cela nos mains ne sont-elles pas de formidables vectrices d'émotion ?

POITOU-CHARENTES

Les mains sur les hanches comme dans la chanson

Vincent Dedienne / comédien

« Qu'est-ce que j'ai ? Mais… qu'est-ce qui pend au bout de mes bras là ? Qu'est-ce que c'est que ça ? On dirait deux escalopes qui rougissent parce qu'elles savent qu'elles n'ont rien à faire là… Deux escalopes prises en flagrant délit, c'est ça. Mais ce n'est quand même pas à moi ces deux jambons-là ? Mais si ! Si, ce sont mes mains. Ce sont mes mains qui pendent, sans grâce ni intelligence, le long de mon corps. Réagis, Vincent, fais quelque chose ! Sinon bientôt tout le monde ne pensera qu'à ça, qu'à ces deux paquets de doigts débiles que tu ne sais pas où mettre. Si je les mettais là, tiens ? Non, c'est bizarre… Bon, arrête d'y penser, concentre-toi sur ton texte. Oh là là, mais j'ai l'air bête avec ces mains, pourquoi a-t-on des mains ? Et pourquoi deux ? Pourquoi ne peut-on pas les enlever, les déclipser comme un Lego, je les aurais abandonnées dans la loge avant d'entrer en scène. Ah, je sais ! Je vais en laisser une pendouiller tranquillement comme ça, et l'autre, je vais la mettre sur mon ventre. Voilà. Non, ce n'est pas bien, ça fait Napoléon. Et ça n'a rien à voir avec la pièce que je suis en train de jouer, qui se passe en 1670… Alors, je vais les mettre sur mes hanches. Bonne idée ! Oui, voilà, sur les hanches. Les mains sur les hanches, comme dans la chanson. C'est bien, ça fait décontracté. Ah, non. Ça fait Miss Poitou. Pourquoi je n'ai pas de poches, pourquoi je n'ai pas demandé des poches dans ce costume, bon sang !? La prochaine fois, je demande des poches. Il faut des poches. Quand je serai grand, je le ferai même inscrire dans mon contrat: Vincent Dedienne exige d'avoir des poches dans son costume, pour y mettre ses deux grosses mains pénibles dont il n'a pas l'usage.»... Combien de fois – alors que je commençais à faire du théâtre – je me suis répété cet angoissant monologue intérieur! Comme un petit cauchemar en public, dont personne ne savait rien... J'étais un adolescent mal dégrossi, j'avais de l'acné pour trois personnes, la voix tantôt dans les baskets, tantôt beaucoup trop haut dans la tête, et le moral dans les chaussettes... Je sentais que faire du théâtre, monter sur scène, jouer des sketchs, en trois mots: faire le malin, ne pouvait bizarrement que me faire du bien. J'ai donc commencé à jouer, et à peine j'ai commencé à jouer, la question affreuse, obsédante et insoluble est venue: que faire de mes mains? Sur scène, par un drôle de procédé physiologique, nos mains s'allongent, elles prennent du poids et de l'ampleur (un peu comme les oreilles des personnes âgées, qui – sans qu'on sache très bien pourquoi – quadruplent de format à un certain âge) et on ne pense qu'à elles. On pourrait presque penser qu'elles clignotent ou qu'elles klaxonnent, enfin, qu'elles font tout pour se faire remarquer! C'est comme ça, les mains sont fondamentales au théâtre. Elles ont plus de force que dans la vraie vie. Elles sont plus vivantes, plus exigeantes, plus importantes. Elles demandent à exister davantage. Le théâtre est un royaume dont le trône est partagé par des voix, des mains et des fantômes. On entend parfois dans le soir d'un théâtre, les voix des acteurs qui se sont tus... Mais je suis sûr que si l'on regarde bien, on pourrait voir passer des ombres. L'ombre de leurs mains. Et l'ombre de leurs chiens, aussi. Parfois. Au cinéma, c'est la même limonade... Je me dis même qu'on pourrait parfois deviner plus de choses d'un personnage en filmant brièvement ses mains en gros plan qu'en plongeant interminablement dans son regard. Regardez les mains de Jeanne Moreau dans *Le Temps qui reste* de François Ozon. Ou bien celles de ce paysan dans *Elle s'en va*, lorsqu'il roule une cigarette à Catherine Deneuve. Tout est dit, en très peu de mots et en dix doigts. À la télévision, quand je faisais des chroniques, même combat: que faire de ces deux palmes? Heureusement j'avais parfois ma feuille et mon stylo... Et puis surtout, j'avais ma bague, que je faisais jouer inlassablement autour de mon annulaire pendant de longues minutes. Ce serait d'ailleurs mon seul conseil pour des acteurs ou des chroniqueurs débutants: mariez-vous, ça donne une contenance!

LA MAIN UNIVERS

Manuela Paul-Cavallier / artiste, créatrice de reflets d'or

Tout pourrait commencer ou aboutir dans une pâte à tarte. Pétrir, sentir dans les doigts la simplicité prolixe d'une farine, de l'eau, d'un jaune d'œuf. Pétrir avec la main et le cœur. Parce que, après tout, le chakra du cœur est dans la paume de la main. Les mains occupées, l'esprit s'invite à créer les ingrédients, les parfums qui bientôt jailliront, chaleureux, prometteurs et chahuteurs d'une gourmandise naissante.

Chaque action de la main créative est avant tout une histoire d'amour. L'intelligence de la main, c'est l'amour qu'elle transcende.

Apprentie à Florence, où j'ai vécu dix ans, je suivais un cours de dorure. Le professeur demandait de poncer une surface. Je fermais les yeux et écoutais mes mains glisser, lisser chaque relief infime de la surface. On entendait toutes les mains s'affairer avec force, et les miennes, indépendamment de ma volonté, dialoguaient délicatement avec la matière en transformation. Je découvrais des yeux et des oreilles au bout des doigts, et un cœur d'artisan d'art.

Les mains d'un artisan, c'est son outil principal. Et derrière ce mot, s'entrevoit un univers entier d'émotions, de technicités, d'essais, de victoires et de défaites, de gestes répétés des milliers de fois comme s'ils étaient le tout premier.

J'aime mes mains. Elles sont carrées, musclées, certes elles n'ont pas l'élégance de celles d'une pianiste, mais elles composent aussi une musique de matière vibrante ; les reflets d'or et de lumière.

Une poignée de main pour dire bonjour et déjà elles me renseignent sur le caractère de la personne saluée. Parfois, dans quelques mondanités où les regards sont fuyants et vaporeux, elles serrent comme des étaux avec un grand sourire. Et généralement la personne revient très rapidement à l'instant présent.

Chaque main est un univers entier et particulier, fruit de nos personnalités. Mains créatrices qui font surgir la matière du néant, mains d'histoire qui vont sourcer aux confins de l'humanité leur relation avec la feuille d'or, et mains du cœur qui inventent une poésie de lumière, dévoilant l'âme par une traversée de matière en transformation.

Mains créatrices

Douces, fortes, caressantes, elles créent la matière. Sur un support statique, neutre et impersonnel, les mains orchestrent une danse de matière. D'abord en sourdine, elles posent les ancrages. Prolongées de pinceaux, ceux-ci virevoltent, tirent, étalent, accompagnent, imposent; la matière suit dans les effluves de parfums d'alchimie. La main sait quand appuyer ou caresser, la main a des yeux au bout des doigts. Avec une délicatesse infinie, elle dompte la matière en l'invitant à s'épanouir sur le support. Une couche d'apprêt après l'autre, la matière prend corps, devient présente jusqu'au moment où la main, dans cet accompagnement de chaque instant, crée l'impossible, elle insuffle à la matière la vie.

Alors cette danse s'affine, les paumes glissent sur l'onctuosité d'une matière sensuelle, les doigts s'allongent et tout le corps participe à prolonger le geste. Le pouce vérifie les reliefs, l'index appuie comme un étau, le majeur étale, l'annulaire caresse et le petit dernier raconte chaque infime variante. La main devient le centre de la création, le tableau se déploie, le corps entier danse au service du geste parfait, même les pieds s'étalent sur le sol pour ouvrir la main à son apogée d'expansion.

La première chose que j'explique à des apprentis, c'est la relation main et corps. Un corps bien campé, debout sur ses deux pieds, permet à la main et aux doigts d'avoir le geste le plus fin et délicat. Essayez de vous asseoir, croisez les jambes de côté et faites le même geste simple, la différence est notable.

Un ami japonais, Takashi Kamigori, m'avait dessiné le *yu*, un kanji qui est devenu un symbole de l'atelier. Un trait bien posé horizontal, surmonté d'un axe droit et tout autour un symbole d'infini ouvert virevolte entre ciel et terre. Un tracé épuré et libre de pinceau qui évoque une brume d'hiver sur la plaine, un vent subtil de printemps, le vol ivre des oiseaux d'été, ou la danse fluide des feuilles rougies à Kyoto.

La main est un langage muet. J'ai repris la phrase de Descartes « je pense, donc je suis » avec une adaptation d'atelier pour la devise « je ponce, donc je suis »… Lorsque la main saisit un papier de verre, une prêle, un tissu humide, elle s'adapte tout de suite au silence du lissage. Elle devient caressante, se déploie et revient maintes fois avec cette conscience de dialoguer avec la matière en transformation. Elle sent quand l'humidité est nécessaire, ou si la matière se noie et demande du temps. Certes, le regard participe à la construction en devenir, mais aucun outil n'a autant de cœur à dialoguer avec amour, tendresse et délicatesse. Lorsqu'elle accompagne une feuille d'or si légère et fragile dans les mouvements aériens, la main est toute tendresse. Elle devient la feuille d'or dansant dans l'air comme un ballet muet tout en souplesse et élégance.

Mains d'histoire

Le geste absolu, celui qui va donner l'empreinte du temps sur une surface…

Quand je restaurais les dorures, je cherchais toujours sur les objets le geste de l'artisan. Était-il droitier ? Gaucher ? Je lisais dans le tracé de matière un instant de vie des siècles passés. Là, l'artisan était concentré, le geste de l'ornement est régulier, appuyé. Soudain, il a dû être interrompu, sa main a glissé, il s'est retourné, un angle s'est formé. Plus loin, il a posé son outil. Et le centimètre après le geste déclame autre chose, une nouvelle force.

Était-ce l'heure du déjeuner ? Le lendemain matin ? Je voyageais alors dans le temps, cherchant à comprendre sa main pour m'adapter d'aussi près que possible au geste à restaurer. Sur le côté d'un cadre du XVIIe siècle, une goutte a séché, une autre porte l'empreinte d'un pouce. La main transmet le temps… Elle devient alors l'écho des artisans des siècles passés. Passeuse de savoir-faire, elle se glisse avec respect dans les savoirs ancestraux, redonnant vie à tous les fantômes silencieux qui ont œuvré des décennies dans l'ombre des ateliers. Main responsable d'un patrimoine qui s'exprime dans sa chair, pour construire l'avenir. Des années entières à figer le regard et les doigts sur des millimètres carrés pour comprendre cette matière ancienne, dompter la main dans les gestes d'antan, précis, techniques.

Chercher, essayer, tenter, trouver, innover avec les techniques ancestrales. C'est la main qui guide. Et sentir au fur et à mesure des années la vibration des ors, la pertinence des mains qui ont œuvré pour réaliser des objets de vie. Pourquoi certains sont-ils touchants, émouvants, vibrants, quand d'autres restent d'un esthétisme statique ?

La main d'amour fait la différence, la main qui puise dans l'amour son énergie propre, sa pensée, son intelligence. *Intelligere* veut dire « comprendre » en latin. C'est la main qui réussit cette fascinante épopée, crée des œuvres et objets qui parlent, interpelle les regardeurs de passage, renvoie comme une vibration musicale une sonorité silencieuse qui touche l'âme directement.

Ma main contemporaine se déploie au regard de cette passation ancestrale, faire revivre les gestes anciens pour inventer l'antiquité de demain. Transmettre ce magnifique savoir-faire aux générations futures, au public d'aujourd'hui. À l'heure du plastique et de la consommation outrancière, ces matières qui prennent vie par la main des artisans sont un fil de vie ténu de notre patrimoine, de ces artistes qui ont créé notre identité d'aujourd'hui.

Alors aujourd'hui, ma main crée des reflets d'or pour la décoration d'intérieur et des œuvres d'art avec les techniques ancestrales. Le fruit de dizaines d'années à observer, se glisser comme dans un gant dans les gestes des anciens, pour offrir à l'avenir les gestes ancestraux de demain.

Le cœur dans la main

Quand je crée des tableaux peints sur fond d'or, un inversé proportionnel s'invite. Les fonds d'or, des gestes techniques répétés, une main disciplinée, amoureuse, qui glisse, caresse, fait surgir la matière dans l'amour. Les apprêts posés, la dorure à l'eau. Un ballet entre le coussin du doreur d'une main, posé sur le pouce, avec les pinceaux comme un éventail dans les doigts. De l'autre main, l'eau qui humidifie, la feuille d'or qui est transportée, si légère et fragile que la main se fait papillon, frôle l'air sans le perturber, et accompagne la feuille d'or dans les airs, vers l'eau qui la happe et l'aspire.

Puis, le brunissage, la main rentre en méditation et tout le corps est entraîné dans une traversée du désert mystique et méditative. La pierre d'agate appuyée fortement glisse millimètre par millimètre, des heures et des heures. Les mains sont un étau, l'esprit s'évade, les pensées dansent en arc-en-ciel, libres, elles circulent… Le temps s'arrête, l'espace devient infini de reflets d'or éclatants, qui nourrissent l'âme et guident la main. Des heures et des heures, les mains sont parfois douloureuses, un thé, un regard et des heures encore. La main transmet alors le cœur.

Puis la création s'inverse, le temps infini de technicité devient médiation pour lâcher le geste qui portera l'empreinte de l'instant sur la surface dorée. La recherche du Graal dans l'atelier, c'est le geste parfait dans son ultime imperfection.

Les mains qui bâtissent

Benoît Castel / chef pâtissier

Lorsque j'avais dix ans, je suis entré dans la cuisine d'un pâtissier qui était en train de fabriquer le château de Chambord en sucre. C'était incroyable à mes yeux, et j'ai eu instantanément la volonté de faire comme lui, construire à la main des châteaux en sucre. Je n'en ai jamais fait, mais je suis quand même devenu pâtissier tout en gardant ma passion pour l'architecture. Un gâteau se construit d'ailleurs comme une maison, avec de bonnes fondations.

Je suis issu d'une famille d'artisans où la transmission du geste a toujours été centrale. À mon époque, le chemin était plus « initiatique » que maintenant, la dextérité était primordiale. En pâtisserie, on commençait par un geste très simple – gratter les plaques –, puis, quand ceci était maîtrisé, on apprenait à les beurrer et les fariner. Aujourd'hui, on utilise de nouvelles techniques, mais elles ont gommé certains gestes. La maîtrise se fait par la répétition, mais aussi par l'erreur. Ce que tu apprends avec tes mains, personne ne pourra te l'enlever, cela n'appartient qu'à toi. Le maniement de la poche à douille, par exemple, fait partie des gestes les plus difficiles et constitue la vraie signature du pâtissier. Au début, c'est difficile de le maîtriser, puis un jour on m'a montré comment coordonner main droite et main gauche.

C'est pour cela que je place la finalité et l'efficacité du geste au centre de sa beauté. Lorsque l'on roule un croissant, les mains vont alors « scanner » la pâte pour parvenir au bon résultat. En boulangerie, il y a un geste qu'on fait avant que le pain parte en cuisson avec une lame de rasoir : le grignage. Cette scarification, qui a une part importante dans le développement du pain, est un peu l'âme du boulanger.

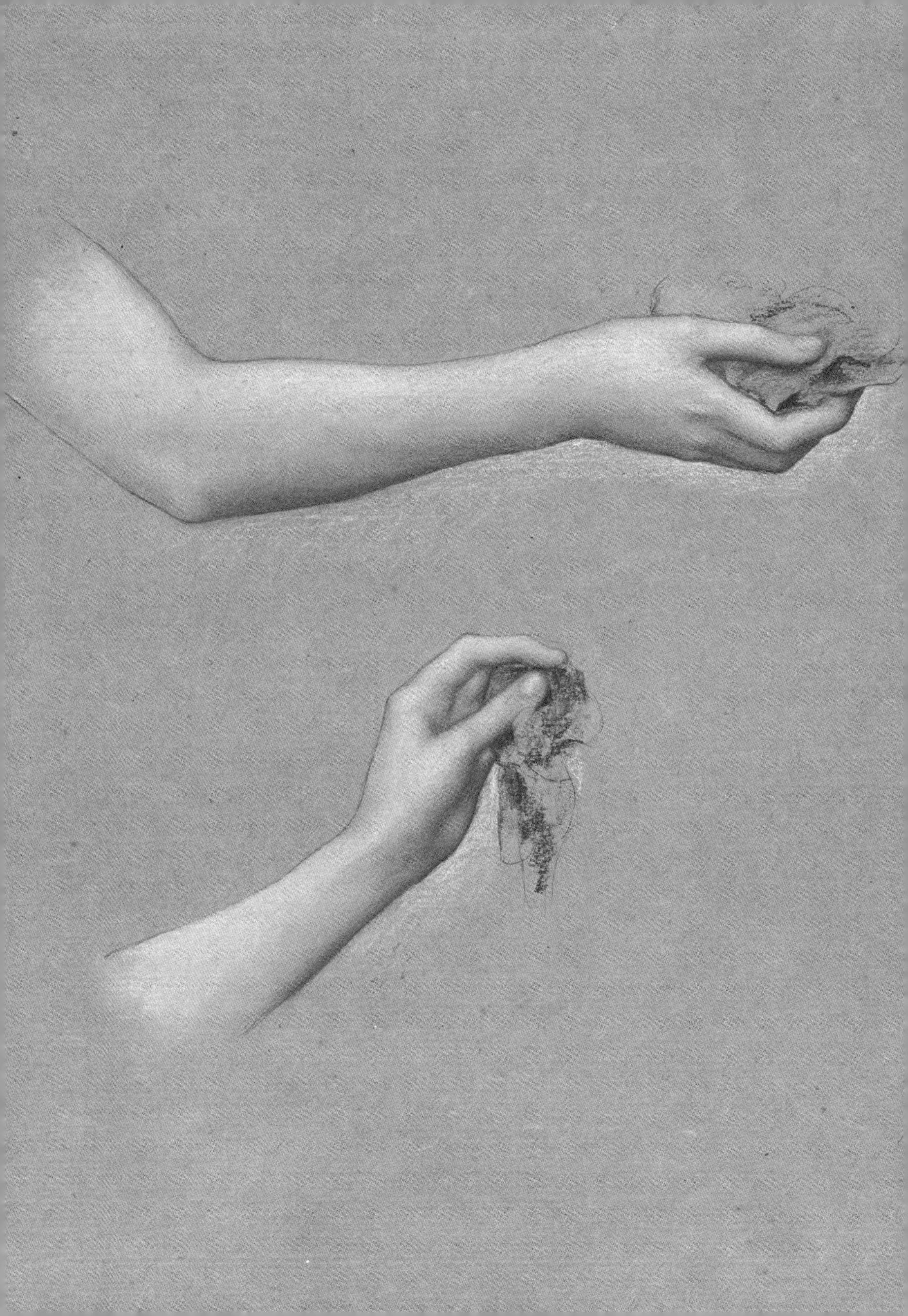

DES MAINS COMME DES PIEDS

Stéphanie Bodet / grimpeuse, écrivaine

Découvrir une aspérité de calcaire à laquelle m'agripper, un aplat adhérent de grès où plaquer ma paume, coincer ma main dans une fissure de granit afin de créer ma propre prise, en ressentir les cristaux contre ma chair, autant de gestes répétés sans jamais être uniques qui ont ponctué une grande partie de ma vie.

Adolescente, je me souviens de la remarque déplaisante d'un amoureux éconduit : « Tes mains, on dirait des pieds ! » Une parole vexante qui n'avait pas réussi à m'atteindre, car j'étais devenue fière de mes mains, moches peut-être, mais vivantes, puissantes et noblement écorchées par ma passion pour le rocher.

J'étais une petite fille à la larme facile, plongée dans les livres, et tentant d'échapper par l'imagination à une santé bancale, des crises d'asthme et d'allergies me clouaient au lit lorsque la vie se mettait à bourgeonner.

Grâce à mes parents, qui vouaient un culte à la marche en montagne, j'eus la chance de me fortifier sur les sentiers haut-alpins. C'est ainsi que je me découvris une passion pour les cailloux, dont je lestais méthodiquement mon sac à dos lors des randonnées familiales. Un intérêt qui ne présageait pas un esprit scientifique, loin de là, mais rêveur tout au contraire. J'aimais sentir le poids d'une pierre dans ma menotte et reconnaître dans sa forme celle de la montagne dont elle était issue. Les physiciens nomment « fractale » ce miracle naturel qui présente des structures identiques à toutes les échelles. L'enfant que j'étais se laissait simplement pénétrer par les harmoniques secrètes du monde. Le cœur d'une joubarbe, le chapeau nacré d'un cèpe ou une cabane façonnée par mes soins à l'aide de brindilles et d'aiguilles de mélèzes m'apparaissaient comme le plus merveilleux des abris. J'enviais aux oiseaux leurs nids, et au moindre rocher ou arbre rencontré, je n'avais qu'une envie : le flatter des paumes comme l'encolure d'un animal fabuleux et grimper.

Ce que je ne tardai pas à faire assidûment à l'adolescence. Au-delà de l'enchantement et du calme que me procurait une activité pratiquée dans la nature, je découvris une chose qui n'a pas fini de m'étonner.

Lorsque mes mains touchent le rocher, ma respiration, si souvent saccadée, s'apaise comme par miracle. Une sorte de thaumaturgie inversée. Comme si l'imposition de mes paumes contre la pierre avait le pouvoir de me soigner, de pacifier mon esprit en même temps que mon corps.

Lorsque je quitte le sol, je suis immédiatement là, intensément, du bout des doigts jusqu'au bout des orteils. Un fugace sentiment de paix et de fluidité m'étreint au contact des pierres. Mes mains sont le véhicule de ce corps à corps avec l'instant et les éléments, où, dans l'action de m'élever le long d'une paroi, j'éprouve une forme de détente que contredisent à peine l'effort et la difficulté.

La prise d'escalade me fait songer à une prise de terre. On se trouve soudain branché à l'ossature du monde réel, et je ne doute pas qu'il y ait, au-delà de la vigilance qui découle de la nécessité de se maintenir en équilibre, une connexion plus profonde à ses forces telluriques.

En témoigne le fait que le contact avec la roche me procure une allégresse qui n'a rien de comparable avec le fait d'évoluer dans une salle d'escalade sur des prises de résine. Le plaisir des préhensions et de la gestuelle est là, mais pour que la chorégraphie soit complète, il lui faut l'authenticité du contact avec la matière naturelle.

Lorsqu'une blessure me tient éloignée de l'escalade, comme cela m'est parfois arrivé en trente ans de pratique, je ressens d'étranges picotements au bout des doigts. Privées de ce contact essentiel, mes mains me semblent tristes soudain, comme dénuées de vie. Pour les réconforter, je continue à caresser les pierres rencontrées en chemin, pierres des vieux villages, des oratoires et des restanques tiédies par le soleil, douces colonnes des vieilles chapelles dans lesquelles affleure le limon des sols.

Je continue de les toucher même du bout d'un doigt blessé, comme une prière sauvage.

Je sens que mes mains ont faim du rocher, de ses formes variées et de son grain. Car on parle du grain des pierres comme du grain de la peau aimée. On en décrit amoureusement les couleurs, les formes et les replis. Un calcaire lisse n'offrira pas la même expérience qu'un grès au grain de fin papier de verre, ni qu'un granit, dont les structures géométriques et les fractures entraînent une escalade plus physique et moins subtile que les rondeurs du grès. L'escalade est une expérience sensuelle, sensorielle. Elle met en jeu la totalité de nos sens, aiguise la vue, l'ouïe, l'odorat, mais elle demeure éminemment tactile, bien sûr.

Je me souviens d'une expérience troublante. Je venais de passer plusieurs journées à ouvrir une nouvelle voie avec mon compagnon. Un itinéraire vierge sur une haute paroi austère qui avait requis tout mon être. Je ressentis le besoin d'une pause. J'étais épuisée et mon corps endolori exigeait de la douceur. J'eus l'idée de rejoindre un stage de poterie dont j'avais aimé l'intitulé : « L'art du senti », disait l'artiste qui l'organisait. Quelle joie lorsque mes doigts pétrifiés par l'effort, au bout desquels s'était développée une corne dure, découvrirent la douceur de la terre ! Modeler la matière, la façonner à ma guise, c'est une possibilité qui ne m'avait jamais été offerte en escalade, où le rocher me condamne à vibrer qu'à la surface de son écorce. Je pénétrais ici les profondeurs de l'argile. Une expérience qui me fit l'effet d'une transe, tant mon âme et mes mains sont sensibles.

J'éprouve depuis une infinie gratitude pour celles qui m'offrent la possibilité d'une rencontre entre l'esprit et la matière. Quel potentiel d'étonnement et d'émerveillement recèle un corps sensible !

Je ressens, donc je suis. Telle est ma devise.

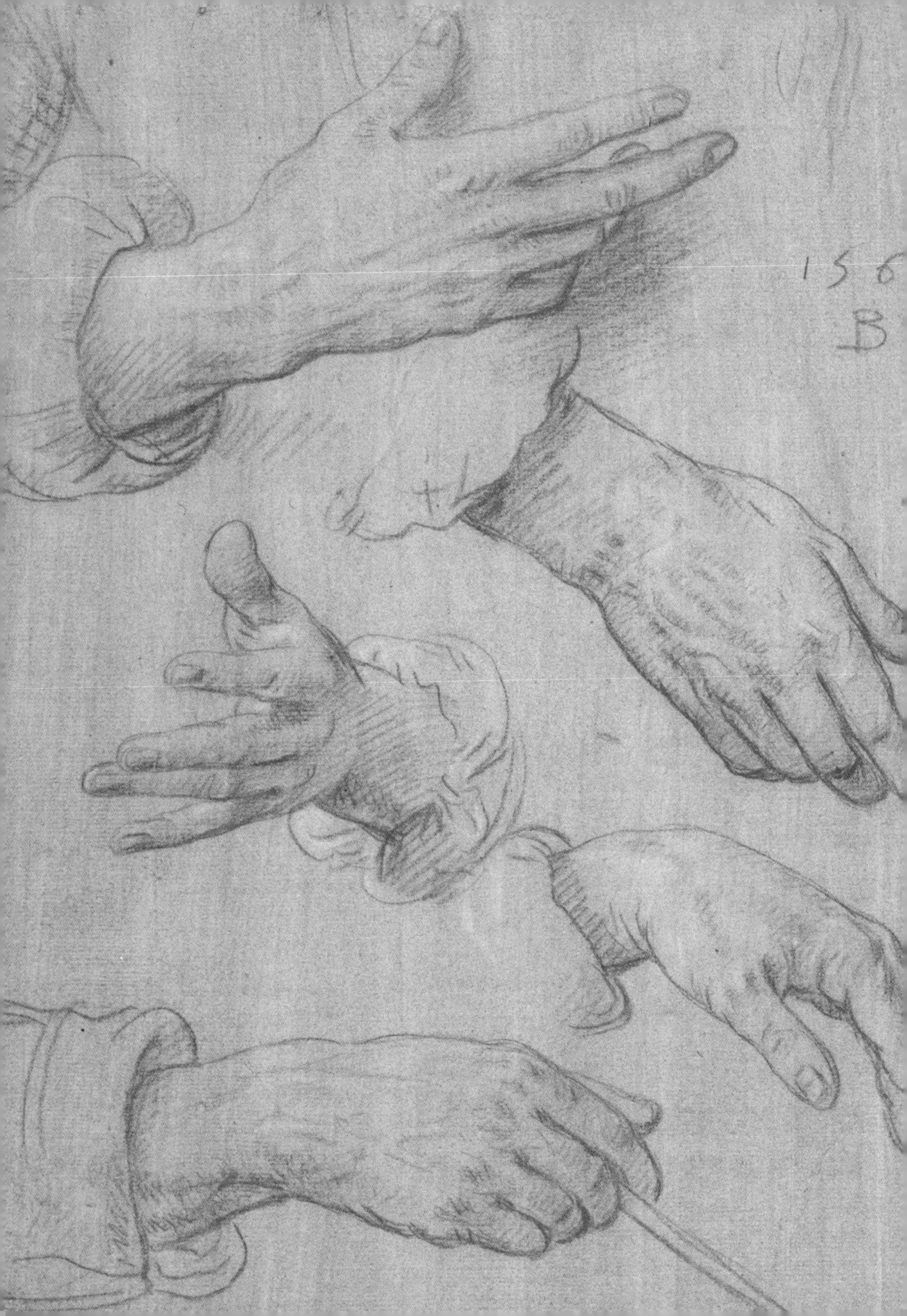
156
B

Le plein et le vide

Marie-Claude Pietragalla / danseurs,
Julien Derouault / chorégraphes

Tout comme le sculpteur doit être en contact permanent avec sa matière, pour nous, danseurs, notre matière, c'est l'autre, c'est sa/son partenaire: on le récupère, on le fait tenir en équilibre, on le porte, on le fait tourner, sauter… donc, sans le toucher, danser est impossible. Et le toucher, c'est surtout la main. D'ailleurs, dans les portraits des danseurs, les mains viennent souvent encadrer les visages: elles participent à notre identité, elles nous caractérisent et nous trahissent parfois. Le mouvement des mains prolonge la pensée, l'énergie…

La main porte aussi nos empreintes, c'est là que nous avons notre identité, la représentation de tout notre être, de notre singularité. C'est elle qui nous permet de rentrer en contact avec le monde non visible, cet imaginaire religieux ou culturel. La main est une clé pour ouvrir cette porte, ce qui nous permet d'inventer ce qui n'existait pas avant, mais qui est là.

Dans la danse classique comme dans la danse contemporaine, le danseur doit être capable d'utiliser sa gestuelle, ses bras, ses mains et ses doigts comme un pinceau, pour marquer l'espace d'une trace invisible, mais sensible, qui va toucher le public. Ainsi la main va peindre et calligraphier l'air d'une intention, c'est donc bien une partie du corps significative pour la ponctuation du geste.

Lorsque les grands maîtres enseignent une chorégraphie, c'est la main qui vient danser et prendre l'espace, comme le ferait un sculpteur ou un peintre. Comme si la main allait fabriquer le futur espace et représentait tout notre corps. Presque tout le langage du corps peut être symbolisé par un langage des mains. Les mains disent énormément de choses en théâtralité et en poésie, même si elles ne sont pas centrales dans le monde de la danse, qui met en scène la totalité du corps. Mais c'est bien la main qui, lors d'un mouvement de bras, va montrer la direction, tout comme une flèche.

Dans une compagnie de danseurs, il y a des mains très belles, toutes expressives, mais dans un sens différent. Il y a des mains très romantiques, des mains très classiques, d'autres très volontaires… Au Théâtre du Corps, nous cherchons des mains *qui dansent*, car cela change tout. La main rentre dans la palette expressive, elle est tendue dans un sens ou l'autre, et elle raconte une histoire, alors nous travaillons pour scénariser ces gestuelles. Nous cherchons la narration à travers les corps et les mains. Il y a différentes façons de présenter sa main. Le rapport à l'autre, au partenaire, et à l'ensemble des danseurs sur scène, est primordial. La main joue ici un rapport majeur: elle est au commencement de la façon dont on va toucher l'autre, elle détermine la prise pour les portés dans le tempo de la musique, et puis pour les sauts.

Pour trouver le juste port de bras, Julien Derouault indique à ses danseurs que la main est comme le bout du pinceau. La main est l'extrémité du geste, c'est l'aboutissement de la phrase chorégraphique. L'erreur des plus jeunes est d'utiliser la force dans les doigts et les mains, ce qui casse l'élan. La main doit, à l'inverse, laisser circuler l'énergie et le souffle pour filer entre les doigts. La force fige et verrouille le geste, alors nous théâtralisons nos mouvements, pour donner du sens, alors on joue de cette palette qu'est le corps. En danse classique, on utilise la métaphore de l'arbre: les pieds viennent prendre l'énergie du sol et sont les racines pour capter l'énergie de la terre, pour permettre en haut, par les branches, les feuilles…, d'être ouvert et libre. On obtient alors de la légèreté, des mouvements fluides, gracieux, porteurs d'énergie vers le public, car la base est très forte. Dans les pas de deux et les portés, la main de l'homme est alors un tuteur, elle est proposée à sa partenaire pour qu'elle prenne son équilibre en s'appuyant dessus. La main est alors là comme une proposition, une aide à cet équilibre, alors en aucun cas il nous faut être verrouillés. Dans les parties qui touchent à l'acrobatique, les mains sont le dernier rempart, elles sont là en cas d'urgence, on les garde disponibles au cas où.

Pour la danse urbaine, avec le hip-hop, la main joue un rôle très différent: elle devient le pied. Beaucoup d'appels partent des mains, la main est inversée, elle touche le sol, elle est en contact. La main devient ici l'appui, à pleine main, ou sur le bout des doigts… Les bras et les épaules du danseur de *break* sont plus développés, pour libérer ses jambes qui vont exprimer et peindre le geste et le mouvement. Lors des premières fois, Julien parle à ses danseurs de l'importance des articulations. Celles-ci ont en grec la même racine « *artos* » que le mot « art ». Pour les Grecs, l'art est fabriqué par le vide. Nos articulations sont pleines de vide, entre le poignet et la main: du vide.

Alors, il nous faut faire vivre pas juste le plein, mais aussi le vide, et là, on commence à construire quelque chose pour faire vivre et vibrer la matière.

LA MAIN BIENVEILLANTE

Éric-Maria Couturier / violoncelliste, soliste

Quand on se fait mal, on pose la main dessus. Fondé sur ce principe, le reiki est d'abord une intention, une extension d'énergie. Cette thérapie a été conçue il y a plus de cent ans au Japon par le moine Mikao Usui. Je l'ai étudiée afin de tenter de la mettre en lien avec ma pratique artistique : comme si mon violoncelle pouvait devenir une main géante et protectrice d'un corps.

Cette idée m'est apparue en posant le dos de mon violoncelle sur un gros chien. Il s'est méfié, puis il s'est laissé faire.

En 2007, au Japon, j'ai joué à proximité ou dos à dos ou directement sur le corps de personnes volontaires atteintes de cancer au stade terminal.

J'ai utilisé les principes de la musique indienne essentiellement modale, basée sur une note stable appelée « bourdon ». Les battements entre les différents intervalles, les vibrations du son et le plaisir du moment ont permis une déconnexion passagère de la douleur. Il ne s'agit pas d'une thérapie, je n'ai pas trouvé de technique magique pour que mon violoncelle devienne un réel rempart contre la souffrance. Naïvement, j'aime appeler tout ce processus de la main une « intention bienveillante ».

Dans ma jeunesse, j'ai eu la chance de rencontrer le grand pianiste Léon Fleisher, qui a quitté ce monde à l'été 2020. Au sommet de sa carrière, il a été foudroyé par une dystonie de la main droite. Depuis le plus profond désespoir, il a su trouver les outils de mentalisation afin de traverser les épreuves pour que son dernier disque puisse s'appeler « *Two Hands* ».

Entre donner sa main ou accepter qu'on la prenne

Catherine Dolto / haptothérapeute

Je ne « fais » rien, je ne fabrique rien avec mes mains, mais elles sont mon bien le plus précieux. Pour elles, j'ai renoncé à mon loisir favori, l'équitation, qui va me permettre de faire comprendre ce qu'est l'haptonomie. Bien peu de gens connaissent cette pratique, sinon comme un moyen de « contacter les bébés avant la naissance », alors qu'elle est bien plus que cela et qu'elle s'adresse aux patients de tous âges. J'utilise mes mains avec mes patients, dans une communication qui ressemble à celle du cavalier et de son cheval.

Mes parents, Boris et Françoise Dolto, m'ont appris que la bonne médecine ne peut limiter le corps à la mécanique ni le séparer de l'esprit. Mais comment faire concrètement ? Passer par l'« Affectif » comme nous l'apprend l'haptonomie !

Même dans l'équitation la plus classique, le cavalier communique avec son cheval avec toute sa personne : les mains bien sûr, le moins possible, les jambes, la voix et surtout l'assiette : le bassin et son contenu, qu'en haptonomie nous nommons la « base ». Quand tout va bien, cavalier et monture forment un duo, et comme dans tous les couples, la communication doit être bilatérale, harmonieuse, affectivement satisfaisante. On redécouvre aujourd'hui combien le cheval peut communiquer avec l'homme et pas seulement recevoir ses ordres. Comme le sait tout bon cavalier, la relation cavalier-cheval est avant tout affective.

Cette compréhension nous ramène à l'haptonomie, qui conçoit le corps, l'esprit, l'Affectif enfin réunis en un tout indémêlable après avoir été séparés pendant des siècles par la science occidentale radicalement dualiste, mais ceci est une autre histoire.

Frans Veldman, médecin néerlandais (1921-2010), fondateur de l'haptonomie, a compris qu'au sein de l'appareil psychique on pouvait rassembler ce qui concerne les perceptions, les sensations, les émotions, les sentiments, les affects en un tout cohérent qu'il a nommé l'« Affectif ». C'est l'organisateur secret du nouage incessant entre le corps et l'esprit, et aussi un filtre qui trie, en fonction de l'histoire du sujet, les milliers de perceptions internes et externes qui lui parviennent à chaque instant, c'est l'Affectif qui laisse monter à la conscience et valorise certaines de ces perceptions plutôt que d'autres : bon ou mauvais pour moi, juste pas juste, etc. Chaque perception sensorielle qui traverse ce filtre est accompagnée d'un indice de nature affective, elle devient ainsi sensuelle, c'est-à-dire porteuse de sens. Toute approche affective provoque en un instant un changement du sentiment de soi et modifie notre manière d'être au monde, de penser et de ressentir.

L'haptonomie aborde l'être humain comme un ensemble [Affectif + somatique + psychique] sans hiérarchie. Prendre conscience du rôle essentiel de l'Affectif ouvre un champ nouveau, car toutes nos expériences sont inscrites dans notre chair, sans séparer ces trois éléments. En révélant l'importance de l'Affectif, l'haptonomie renouvelle totalement tous les métiers du soin ou d'éducation et porte un regard inédit sur la prévention comme sur ce qu'on appelle la psychosomatique. Replacer l'Affectif au centre modifie la conception de l'intelligence, du développement de l'enfant et de toute la psychopathologie. Approcher la personne dans son entièreté suppose une présence, un engagement et une formation très spécifiques du thérapeute ou de l'accompagnant (pédagogue ou soignant). Dans ce dispositif thérapeutique, la main joue un rôle essentiel.

Le tact est le seul sens qui soit toujours réciproque, c'est pourquoi nous distinguons très clairement le toucher réservé aux objets et le contact tactile, qui concerne les êtres vivants. Ce contact entraîne immédiatement une série d'interactions aux effets très importants. Le contact tactile est une histoire lointaine en chacun de nous : *in utero* le sens du toucher est là, c'est le premier, dès sept semaines de grossesse.

Nous utilisons un contact très spécifique, le contact « psychotactile » ou, dans un engagement plus affectif, « thymotactile ». Il implique une intégration de l'autre, qui correspond au prolongement de soi dans les objets, au bout d'un instrument, pinceau, scalpel… Quand on connaît bien sa voiture, c'est par ce contact que l'on peut sentir que « ça passe » sans avoir besoin de vérifier. Merleau-Ponty parlait du « prolongement miraculeux du corps ». Pour reprendre ma comparaison, le bon cavalier intègre son cheval, qui se sent alors rassuré et confiant : il réagit et répond. Le contact haptonomique est du même ordre, mais il intègre en outre toute la complexité qu'apportent chez le mammifère humain la sophistication de son cerveau et son besoin de sécurité affective, la plupart du temps non conscient. Ce contact apporte à l'approché un sentiment de sécurité, de complétude, de confiance en lui et en l'approchant et, dans un même mouvement, il l'invite à prendre sa place dans la rencontre. Cet art du contact s'apprend, se mûrit, s'affine avec le temps. La grande découverte, c'est qu'il dépasse les mains seules : les mains, la base et la tête sont inséparables, elles forment une entité dynamique. Il faut avoir beaucoup sensibilisé ses mains pour sentir répondre un enfant à dix semaines de gestation à travers les mains de ses deux parents posées sur le ventre maternel.

Pour les thérapies d'adulte, ce sont les subtils changements de tonus, perçus dans notre paume, qui nous disent si ce dont parle le patient est important pour lui : on ne peut séparer les mots énoncés des changements de tonus qui les accompagnent ; c'est le tonus qui dit le vrai des sentiments. Les doigts ne jouent aucun rôle, tout se passe dans la paume et surtout dans une interaction entre la main et « la base » de l'approchant, dans la manière d'habiter l'espace qui se traduit immédiatement dans la main. L'haptonomie amène à comprendre que la base est le lieu essentiel d'où s'origine la qualité de la présence, donc de la communication avec l'autre. Toute impulsion venant de la base se reflète dans notre paume pour aller à la rencontre de l'autre et réciproquement. La main est le terminal, l'aboutissement d'un alliage complexe où la réflexion théorique, l'expérience clinique, l'engagement dans la rencontre au-delà de soi, toutes antennes perceptives déployées, jouent chacun leur rôle. Elle est l'interface qui nous permet une rencontre véritable avec l'autre. Il y a une précision extraordinaire dans la paume, elle perçoit avec une finesse extrême, elle peut d'un tressaillement infime inviter ou envoyer un message subtil, elle peut diriger l'intégration avec une très grande précision anatomique si nécessaire. Si on veut qu'une articulation s'ouvre, il faut l'intégrer puis inviter le patient à la mobiliser, cela se fait alors avec une grande légèreté dans le tonus particulier du « faire ensemble », l'auxotonus, le patient ne se sent pas manipulé, il a le sentiment que c'est lui qui agit. Mais si la main change et devient locale ou un tant soit peu lourde ou figée, le tonus change, tout devient raide et le patient se sent manipulé. On comprend l'importance de cette différence essentielle, dans le soin comme dans l'éducation. Entre donner sa main ou accepter qu'on la prenne se joue toute la question de la soumission, la différence réside dans la qualité de l'invitation de celui qui propose sa main, à savoir si le mouvement s'origine dans sa base ou dans son bras. C'est parce que la main placée dans la base d'un bébé l'intègre jusqu'à sa tête qu'il découvre qu'il en a une et qu'il peut la porter lui-même. Il s'empare de sa verticalité, ses yeux sont « en face des trous » et son cerveau fonctionne autrement, il éprouve un autre « sentiment de soi » et fait l'expérience, si petit soit-il, d'une certaine capacité d'autonomie. Tout cela dépend de l'intention de celui qui le porte et de sa capacité de l'intégrer. On comprend que l'examen clinique est totalement modifié par cette approche. Vouloir examiner l'autre comme s'il était un objet a semblé une idée lumineuse à une époque, elle permettait, croyait-on, d'instituer une neutralité entre l'approchant et l'approché, mais c'est une fausse bonne idée, car elle biaise totalement l'examen en modifiant les tonus. Plus encore, elle installe, de manière non consciente, une relation d'inégalité : l'un domine et l'autre se soumet.

Ces changements de tonus, régulés par les voies sous corticales et le système limbique, sont aussi perceptibles à distance. La qualité de notre présence, dès que nous entrons dans la pièce où se trouve le patient, même si il ne nous voit pas sont ressentis non consciemment. Cela précède et prépare le moment du contact tactile. On comprend que les métiers du soin ou d'éducation ont devant eux un champ d'évolution énorme qui s'ouvre dans l'espace de la rencontre professionnelle pour peu qu'on intègre l'Affectif dans la réflexion.

C'est dans cet usage très subtil de la main que l'haptonomie réalise à chaque instant la synergie entre le cerveau qui pense, l'Affectif qui guide et impulse, et la main qui unit l'ensemble et transmet.

L'INDEX ET L'ÉPÉE

Kendrick Jean-Joseph / escrimeur

Faire confiance à ma main : c'est ce que m'ont répété mes différents maîtres d'armes en me faisant répéter des exercices de rapidité et de réactivité. Je ne me considérais pas comme très doué avec mes mains au départ. Pourtant en escrime, la main est presque l'arme principale, et on dit même que les bons escrimeurs ont une « bonne main ».

Ma main droite a évolué avec le temps, elle allie souplesse et force pour toucher la cible, sachant que chaque escrimeur a son propre style. Mon entraîneur actuel aime me dire que j'ai ma pointe d'épée au bout de mon index et que je dois venir la poser sur la main de l'adversaire. Les sensations passent donc par les doigts, tandis que la main doit s'exercer à relâcher la pression sur la poignée de l'épée. Quant à la main gauche, au début on s'en sert seulement pour se protéger. Puis on nous apprend à la positionner et elle sert de balancier pour avoir le bon équilibre du corps entier pendant le combat. L'escrimeur doit avoir une perception parfaite de l'ensemble de son corps – et donc de la main – dans l'espace. Là encore, c'est en nos mains que nous devons avoir confiance.

De la glu dans mes crevasses

Thibault Cauvin / guitariste

Ma langue maternelle, c'est le français, et ma langue paternelle, c'est la guitare. Mon père est guitariste professionnel, avec une passion folle pour cet instrument. Quand j'étais petit, il ne parlait que de ça et je le voyais jouer toute la journée. Donc je m'y suis mis à cinq ans, un peu tous les jours, presque inconsciemment, pensant que tous les enfants de la terre faisaient pareil. Mon père a été mon premier maître, et continue à m'accompagner, d'ailleurs. Puis, à douze ans, j'ai commencé à participer à des concours de guitare et je suis devenu un fou de travail. Je suis passé à une recherche de performance, ajoutant une dimension sportive à la dimension musicale et artistique. Au fil des concours, je me suis mis à gagner, jusqu'à devenir le numéro un à l'âge de vingt ans.

Je jouais tellement qu'une crevasse s'était formée sur mon index de la main gauche, pile à l'endroit où la corde appuie. Lors d'une finale de concours, je portais un pansement sur le doigt, ce qui était peu pratique. Un collègue russe m'avait alors conseillé de mettre de la glu dans la plaie, ce que j'ai fait pendant plusieurs mois, avec succès. J'ai dû aussi bricoler avec les ongles de la main droite, car il est juste impossible qu'ils tiennent le coup quand on pratique énormément. Il existe plusieurs techniques pour les renforcer, conseillées par différents guitaristes: mettre de la glu, entourer de scotch ou faire des faux ongles avec des morceaux de balles de ping-pong. Plus tard, j'ai découvert les faux ongles en gel, qui sont nettement plus performants.

Mes mains ne sont pas pareilles, car j'ai grandi en les utilisant de deux manières différentes. Par exemple, mon index de la main gauche est plus long d'un centimètre que celui de la main droite, tout simplement parce que ma main gauche est constamment en étirement avec beaucoup plus de force à déployer. Ma main gauche est donc plus musclée, avec de la corne au bout des doigts, que j'étais parfois obligé de limer. Ma main droite est plus frêle et légère, plus féminine en quelque sorte, sans compter le fait qu'on se laisse pousser les ongles à droite. Cette main crée les sons et chante. Sur la guitare classique, de surcroît, elle peut jouer plusieurs voix en même temps, comme un pianiste. Un premier doigt va faire le chanteur; le deuxième, le bassiste; et les autres, les accompagnateurs. Tout cela est très complexe et demande une discipline conséquente.

Le fait de toucher la guitare me procure tout simplement du bien-être, au-delà du son que j'entends. J'aime la dimension réfléchie et la dimension plus instinctive qui passe par le corps et les mains. La main représente quelque chose de très sensible. Par exemple, les deux seules fois de ma vie où je me suis évanoui sont reliées à la main. La première, je m'étais très légèrement coupé le doigt sur mon scooter et la vue du sang m'avait fait tourner de l'œil. La seconde fois, ce fut en voyant des images de chirurgie d'une greffe de main. J'ai eu de nombreuses autres blessures à différents endroits du corps, notamment en surfant, et celles-ci ne m'ont pas perturbé.

Si je devais arrêter la guitare, comme je suis passionné de surf, je serais sûrement *shaper*, celui qui prépare les planches avec différents matériaux. J'aimerais fabriquer un objet qui vit ensuite dans d'autres mains.

Richard Kolinka / batteur

Certains batteurs sont ambidextres, ce qui rend les autres très jaloux. Moi je suis droitier, j'ai donc plus de facilité à droite. Les baguettes doivent pouvoir vivre dans les mains, sans les bloquer. Il y a deux façons de tenir les baguettes avec la main gauche, et la prise particulière des jazzmen vient en fait des joueurs de tambour. Et puis il y a la manière dont on tape, avec une traduction directe sur le son. Le son résonne ensuite dans tes mains et dans tout ton corps. Jouer de la batterie est très physique. On peut se défouler sur sa batterie, tout comme sur une guitare, ou sur un piano d'ailleurs. Il y a plusieurs types de batteries, comme les batteries électroniques qui changent le rapport corporel à l'instrument. Pour moi, rien ne vaut la batterie acoustique, ça, c'est la vie.

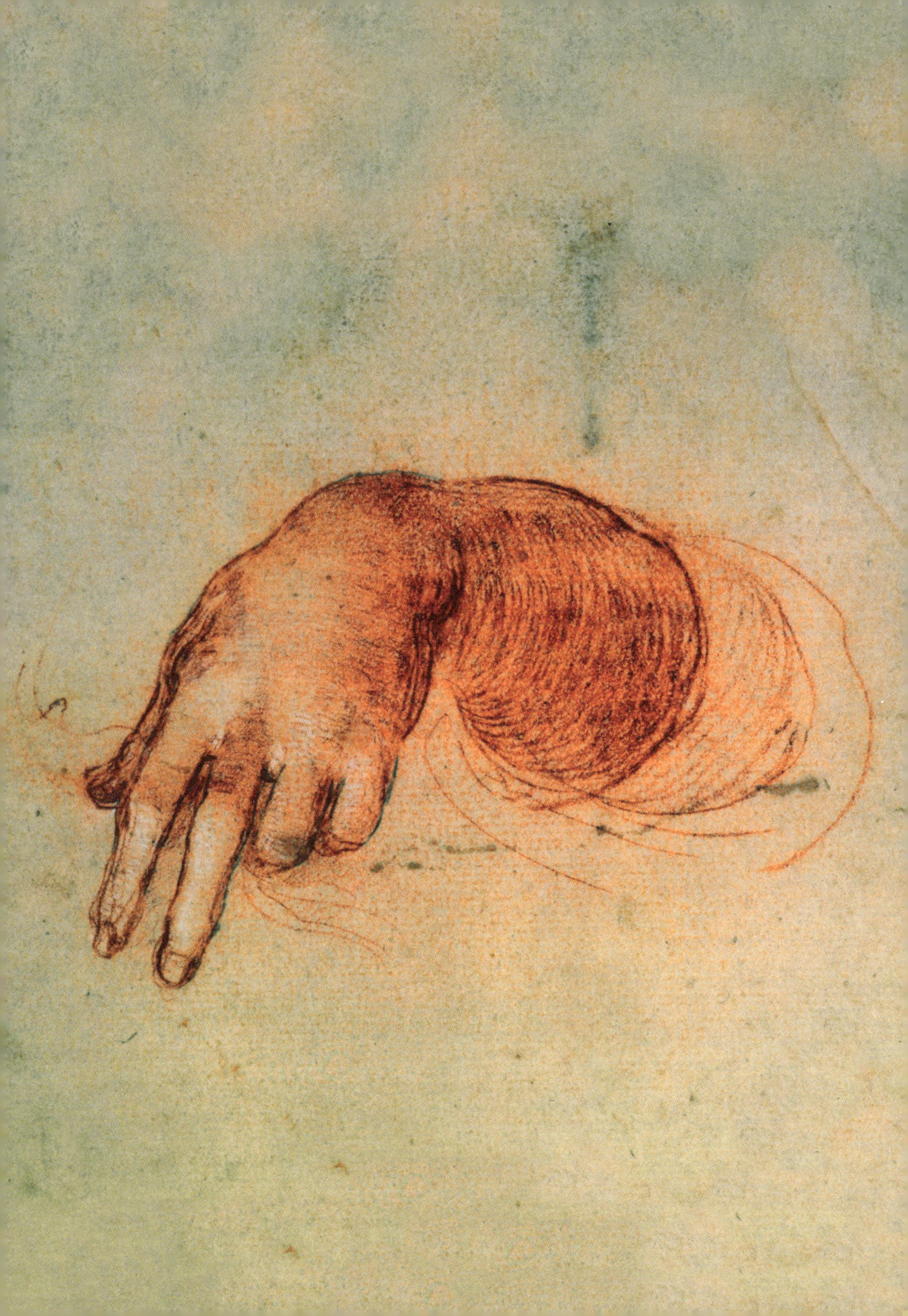

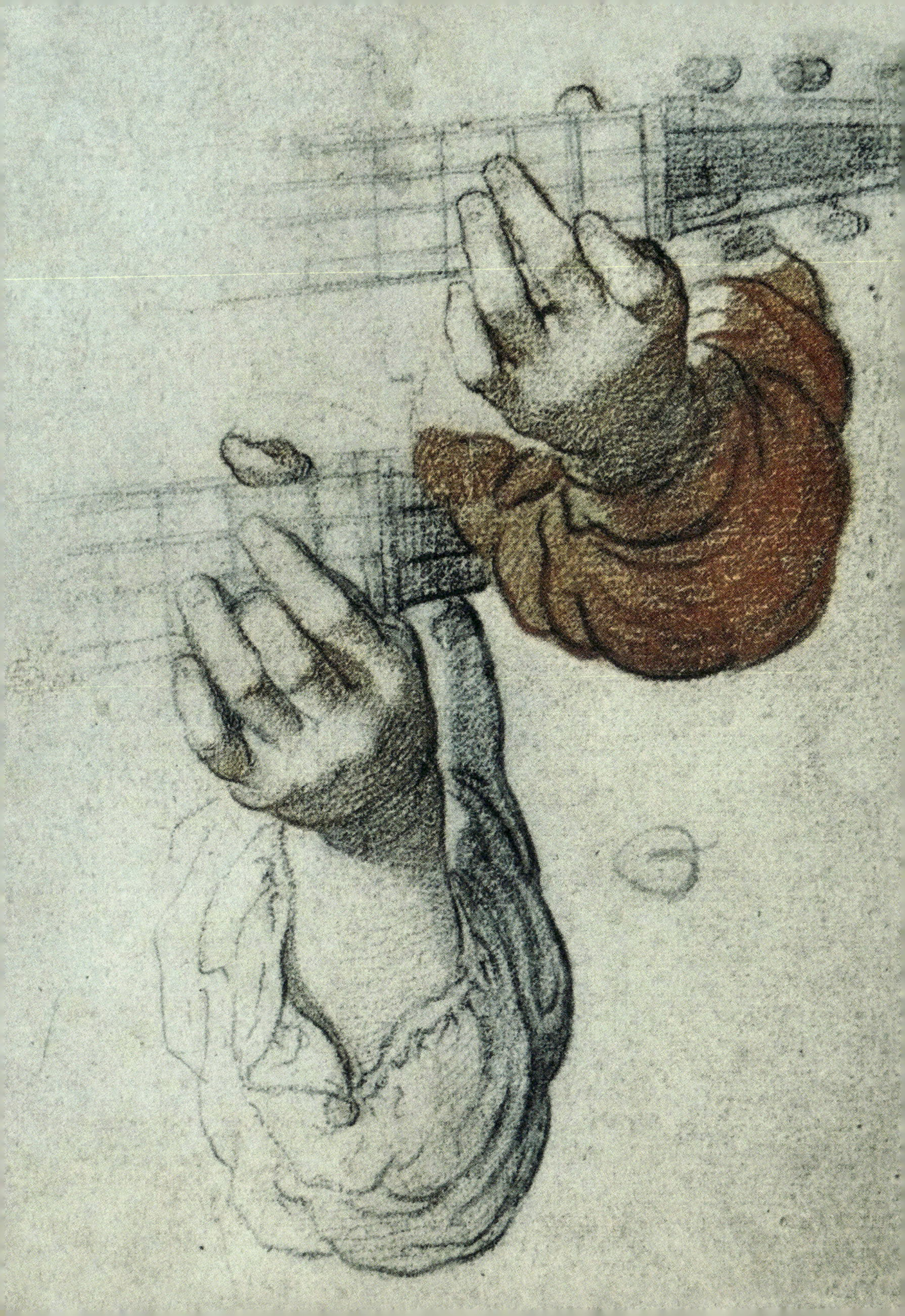

LA MAIN INITIÉE

Christian Vidal / chiromancien

Aucune main n'est identique à une autre sur terre

Juriste, je suis devenu voyant-médium, mieux, chiromancien (du grec *kheír*, « la main », et *manteía*, « oracle »), car la vie – la mienne en tous cas – est le siège de l'invraisemblable. Je ne m'identifie pas à Madame Irma, mais ce radical changement d'occupation est bien inscrit dans mes paumes. J'ai quitté sans regret mon confortable emploi de responsable juridique au sein d'un groupe international prestigieux en 2008, après vingt-deux ans de carrière dans le droit des affaires. Quelques jours seulement après mon pot de départ, je m'envolais vers Calcutta, où j'allais passer quatre mois pour peaufiner ma formation en chiromancie. Il faut dire que dans ce pays, on compte presque autant de liseurs de mains qu'il y a chez nous de coiffeurs ou de dentistes. C'est d'ailleurs là-bas que l'on trouve trace des premiers traités ésotériques sur la main, qui remonteraient à quelque 5 000 ans.

À la loupe

L'opposition entre juriste et chiromancien est moins évidente qu'on le penserait de prime abord. Notamment on retrouve la même minutie quasi chirurgicale dans l'observation attentive des lignes palmaires. Si un point ou une virgule, par exemple, en fonction de leur place dans un texte juridique peuvent en changer le sens, pareillement, le moindre signe – scruté sur une paume par la loupe et la lampe du chiromancien – doit être pris en compte, et peut complètement modifier la lecture d'une destinée. J'étais donc prédisposé, en somme, à cette nouvelle vocation.

Intuition et théorie

À vrai dire, dès l'adolescence, je m'intéressais à l'ésotérisme, au sens de connaissance cachée, de savoir réservé aux seuls initiés. Le sous-continent indien m'avait très tôt fasciné. Et jeune adulte, je fréquentais régulièrement des ashrams, avec ma conjointe, pour pratiquer la méditation. Ceci a participé de mon apprentissage de la chiromancie avant l'heure, car il n'est de compréhension des lignes de la main sans un éveil philosophique ou spirituel. La conscience ainsi stimulée par mes nombreux séjours dans des temples, par la pratique du mantra-yoga et autres, l'essentiel était acquis. Je suis devenu élève chiromancien à Navadvipa, au Bengale. C'était une évidence. Grâce à mon professeur de chiromancie, je réalisais combien cet art combine harmonieusement à la fois l'écoute de notre voix intérieure et l'usage de techniques rigoureuses acquises par l'érudition et par une pratique intense, sur les milliers de mains que j'ai pu lire jusqu'à aujourd'hui.

Voir pour prévoir

Parfois, lorsque je participe à un salon de bien-être et de voyance, certains visiteurs passent devant mon stand avec un air terrorisé et me disent : « Non, non, je ne veux pas savoir, je vis au jour le jour, je laisse faire le destin… » Pour eux, je serais donc une sorte de sorcier lisant dans leurs mains tremblantes leur inexorable destin, la terrible fatalité, et leur annonçant de funestes drames auxquels ils ne sauraient échapper ! Bigre, ça vous ferait froid dans le dos ! Bon, je crois être tout sauf le bras armé d'un au-delà qui nous dépasse, et heureusement, car sinon j'irais voir ailleurs. Chassons les idées reçues, la chiromancie ne prédit pas, elle prévoit. Elle est avant tout un extraordinaire outil de décryptage et de compréhension de la complexe psychologie humaine. Ensuite, dans la mesure où nous forgeons nous-mêmes notre propre devenir, la chiromancie peut aussi être une pratique de prévision, et non de prédiction. Ça change tout. Prévoir, ce n'est pas prédire. On agit sur son destin.

Faire bouger les lignes

Tout d'abord, les lignes sont le reflet de notre état mental à un moment donné. Or, rien n'est plus fluctuant que le mental. Lorsque nous désirons intensément posséder ou réaliser quelque chose, pour une raison mystérieuse, ceci produit un signe ou une ligne sur notre paume, et très souvent, par la force de notre volonté, le désir devient réalité. Si l'on prend des empreintes des paumes gauche et droite, à intervalles réguliers sur une longue période, on peut observer des changements. Ceux-ci touchent surtout les lignes de la main dominante, utilisée notamment pour écrire. À la naissance, les lignes sont quasi identiques sur nos deux paumes et expriment nos forces, nos faiblesses, nos aptitudes physiques et mentales, lorsque nous sortons du ventre de notre mère. Ceci est d'ailleurs observable sur l'embryon, dès cinq mois environ. Au cours de la vie, selon nos choix ou contraintes, selon les événements, les lignes de la main dominante évoluent, révélant comment nous utilisons notre « capital de départ » reçu avec le corps physique et subtil. En d'autres termes, grâce à notre libre arbitre, nous pouvons, au sens propre comme au figuré, « faire bouger les lignes » et aller vers un avenir bien différent de celui qui était prévisible au départ. La main non dominante – le plus souvent la gauche, dans notre monde de droitiers – indique donc ce qui était prévu pour nous à l'origine, notre potentiel. La main dominante – en général la droite – montre ce que nous en faisons.

Histoire bengalie

Étudiant les lignes sur les paumes gauches et droites de paysans au Bengale, je constatais qu'elles étaient rigoureusement identiques. Pourquoi ? Car ces gens vivent d'une façon très traditionnelle, stable, voire monotone, sans changements significatifs au cours des années, que ce soit pour le métier (quasi identique de la naissance à la mort), la famille (divorce inconcevable, en pratique), voire le lieu d'habitation (on reste attaché à sa terre), et ce, depuis des générations. Pour nous, Occidentaux, la vie est habituellement plus agitée, ne serait-ce que sur le plan affectif. Dans nos pays, que de familles recomposées ! Et dans ce cas, on voit de fortes variations sur les lignes, d'une main à l'autre. Cependant, avec la mondialisation et l'uniformisation relative des styles de vie, ceci aurait tendance à devenir moins vrai aujourd'hui.

Les aspérités du destin

Vers l'âge de vingt-cinq ans, une verrue apparut sur l'un de mes doigts. La petite aspérité prospéra, proliféra, et gagna même l'autre main. J'avais vingt-huit ans lors de mon mariage. Quelques heures avant la cérémonie, je constatais avec stupeur et bonheur que toutes mes verrues avaient disparu. En fait, j'avais ressenti une émotion si forte que cela avait provoqué une réaction physiologique modifiant positivement mon corps. Un médecin me confirma plus tard le caractère rare, mais pas exceptionnel du phénomène, qui indirectement nous ramène à la chiromancie. En effet, ce qui se passa avec mes verrues est parfois observé sur les lignes de la main dominante. Lorsque nous accordons consciemment ou non une importance spéciale à un événement – positif (amour, promotion, etc.) ou négatif (perte d'un être cher, difficulté économique, de santé, etc.) – une ou plusieurs lignes peuvent apparaître, disparaître ou se modifier dans un laps de temps variant de quelques heures à quelques années. Hors ces circonstances particulières, les lignes évoluent de façon invisible à l'œil nu. Mais une empreinte palmaire, prise tous les huit ou dix ans, permet d'apprécier les variations. Sur une existence entière, les lignes peuvent être complètement différentes entre le début et le terme. Des modifications sont aussi parfois observables quant à la longueur des doigts, et en particulier de l'auriculaire, désigné sous le nom de « doigt de Mercure » en chiromancie. Celui-ci est un marqueur de notre timidité, de notre ouverture aux autres. En fonction de notre état psychologique sur une période donnée, il peut augmenter ou diminuer de plusieurs millimètres.

La main est une peinture

Lors de la consultation de chiromancie, le praticien réalise par petites touches, à la façon des impressionnistes, un portrait psychique du consultant. Celles-ci décrivent progressivement le présent, le passé et le futur. La main est un véritable portrait de nous-mêmes, de notre vie, de notre personnalité, de notre psyché et de ce qui nous fait vibrer. Chaque lecture de mains est une aventure sans cesse renouvelée pour le chiromancien. Pour qui en douterait, rappelons qu'aucune main n'est exactement identique à une autre sur notre terre. C'est le mystère de notre identité.

Approche intuitive

Je ne goûte guère les consultations par visio conférence, car la chiromancie est d'abord intuitive. La lecture des lignes de la main restera toujours artisanale, car il faut un contact physique irréductible: on touche les mains, on les palpe. Si on peut, on se serre la main. Une poignée de main en dit toujours long sur son auteur. En fonction de l'énergie dégagée par ce geste courant – main molle, voire poulpe, ou bien dure, rugueuse, franche, ou qui nous broie les phalanges… –, on ressent instantanément notre interlocuteur. Ai-je affaire à un fuyant, un dissimulateur, un mou, un dominateur, un hypocrite… ? Des manuels sur le langage corporel nous expliquent de façon exhaustive comment le positionnement ou le mouvement de nos mains – entre autres parties du corps – expriment la personnalité ou les émotions de l'instant. La gestuelle, c'est tout un art qui contribue à faire passer des messages. Les conseils en communication, qui guident dans la sphère politique ou autre, à la télévision, le savent bien.

Le corps révèle l'esprit… et inversement

Avant même l'étude de nos fameuses lignes se trouve la chirognomonie. C'est l'étude physique des mains (taille, forme, peau, pilosité, etc.) et des doigts (longueur, aspect, extrémités, phalanges, ongles, etc.). Avons-nous de grandes mains ou bien sont-elles de petite taille, des mains larges et carrées, des paumes longues et les doigts courts, ou bien longs et effilés, etc. On peut encore poursuivre sur les espaces entre les doigts, l'aspect net ou négligé des ongles, le positionnement et la couleur des bagues que nous portons… Voici autant d'indications sur notre caractère et notre capacité à réagir dans telle situation, notre aptitude pour exercer une activité en particulier. Observons, par exemple, les pouces de dirigeants qui ont réussi. Ils sont souvent démesurément longs et ouverts, ce qui est un signe de persévérance et d'ambition.

Lors d'entretiens d'embauche, le recruteur comme le candidat peuvent se jauger l'un et l'autre par l'observation des mains, dans leur gestuelle et leur aspect physique, sans même voir leurs lignes. Certains chiromanciens médecins, diplômés en médecine, sont techniquement capables d'établir un diagnostic médical fiable par la seule analyse des mains.

Empreintes digitales et graphologie

Un domaine dont l'utilité pratique n'est plus à démontrer est la dermatoglyphie. Il s'agit de l'identification des individus par leurs empreintes digitales. L'utilisation est essentiellement policière. Cette discipline est également rattachée à la chiromancie moderne que l'on peut dès lors, à juste titre, qualifier de chirologie, autrement dit de science de la main.

Souvent, les bons chiromanciens sont d'excellents graphologues. Les techniques diffèrent mais participent d'un même esprit : entrer dans les méandres de la psychologie humaine, vaste programme. Les conseils en gestion de carrière et orientation professionnelle proposent parfois un examen graphologique, outre un bilan de compétence. Nous pensons que la chiromancie trouverait largement sa place pour compléter. Que de personnes me consultent sur le métier qui leur conviendrait le mieux ! Les réponses précises sont souvent des confirmations de ce qu'elles pressentaient pour leur avenir.

Chiromancie et astrologie

Un bon chiromancien doit aussi posséder de solides notions d'astrologie, car il utilise le langage des astres : la théorie des monts. Les paumes, outre les lignes, comportent des monts, à savoir des parties charnues auxquelles on attribue le nom des planètes du zodiaque. Les doigts portent aussi le nom desdites planètes. En fonction de la forme ou de l'aspect plus ou moins bombé de chaque mont, on déduit l'importance de la planète correspondante dans le thème astral, donc dans la vie du consultant, négativement ou positivement.

Ces lignes qui irriguent nos paumes

Tels des cours d'eau, les lignes forment un réseau au creux de nos mains. Certaines lignes sont dites principales : ligne de vie, ligne de tête (ou d'intelligence), ligne de cœur, ligne du destin (ou de chance), ligne du soleil, ligne de santé (ou de Mercure). Celles-ci se trouvent le plus systématiquement sur les mains, quand bien même sont-elles plus ou moins marquées, longues, colorées, etc. D'autres lignes sont dites secondaires : ceinture de Vénus, Voie lactée, *via lasciva*, anneau de Salomon, lignes de voyages, lignes d'attachement, ligne de famille, pour ne mentionner que les plus connues. Le qualificatif de secondaires nous paraît réducteur. Disons qu'elles sont moins fréquentes que les précédentes. On doit aussi mentionner des signes tels les croix, les points, les étoiles, etc., voire des figures géométriques, formées par les intersections entre les lignes. Cette énumération est évidemment sommaire et le but des consultations de chiromancie est d'éclairer ceci en détail.

À la vie et à la mort

Les lignes évoluent au cours de la vie, et qu'en est-il au trépas ? Restent-elles ou bien disparaissent-elles ? On peut répondre selon deux perspectives complètement opposées qui proviennent d'observations menées sur des cadavres. Dans une première série de cas, dès le décès, presque instantanément, les lignes disparaissaient et les paumes deviennent complètement lisses. Dans d'autres cas, les lignes restent bien présentes après le décès et éventuellement disparaissent au bout d'une semaine. Comment expliquer ceci ? J'y vois humblement un phénomène métaphysique. Si l'on considère que le vivant n'est pas composé seulement d'atomes et de molécules, que le principe vital – âme spirituelle, *atma*, principe actif, selon votre conviction – diffère du corps de matière, on peut concevoir que certaines âmes, très détachées de leur enveloppe, rejoignent immédiatement leur chemin de lumière. Pour d'autres, quitter le vêtement charnel serait plus compliqué et l'esprit resterait toujours très proche du corps, quand bien même le cœur aurait cessé de battre. Ceci n'est qu'une simple réflexion personnelle, une hypothèse de travail que je soumets à votre réflexion. La chiromancie est certes une formidable école de vie.

Sous la peau[1]

Hélène Marraud / chargée de recherche au musée Rodin

Il y a dans l'œuvre de Rodin « des mains indépendantes et petites qui, sans appartenir à aucun corps, sont vivantes. Des mains qui se dressent, irritées et mauvaises, des mains qui semblent aboyer avec leurs cinq doigts hérissés, comme les cinq gorges d'un chien d'enfer. Des mains qui marchent, qui dorment, et des mains qui s'éveillent ; des mains criminelles et chargées d'une lourde hérédité, et des mains qui sont fatiguées, qui ne veulent plus rien, qui se sont couchées, dans un coin quelconque, comme des bêtes malades qui savent que personne ne peut les aider[2] ».

Ces mains, souvent abîmées, malades, atrophiées, présentent des pathologies diverses. Mais Rodin les aime et les trouve belles ainsi. Elles ont leur vie propre, leur aspect particulier, et pour l'artiste rien n'est beau dans la nature et dans l'art que ce qui a du caractère, ce qui est vrai.

« Ce qu'on nomme communément *laideur* dans la Nature, confiait Rodin, peut dans l'art devenir d'une grande beauté. Dans l'ordre des choses réelles, on appelle laid ce qui est difforme, ce qui est malsain, ce qui suggère l'idée de la maladie, de la débilité et de la souffrance, ce qui est contraire à la régularité, signe et condition de la santé et de la force [...]

Mais qu'un grand artiste ou un grand écrivain s'empare de l'une ou de l'autre de ces laideurs, instantanément il la transfigure... d'un coup de baguette magique il en fait de la beauté : c'est de l'alchimie, de la féerie[3] ! ».

Les pathologies, fractures, manques, et autres accidents des mains modelées par l'artiste, contribuent à leur donner un aspect unique et singulier. Elles ont leur histoire, et portent leur part de souffrance et d'humanité blessée.

Rodin travaille toujours à partir d'un modèle vivant, faisant d'une déformation un élément plastique qu'il accentue pour donner à la main représentée plus d'expression. Ce « supplément » de vie suscitant une émotion chez le spectateur.

Ces mains appartenaient le plus souvent aux nombreux praticiens qui œuvraient dans son atelier : mains de travailleurs manuels, mains actives et laborieuses que le maniement des outils ne devait pas toujours épargner.

Leur anatomie altérée retint l'attention du sculpteur. Après avoir suivi dans sa jeunesse les cours de dessin anatomique donnés par Barye au Muséum, il ne cessa, en effet, d'affirmer que c'est l'intérieur, la structure, ce que l'on ne voit pas, qui est le plus important.

Une expérience très intéressante a été menée à l'université de Stanford (Californie) par le Pr Chang, chirurgien spécialisé dans la reconstruction de la main. Enthousiasmé par le travail de Rodin et particulièrement par les mains sculptées, le Pr Chang voulut réunir ses deux passions, l'art et la science. Il a alors sollicité les services technologiques du département d'anatomie clinique de l'école de médecine de l'Université. Ces derniers se sont vu confier le soin de scanner trois mains en bronze choisies parmi les nombreuses œuvres de l'artiste conservées au Cantor Arts Center[4]. L'image numérique et l'anatomie intérieure de la main ont été superposées de manière à proposer une double lecture simultanée, intérieure et extérieure, de la sculpture, permettant par là-même d'identifier des pathologies.

Ce sont les résultats de cette démarche et de ces travaux qui ont été présentés au public en 2014, dans le cadre d'une exposition intitulée « Inside Rodin's Hands: Art, Technologie, and Surgery », organisée par le chirurgien: « Plus je me spécialisais dans la chirurgie de la main…, confiait-il, plus je trouvais de connexions entre les mains [de Rodin] et les patients que je traitais. »

L'une de ces mains, la *Grande main gauche*, a fait l'objet d'une modélisation 3D puis d'un tirage en bronze après son intervention de « réparation ». Ce dernier, cette « nouvelle grande main gauche », fut présenté au sein de l'exposition en vis-à-vis de la main sculptée par Rodin.

De ce face-à-face un peu déroutant, inattendu, naît un sentiment assez complexe : à la fois une très grande admiration pour la maîtrise scientifique, le savoir-faire et la prouesse médicale que cela représente, mais aussi l'impression que, malgré tout, la main malade, modelée par Rodin avec ses imperfections et ses accidents, est incroyablement plus vivante, plus expressive, voire plus belle, que la main réparée.

Lisse et régulière, la main « corrigée » perd de sa force et de son caractère, tandis que la main blessée reste parcourue par l'émotion de la vie que révèlent sa fragilité et sa vulnérabilité.

1. « … *what lies "beneath the skin" of the bronze hands* », *in* communiqué de presse, Cantor Arts Center at Stanford University, « Stanford surgeon's love of Rodin's hand sculptures leads to innovative Cantor exhibition », 2014.
2. Rainer Maria Rilke, *Auguste Rodin*, [1903] 1928, p. 54-56.
3. Auguste Rodin, *L'Art. Entretiens réunis par Paul Gsell*, [1911] 2022, sous la direction de Véronique Mattiussi.
4. Centre d'art qui abrite les nombreux bronzes de Rodin donnés par B. G. Cantor.

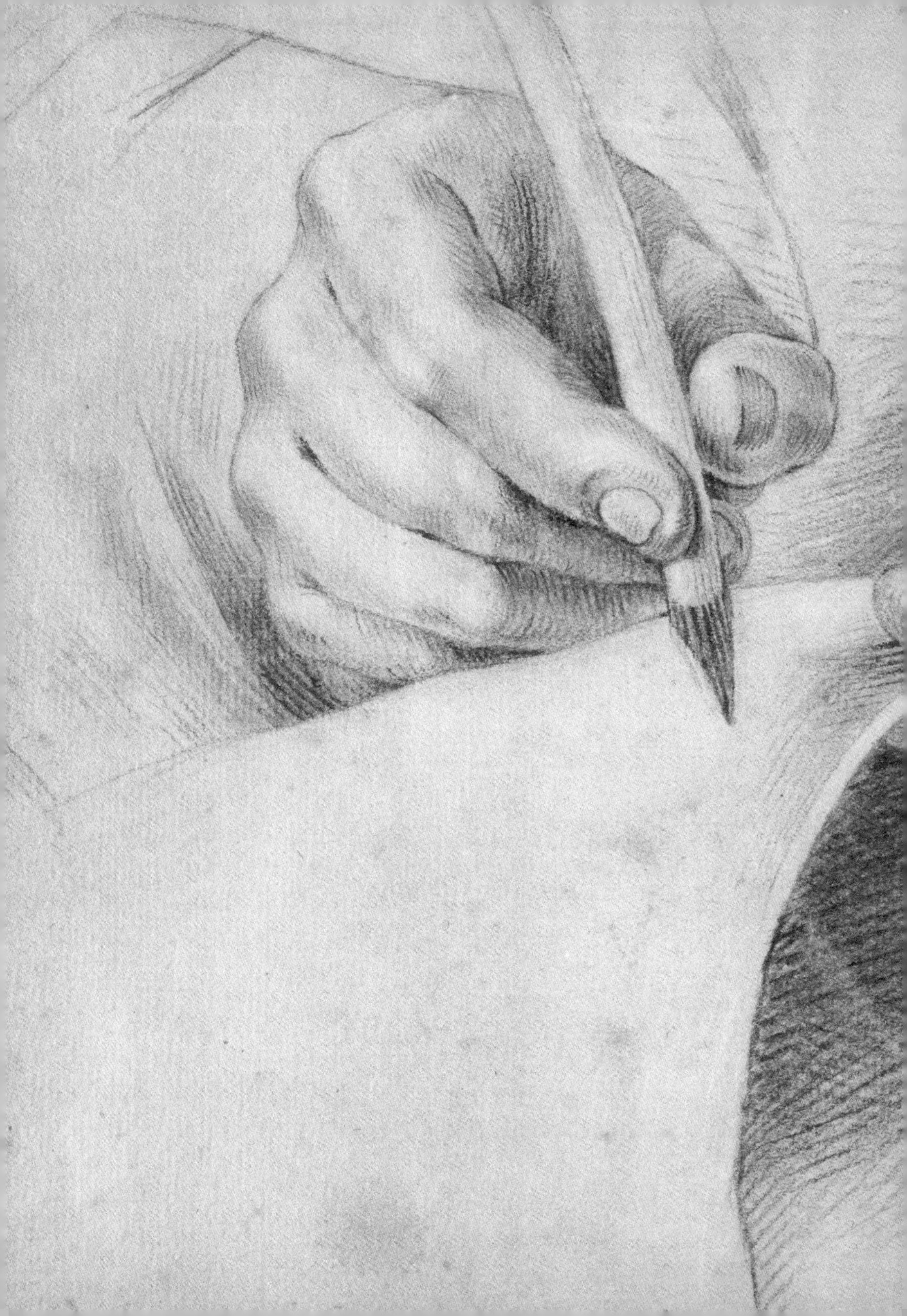

LES MAINS CARTOGRAPHIENT LE RELIEF DES VÉRITÉS

Jean-François Spricigo / photographe

l'intime
à peine la main posée, frôler ce qui n'ose être dit.
ainsi l'ai-je rencontré
regards fuyants, la bouche déjà goûte,
s'adresse davantage aux lèvres qu'aux oreilles.
l'émotion peut-elle s'écrire autant qu'elle m'écrit?
le pouvoir de la pensée peut-il subvertir la puissance du toucher?
dans cette danse, tout s'évidence, les mains cartographient le relief des vérités.
rien à dire, rien à voir, tout affleure quand tout s'effleure,
de confidences sensorielles en révélations sensuelles.
d'où vient, à moi qui suis si bavard, qu'il n'y a rien à dire?
Moi qui photographie, qu'il n'y a rien à voir?
si la photo amène au frémissement,
alors peut-être ne s'est-elle pas satisfaite de décrire ce qu'elle voyait?
prolongement tactile, pénétrer la profondeur du réel,
comme on entre en la profondeur de la peau.
intensité
ne pas la qualifier, le moindre ajout soudain la quantifie,
comme un « beaucoup » tue un je t'aime.
abandonner le soi, s'abandonner à la joie.

encore
cesser de souffrir des mondanités admises,
quitter les périmètres prompts à la retenir.
demander à un fauve ce qu'il pense de sa cage.
sauvage
main tendue, soudain l'immensité, enfreindre les possibles.
surtout se taire
poser le regard comme la caresse découvre son désir.
sentir
main dans la main, au silence enlacer l'émotion.
et y voir enfin

Guy Etchegoinberry / imprimeur

Revenons au métier qui est le mien. Imprimer c'est faire trace, témoigner, de la main directement ou indirectement, et instinctivement dans les cerveaux : « Omar m'a tuer ». Cette mystérieuse main dont les longueurs respectives des phalanges suivent de très près une ineffable suite de Fibonacci (2, 3, 5, 8). Main au doigt dressé vers le ciel signifiant Dieu, et cette paume de la main qui de son œil insondable désigne le poignard de Caïn, *tu ne tueras point*, ou celle qui égorge en son nom le colonel Beltrame voulant prendre la place d'une innocente. Ou encore cet index, qui désigne l'horizon où siège l'enfer maudit de l'inintelligence suprême, l'absence de cœur, et appuie sur la gâchette sans compter, au Bataclan, à *Charlie Hebdo*, à Ozar Hatorah, ou brisant à jamais dans cet Hypercacher toute l'innocence d'un enfant de trois ans vomissant d'effroi et d'horreur. De mêmes assassinats, comme le disait si justement André Frossard au sujet des victimes de la Shoah, *pour la seule raison qu'ils étaient nés.*

Les rencontres

Émilien Gray / écrivain

Ce soir elle a un rendez-vous galant. On le sait, car hier elle nous a offert une manucure et aujourd'hui elle nous fait belles: un beau vernis rouge posé avec une extrême application et plusieurs bagues; pas celles de tous les jours, mais les plus précieuses, cachées dans son coffre à bijoux. On n'aime pas trop ces fers qui nous cerclent, mais elle aime cela. Elle pense peut-être le séduire grâce à nous. Celui de ce soir doit être Léo, elle en a parlé plein de fois avec sa meilleure amie. À cause de lui, on a passé beaucoup de temps à tenir son téléphone ces derniers temps. À présent elle peaufine son maquillage et se parfume. Nous sommes très aidantes. Elle est prête.

Elle est en avance et a demandé au serveur un Perrier tranche pour patienter. Elle avait envie d'un cocktail pour avoir une petite dose d'alcool désinhibitrice, mais cela aurait été malpoli de ne pas l'attendre. On ne sait pas quoi faire, on commence à jouer avec la paille, à tripoter le sous-bock. Une certaine moiteur s'installe au creux de nos paumes. Mais quand va-t-il arriver, ce fameux Léo? Elle l'a tant fantasmé. Combien de fois a-t-on joué de notre dextérité pour lui donner du plaisir dans son intimité alors qu'elle brûlait de désir pour lui…

Il passe le seuil du restaurant. C'est vrai qu'il est très beau. Il s'installe en face d'elle après avoir échangé une paire de bises. On aperçoit ses mains à lui, élégantes mais racées. C'est vrai qu'elles sont belles aussi. La conversation débute et elle apparaît bien moins à l'aise que lui. Nous voilà donc à chercher notre place. Un instant sur ses genoux, le suivant à remettre une mèche de cheveux récalcitrante ou à faire des allers-retours sur la bouteille vide. La moiteur n'est pas partie; elle s'intensifie même. Heureusement, il parvient à la détendre. Il est drôle. Ses mains sont calmes, posées sur la table, tellement plus sereines que nous.

Le dessert est terminé. Ils ne semblent pas vouloir se quitter. On perçoit que ses mains sont un peu plus près de nous depuis quelques instants. On a bien envie de nous approcher aussi et de sentir son grain de peau. Peut-être a-t-il transpiré comme nous au creux des paumes? Alors on y va timidement, dans une lenteur étudiée. Malgré notre concentration, on aperçoit que leurs visages ont pris une même trajectoire de rapprochement. Au moment où leurs lèvres se touchent pour la première fois, on fusionne avec les mains de Léo, à moins qu'on ait eu un léger temps d'avance… Sa peau est douce. Sa chair est ferme. Mais que fait-elle là-haut? Qui est aux commandes? On ressent soudainement l'afflux sanguin qui s'intensifie et s'accélère au bout de nos pulpes. Cette fois-ci, elle n'arrive pas à contrôler son palpitant. Elle doit être très heureuse. Touche-t-elle encore le sol?

Depuis ce premier baiser, je crois que nous n'avons pas laissé une seconde les mains de Léo. Elles sont réconfortantes, et puis notre union signe la première forme de complicité entre eux deux. Dans le taxi qui traverse la ville, on rompt toutefois le lien pour quitter les sentiers battus. On part sur la cuisse de Léo pour de lentes caresses, prémices de ce que la soirée réserve. Elle a très envie de lui.

À peine franchie la porte de son appartement à lui, elle se transforme en diablesse. On agrippe la nuque de Léo pour lui permettre de mieux l'embrasser, plus langoureusement. On chamboule sa chevelure brune et bouclée. Puis elle nous envoie en expédition, d'abord sur ses hanches, puis sous sa chemise. On parvient à déboutonner quelques boutons pour faciliter l'accès à ce torse viril. Elle en veut plus et nous serons ses bonnes ouvrières… Alors qu'il a retiré sa robe, on approche de son entrejambe. La tuméfaction est palpable. On accède sans difficulté pour faire sortir son sexe, dur et massif. On est devenues expertes pour caresser les hommes. Ces va-et-vient répétitifs peuvent sembler faciles – il n'y a guère qu'un chemin –, mais ce n'est pas si simple. On maîtrise bien la vitesse, la pression et les changements de rythme. Cette chorégraphie a l'air de l'émoustiller, et ses mains sont parties aussi vers des contrées qui nous sont habituellement réservées. Dans quelques instants, nous serons un peu relayées à un rôle annexe, car ils fusionneront totalement, mais nous aurons encore un beau terrain de jeu. Au moment où elle atteindra l'orgasme, on se crispera dans une tension de plaisir insupportable, à lui arracher la peau du dos. Puis on reprendra un rythme de caresses lentes un peu partout, mais surtout sur son torse, signant la transformation finale de la fougue en tendresse.

Elle est vraiment fleur bleue car, alors que lui s'est endormi à ses côtés, ses pensées divaguent. Est-elle déjà amoureuse? Est-ce le bon? Des images improbables de bague au doigt lui apparaissent. Oh non, encore un fer de plus!

AMMACCARE

Guillaume Grasso / pizzaiolo

Toute ma famille est dans la pizza napolitaine depuis 1850, soit quatre ou cinq générations successives. Enfant, j'étais surtout fasciné par la façon dont mon grand-père « ouvrait » le pâton de pizza. Au début, je voulais plutôt me tourner vers la mécanique ou l'horlogerie, mais l'ADN familial m'a rattrapé. À Naples, l'apprentissage est appelé « voler le métier »: on apprend en observant les autres. J'essaie de respecter la tradition de ma famille à 95 % dans la fabrication des pizzas, leur taille, leur forme. Les 5 % restants sont ma touche personnelle dans la conception de la pâte, en partie parce que mes fournisseurs ne sont pas les mêmes que ceux de mes aïeuls napolitains.

La pâte, il faut la caresser sans violence, en restant toujours à son contact. Un pizzaiolo réputé a évoqué un « parcours sensoriel » en parlant de notre métier. Nous captons beaucoup de choses avec nos yeux, un petit trou qui se forme, une bulle d'air; mais ce sont principalement nos mains qui guident la confection de la pizza. On ressent la dureté, la mollesse, la température de la pâte, sa maturation… autant d'éléments qui varient chaque jour. Les mains aident d'abord à choisir les produits, que ce soient les tomates ou la mozzarella. Celle-ci doit être ferme sous la main, tout en restant moelleuse à l'intérieur. Ensuite, au contact de la pâte, les deux mains sont différentes. Par exemple, je « boule » les pâtons uniquement avec la main droite, et je serais incapable de le faire avec la main gauche, alors que ce n'est pas le geste le plus dur. À partir du moment où la main du pizzaiolo commence à toucher le pâton de pizza, il lui donne son âme, son ADN. Aucune machine ne peut le remplacer. En Italie, on étale la pâte à pizza différemment selon les régions. À Naples, on a un geste typique qu'on appelle *ammaccare*, où les mains sont dans les airs. Cette façon de faire est partie intégrante de l'art du pizzaiolo napolitain, inscrit au patrimoine immatériel de l'UNESCO. Pour former le disque, c'est un peu comme un essuie-glace, avec une main en dessous et une au-dessus. Il y a donc toujours un contact avec la pâte et avec le granit du plan de travail. En commençant à ouvrir un disque, je peux fermer les yeux, mon cerveau s'éteint, c'est automatique. Mais mes mains sont mes guides, qui savent s'adapter instantanément aux conditions du jour.

Les mains qui parlent

Emmanuelle Laborit / artiste

Je suis née dans une famille entendante et, dans l'espoir que je retrouve l'audition, on avait dit à mes parents de ne surtout pas utiliser la langue des signes. Nous avions donc une communication gestuelle qui passait beaucoup par les mains ; je pointais du doigt les objets pour les désigner et communiquer avec mes parents. C'était donc très limité, et dans un noyau intime de surcroît : ma mère, mon père et moi. Lorsque j'ai découvert la langue des signes à l'âge de 7 ans, ce noyau a complètement éclaté et tout s'est ouvert pour moi. Quand j'ai vu des adultes sourds qui signaient entre eux, j'en suis restée bouche bée. J'ai tout de suite senti que je touchais quelque chose, que je pouvais attraper cette langue des signes. Bien sûr, je n'y comprenais rien, je voyais juste des mains qui bougeaient dans tous les sens. C'était beau. J'étais dans le flou total, je vivais un véritable tremblement de terre. Quel était ce nouveau monde qui s'ouvrait à moi ? J'allais pouvoir communiquer sans l'intermédiaire de mes parents. Grâce à la langue des signes, j'allais pouvoir être indépendante. Je pouvais enfin prendre ma voie.

Je me suis donc inscrite à des cours de langue des signes, réservés à l'époque aux adultes. D'un seul coup, c'était comme si on me versait de l'eau, on me désaltérait.

Tout devenait fluide. Je comprenais vite, je me trompais aussi, mais je pouvais me corriger facilement.

Grâce à cet apprentissage, j'ai pu devenir maître de moi-même, gérer mon expression et enfin échanger avec les autres. Et puis le fait de pouvoir me tromper et d'être corrigée m'a fait comprendre le mouvement, la précision aussi bien dans les mains – ce qu'on appelle les configurations – que sur le visage. Les gens pensent que la langue des signes ne passe que par les mains, mais c'est bien tout le corps qui s'exprime: les expressions du visage et même la position du buste quand on veut faire dialoguer deux personnages de taille différente, par exemple. Donc, il n'y a pas que les mains qui parlent. Le corps est essentiel dans l'expression pour décrire des situations, des dialogues, une échelle de temps. Quant aux expressions du visage… ce sont les émotions, l'énergie de la personne ! Elles forment la structure grammaticale, avec l'aide des sourcils notamment : interrogative, impérative, etc. Certains signes étant similaires, les expressions du visage et la présence physique importent beaucoup.

Quand le sida explosait en France, je suis allée faire de la prévention auprès de la population sourde. Le thème n'était pas évident, car il était question de drogues, de sexualité. Dans les écoles, on nous avait dit : « Ah non, vous n'allez pas venir, car la langue des signes est un peu trop visuelle ; ça va être un petit peu cru. Alors qu'avec les mots, on peut quand même un peu cacher la chose. » Je m'offusquai, précisant qu'on pouvait très bien expliquer de façon sérieuse et correcte avec la langue des signes comment mettre une capote – sans que cela tourne au X !

On nous a dit que la langue des signes était trop sensuelle, trop physique, pas assez intellectuelle, que les mots étaient « supérieurs », permettant de se mettre en lien avec Dieu alors que le corps était plus animal… N'importe quoi, grossière erreur !

On peut moduler les mouvements, leur amplitude, leur vitesse, avoir de la douceur, avoir de la poésie dans les mains avec des mouvements très liés. Et puis, on peut être plus sec, plus incisif, pour exprimer la loi, un règlement, un commandement, par exemple. Il y a aussi une volonté dans les mains, elles peuvent devenir outils pour donner des coups ; elles peuvent se transformer en épée, en lame de rasoir. Il y a donc bel et bien une expressivité de la main, car il y a une énergie qui va dans la main. Comme dans le métier de chirurgien, il faut connaître le bon tempo pour placer tel mouvement, faire tel geste. Il faut avoir une gestuelle bien précise, bien commandée. Il y a donc un va-et-vient évident avec la tête et le cerveau.

La main seule ne peut savoir ce qu'elle doit faire.

Les règles de la langue des signes sont un peu différentes entre la vie et la scène. Dans le quotidien, à l'inverse des entendants, on ne peut pas se parler sans se regarder dans les yeux. On est obligés de se voir réellement pour communiquer et avoir cette interactivité. Par contre, au théâtre, on peut transgresser les règles, c'est cela qui est bien ! On peut donner un autre cadre, trouver d'autres formes, créer des reliefs différents. Par exemple, j'ai joué un spectacle où on ne s'est pas regardés un seul instant. Pourtant on se parlait, côte à côte, mais sans jamais se regarder. Bien évidemment, il y avait eu les répétitions pour créer ce lien particulier, et puis on pouvait tricher un peu grâce à notre champ visuel. C'était magique de voir des personnes qui ne se regardent pas mais qui se parlent, j'ai adoré !

Je me rappelle aussi d'une mise en scène d'*Antigone* de Sophocle, par Thierry Roisin au Festival d'Avignon.

On savait qu'il existait une langue des signes au ve siècle av. J.-C. mais il n'y en avait pas de traces... On s'est donc posé beaucoup de questions, effectué une véritable recherche, mais comme il n'y avait pas de moyen de savoir, nous avons gagné une grande liberté. On a pu imaginer comment Sophocle s'adressait en langue des signes. Cependant, le metteur en scène nous a imposé de gommer toutes expressions de visage ! « Il est dingue », avons-nous tous pensé. Il a fallu jouer en s'imaginant un masque impassible sur nos visages. Cela paraissait impossible... et puis ça a très bien marché, grâce à l'intensité des regards, notamment. Au théâtre, rien n'est impossible et de façon générale, si on enlève quelque chose, on s'aperçoit que l'on compense par ailleurs.

Ibrahim Maalouf / trompettiste

Le message artistique ne peut être vécu que lorsque celui qui le délivre est libre. Libre signifie souple de corps et d'esprit. Le corps, et donc la main du trompettiste, de la même façon que ses lèvres, doivent absolument être souples. De la même façon que le corps est détendu, il repose donc l'esprit. Et l'un ne va pas sans l'autre.

Les mains sont le miroir de la sensibilité. Chaque son qui sortira d'un instrument sera à cette image. Les mains doivent être souples, mais fermes. Douces et délicates, mais le geste précis et bienveillant.

L'ADIEU AUX MAINS

Léonard Chatelain / chirurgien

Des centaines d'ombres peuplent le quai. Je m'engouffre dans le premier train qui passe. Il y fait une chaleur étouffante et moite. Le rapprochement avec les autres voyageurs est obligatoire, les hanches, le dos, les pieds qui s'entrechoquent.

Le regard reste bas pour éviter tout contact visuel. Au mieux, un coup d'œil furtif vers le voisin. On aimerait être seul, ne pas devoir subir la foule. La musique dans les oreilles filtre tout.

Dans ce monde tactile et sensoriel, seules les mains restent libres et légères. Dernières témoins d'un rapport social paradoxalement étouffé par la proximité.

Certaines s'agrippent comme des griffes en quête de stabilité. D'autres s'affairent sur les écrans. D'autres encore nous rejoignent en hâte au dernier moment pour éviter un virage malheureux. Deux petites paumes dépassent d'épaisses couches de laine et s'agitent pour saluer la vie d'un éveil nouveau et innocent. Certaines hurlent le désespoir d'une existence inachevée.

À côté de la vitre, les doigts des amoureux se crochètent et s'entrelacent avant un dernier baiser et une promesse de retour.

C'est dans ce même train que je t'ai rencontrée. Ce jeudi 8 janvier, j'ai d'abord vu ton diamant. Un gros solitaire de fiançailles qui duraient trop longtemps à ton goût. Il ornait un discret anneau d'or tressé délicatement, comme un cheveu d'ange.

Au hasard d'une accélération un peu brusque, nos mains se frôlent. On me repousse au fond de la rame. Je lève le regard et te vois, sublime, la tête tournée vers le haut, à l'image d'une icône, attendant un signe du divin. De retour à la barre, j'avance mon pouce, doucement. Il glisse le long de l'acier, chemine vers ta peau, et finit par te toucher.

Tu me regardes, de tes yeux verts. Tu esquives, puis tu reviens, avec insistance. Le moment s'élève, délicieux, et un sourire apparaît aux coins de tes lèvres.

Une nouvelle journée commence.

C'est au tour des mains de nos petits de s'accrocher à la barre métallique. Le pilier central se transforme en véritable aire de jeu. Champ de bataille un jour, il devient navire ou château fort le lendemain, horizon à conquérir. Les mains s'accrochent, se hissent, s'aident des pieds. Malgré tous nos efforts, les petites langues lèchent goulûment toutes les surfaces accessibles, comme pour les repeindre de lumière. Le wagon retrouve un peu de couleurs, ça crie, ça hurle, ça rit. Dehors c'est le printemps.

On rentre à deux dans la rame. Je serre ta main, peut-être un peu fort. Je ne te regarde pas, j'ai trop honte. Emmitouflé dans mon manteau, je fais encore semblant, pour quelques mois. J'ai failli te le dire, mais je me suis tu, me disant que c'était inutile, que je ne voulais pas briser notre équilibre. J'ai pensé aux enfants qui grandissaient. J'ai pensé à mes responsabilités, à tes désirs, à nos rêves d'ailleurs. Ma main est moite, mais tu ne t'en rends pas compte.

Les disputes après le cinéma, l'appartement, ta carrière. La première gifle timorée que tu m'as donnée. Le diamant terni a disparu depuis bien longtemps de ton annulaire, remplacé par une grosse émeraude suffisamment présomptueuse pour cacher notre malaise. Le vernis nacré des premiers jours n'est plus. Tes mains sont fermes, plus assurées, plus promptes à repousser les miennes. Les retours s'éternisent, on commence à manquer d'air.

Je quitte le contact dur et poisseux de la barre chromée. Je pose un pied sur le quai, et je regarde autour de moi. À cette heure tardive, le métro s'est vidé de ses ombres glauques. Je suis seul dans ce désert carrelé. Vagabond, j'erre un peu dans le labyrinthe sous-terrain avant de rentrer. Impossible de trouver le sommeil. Je reste spectateur d'une vie que j'ai manquée. Mes mains jouent avec la texture du drap à la recherche de rêves qui se font attendre.

Ces mêmes mains qui te caressaient pour te dire « pardonne-moi », « ne m'en veux pas ». Ces caresses qui annonçaient une nuit de plaisir en rentrant du restaurant. Ces doigts contre ma joue, que je serrais comme s'ils allaient s'envoler, embrassés comme au premier jour. Ces doigts qui m'ont presque éborgné lors de notre dernière dispute. Ces doigts qui ont essuyé mes larmes le jour où tu es partie. Ces mains que je sens encore avant de sombrer dans une nuit de regrets.

Une main dans une main

Myriam Santos / artiste

J'ai pour habitude depuis l'enfance de faire glisser entre mes doigts des mèches de cheveux, de les faire tourner autour de mes phalanges jusque dans le creux des doigts par des gestes rapides, mesurés et intenses.

Passer les mèches de cheveux soigneusement travaillées, adoucies, pour que tous les cheveux soient bien en place dans la mèche torsadée afin que celle-ci, en passant d'une jointure de doigt à l'autre, glisse parfaitement et me permette d'aller vite. La mèche se faufile comme un serpent, à l'écrire je la sens entre mes doigts, cette caresse me rend ivre.

Elle est plus suave qu'une soie satinée, la peau entre les doigts retient cette extrême douceur (semblable à celle qui se trouve à l'arrière des oreilles des chats) et la transmet le long de mon bras. Même si je sens les tendons surexploités, le plaisir généré permet de dépasser la douleur et la traite instantanément.

Quand je caresse les mèches de mes cheveux, je réfléchis avec intensité. Cela stimule mon esprit et m'emmène dans un état de pensée profonde. Mon absolu se trouve à la jointure de mes doigts. J'ai surtout la sensation d'une aide puissante à la concentration dans une situation à enjeu, d'un doux accompagnement à la patience lors d'écoutes de longues durées. Cela me canalise. Dans la fatigue ce geste est un repos. Je me demande, neurologiquement, chimiquement, ce qui est activé, stimulé.

Mes professeurs ont toujours eu horreur de me voir faire ce geste, mes petits copains à la demande trop exigeante d'attention aussi.

Le voyaient-ils comme une échappatoire ?

J'ai travaillé longtemps comme sculptrice pour l'opéra et la mode. Je me souviens ressentir par instants une certaine perplexité à regarder mes mains tantôt argileuses, collantes, enrobées de copeaux ou de poussière de matériaux divers, autrement dit : irrémédiablement prises.

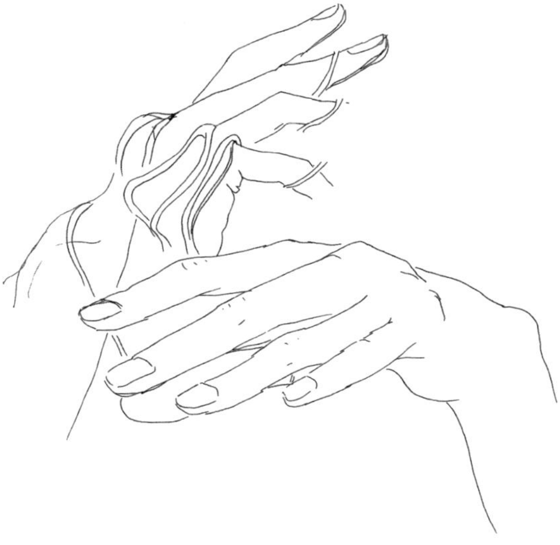

Dessin au stylo sur papier, 2023, Myriam Santos

Je me souviens, enfant, des visites chez le garagiste avec ma mère, et de voir leurs mains couvertes de cambouis, je me disais qu'à cause de cela, bien qu'aimant explorer la mécanique des choses, je ne pourrais jamais devenir garagiste.

Lorsque je suis passée à la photographie dans ma pratique artistique, j'ai trouvé ce plaisir délicat de la tendresse des papiers que je déroulais sur la grande table de l'atelier. Mes mains retrouvaient une douceur.

La photographie a été pour moi, avant tout, un rapport modifié de mes mains à la matière: celle de l'image sur papier. La pulpe et les tranches latérales des doigts racontent le matériau, la paume, elle, sent la taille de la feuille, son poids dans l'espace. Le tout appréhende le volume total, sujet à la masse de l'air et à la gravité, venant se déployer à l'horizontale ou à la verticale.

La main lit ce que l'on n'entend pas, elle dit des choses que l'on ne s'exprime pas. Je peux choisir de la laisser me guider, me diriger, ou de travailler avec elle.

Premières traductrices, mes mains emmènent et fixent ma pensée. Du bout de mes doigts s'acte le commencement du travail qui aboutira sur des textes, des films ou des dessins.

Elles sont l'empreinte d'un corps qui se résout tout entier dans un geste. Elles sont un alphabet. Elles sont une présence absente. Elles sont une connaissance active de la réalité, et le point de départ de l'humanité.

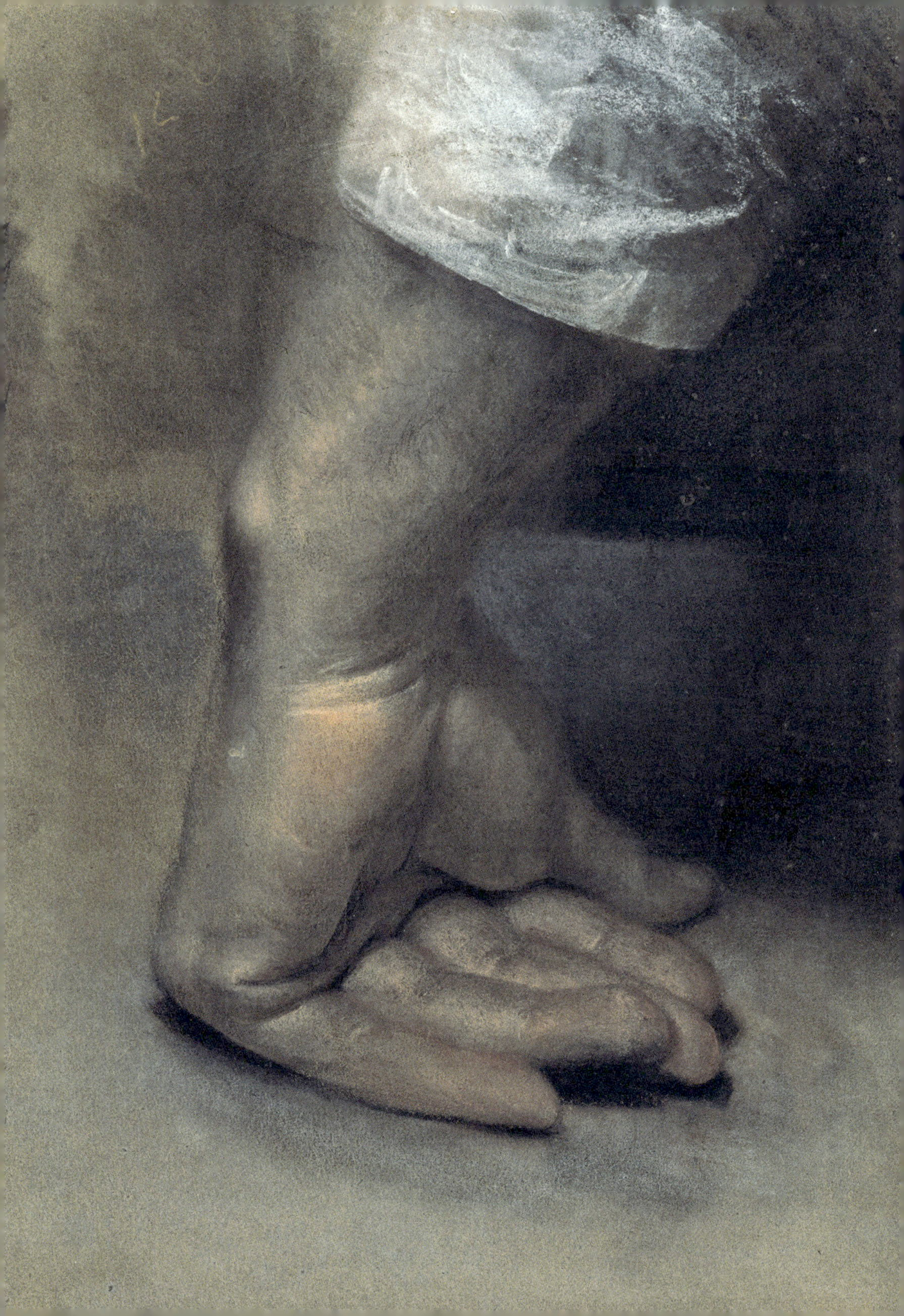

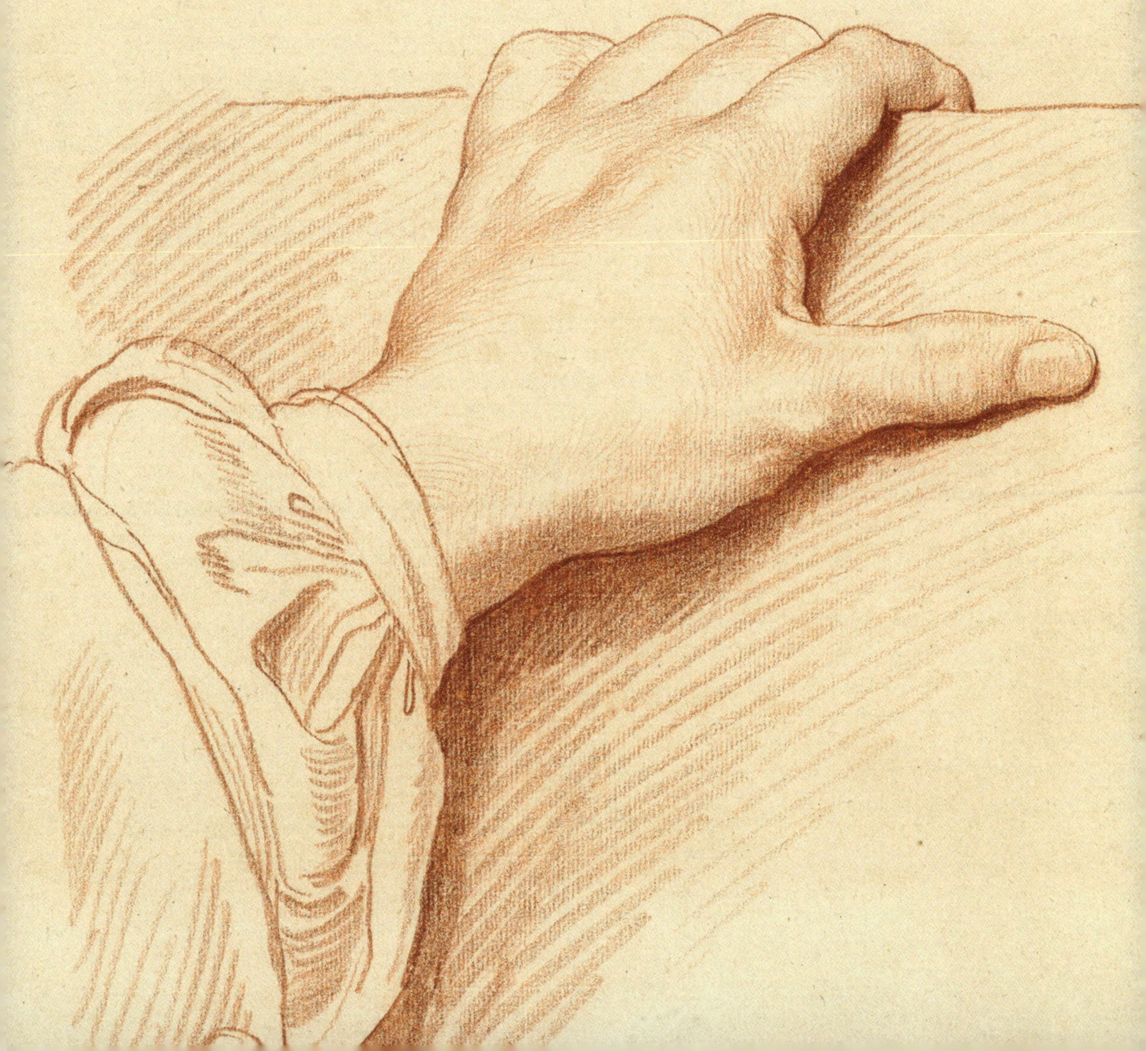

LES MAINS QUI PANSENT

Jérôme Lachot / praticien en biokinergie[1]

Ma main d'enfant reposait dans celle du vieillard assis en face de moi, tandis qu'il murmurait des formules incompréhensibles. Le pouce de son autre main effleurait à peine, dans une forme de rituel mécanique, la paume qui avait servi de nid à l'oiseau imaginaire et facétieux qui y avait déposé ses œufs. J'avais depuis des mois le creux d'une main couvert de verrues, que mon arrière-grand-père maternel était bien décidé à *faire passer.* Celui qui avait les mains nouées par une vie déjà longue, consacrée pour partie à la taille de la pierre du Morvan dont on faisait les tombes et les monuments dressés à la mémoire des « morts pour la France », était aussi guérisseur. Soigner les maux des hommes et du bétail par l'imposition des mains était une vocation ou un héritage dont j'ignore encore l'origine. Je sais seulement qu'un petit carnet contient les *prières de guérison* qui accompagnaient les passes, et que celui-ci se trouve toujours dans la famille, transmis de génération en génération. Mais je ne l'ai jamais eu en main.

Ces gestes, je les ai vus répétés plus tard par mon grand-père ou par ma mère chaque fois que l'un de nous tombait ou se brûlait, sur nos ecchymoses ou nos « bosses » naissantes, toujours accompagnés des formules idoines puisées dans les pages du fameux carnet. Mais si les prières inaudibles revêtaient bien un caractère magique, c'étaient les *passes* qui me fascinaient le plus. Et si le résultat attendu était là, c'était bien à elles que je l'attribuais. Avec le recul, je suppose d'ailleurs que les prières et le mystère qu'elles recelaient contribuaient grandement à l'effet placebo de ces pratiques, la conviction du praticien et la *foi* du *consultant* dans sa guérison venant renforcer dans une mise en scène cohérente tout le véritable potentiel *thérapeutique* de la *technique.* Mais ce ne sont là que les hypothèses d'un athée… N'empêche ! Mes verrues n'avaient-elles pas disparu en quelques jours? La bosse sur le front de mon frère n'avait-elle pas régressé en quelques heures? La maladie qui semblait condamner les vaches, et devant laquelle le vétérinaire était jadis impuissant

1. La biokinergie est une thérapie manuelle qui intègre au sein d'une même discipline les concepts de l'ostéopathie, de la médecine chinoise et des techniques de fascias. À ce jour et selon ses critères, l'Ordre des masseurs-kinésithérapeutes ne la reconnaît pas comme un procédé thérapeutique conforme aux données actuelles de la science.

n'avait-elle pas été miraculeusement guérie, elle aussi, par les incantations et manipulations de cet arrière-grand-père que l'on disait *sorcier*?

Il subsistait donc encore, dans la campagne nivernaise des années 1970-1980, des pratiques ancestrales dont l'enfant que j'étais fut le témoin, et qui tendraient, sans doute comme ailleurs, à disparaître avec leurs derniers pratiquants, faute d'une transmission suffisante. La médecine moderne, chimique et de plus en plus scientifique dans son approche et son discours, contribuerait sans doute à reléguer au rang de folklore obsolète et incongru un art de soigner qui avait pourtant rendu bien des services, et la fréquence des représentations de mains *agissantes* dans l'iconographie sacrée à travers les siècles témoigne de l'importance de ces pratiques dans les différentes cultures et traditions à travers le monde. L'engouement actuel pour les thérapies dites (à tort!) *alternatives*, souvent qualifiées d'*énergétiques*, témoigne sans conteste d'une demande ou d'un besoin de revenir à une approche plus humaniste, dans laquelle la *magie* du contact manuel occupe souvent une place prépondérante.

Parce que c'est bien la main qui panse! La main comme un prolongement de l'âme humaine. Capable, à l'extrême de tuer ou de sauver selon la nature de celle-ci. Capable, pour le moins, de consoler, de soulager, de recevoir, de donner... Capable de nourrir aussi. Comme celles de mon grand-père maternel, fils de *sorcier*, mais aussi boulanger, qui passa sa vie à pétrir et façonner le pain. Mes yeux d'enfants voyaient dans son fournil s'opérer une autre forme de magie, à laquelle je participerais bientôt à chaque période de vacances scolaires. Pour *mettre la main à la pâte* et jouir ainsi du plaisir immense de plonger ses doigts dans la farine ou de modeler à la demande ce qui ressortirait du four sous la forme de viennoiseries ou de tartes. Le souvenir des mains immenses de mon grand-père, recouvertes d'une fine pellicule de farine ou les doigts maculés du jaune profond de sa pâte à brioches, n'aura de cesse de me rappeler la noblesse de l'artisanat en tant que travail manuel au service d'autrui. Un souvenir auquel feront écho quelques années plus tard mes premiers travaux pratiques au sein de l'institut de formation en masso-kinésithérapie, quand mes propres mains blanchies de talc pétriront cette fois le corps de mes congénères. Des mains comme un prolongement de l'âme, ai-je dit..., aussi comme une ligne de vie. Une main m'a accueilli au sortir du ventre maternel, une autre fermera mes paupières après mon dernier souffle. Si les appréciations dans mes bulletins scolaires faisaient état avec récurrence d'une forme de timidité maladive, ce seraient donc mes mains qui m'offriraient l'occasion d'entrer en communication avec autrui. Pas comme le font les malentendants dans un magnifique ballet aérien à la chorégraphie hermétique pour le non-initié, mais par le contact direct avec le corps de l'autre. La main comme un média, à la fois émetteur et récepteur d'une multitude d'informations. La main comme stade ultime du développement de l'espèce humaine dans sa complexité fonctionnelle et sa richesse sensorielle, peut-être davantage encore que le cortex cérébral.

Je prodigue donc des soins depuis bientôt trente ans, sans autre outil que mes deux mains. Par goût, par choix, par principe, par loyauté envers mes aïeux ou envers mes motivations initiales…? Peu importe. Je n'ai jamais ressenti ni l'envie ni le besoin de recourir à un quelconque appareil pour améliorer ma pratique, mais j'ai trouvé dans les formations complémentaires qui s'offraient à moi le moyen de *nourrir* ces mains en quête de *savoir*. La thérapie manuelle affinera dans un premier temps mon abord de la biomécanique et me donnera quelques outils pour corriger les désordres perçus dans la structure physique de mes patients. Apprendre à percevoir et corriger une perte de mobilité dans les tissus était déjà une étape intéressante, et elle me rapprochait un peu du savoir-faire des *rebouteux*, les connaissances anatomiques en plus. Vint ensuite, à travers la biokinergie, l'appréhension de la médecine énergétique chinoise et du monde des fascias. Michel Lidoreau, kinésithérapeute-ostéopathe à l'origine de la méthode, découvrit au cours de sa pratique que certaines zones cutanées réagissaient sous les doigts d'une manière particulière. Son enseignement s'attache donc à développer chez les praticiens ce mode de perception. Une main ainsi éduquée est capable de repérer notamment les points d'acupuncture, de sentir ceux qui présentent une forme de dysfonction, et de rétablir la circulation de l'énergie en fonction des lois et des concepts décrits en médecine chinoise. La découverte d'une telle finesse de perception fut pour moi une révélation. Je pouvais percevoir du bout des doigts là où le corps de l'autre avait besoin d'aide pour retrouver un certain état d'équilibre, et, sans autre outil que la main, restaurer des fonctions défaillantes dans la mesure où l'organisme du patient en avait encore les capacités. Combinée au travail tout aussi subtil des fascias, la technique donne des résultats étonnants sans tomber dans l'ésotérisme. Au-delà des douleurs de l'appareil locomoteur qui relèvent directement du champ de compétences de la profession de kinésithérapeute, mes nombreuses expériences d'eczéma, de verrues, de zonas, d'infertilité et autres problématiques qui ont été résolues suite à des séances de biokinergie témoignent à eux seuls de l'immense potentiel de l'approche manuelle du système énergétique humain. La main serait-elle donc en mesure d'acquérir une forme d'intelligence intrinsèque qui l'émanciperait de tout raisonnement préalable? Plutôt que de réfléchir en amont à un protocole adapté à la problématique du patient dont la main se ferait le *média* réparateur – ce que fait l'acupuncteur à travers la prise des pouls chinois et d'autres investigations diagnostiques pour établir la liste des points à piquer –, celle-ci suit une filière dont la logique n'est dictée que par le ressenti du praticien. À la différence, donc, de mon arrière-grand-père, qui semblait appliquer tel ou tel protocole selon le problème auquel il faisait face (coup, brûlure, verrue, etc.) – ce que font probablement nombre de magnétiseurs –, mes mains suivent pour chaque patient un cheminement différent à travers les courants énergétiques et les déviations tissulaires qui les y invitent, les éloignant ainsi le plus souvent de la localisation du symptôme. Le non-initié ou l'esprit cartésien sera sceptique face à de telles affirmations, et le doute est légitime. J'objecterai simplement que le toucher est un sens comme un autre, et que s'il est admis que certains ont le goût, l'odorat, la vue ou l'ouïe particulièrement développés – parfois au-delà de la norme –, il en va de même pour ce sens-là. Comme pour les autres sens, un travail nourri par la multiplication des expériences (la dégustation pour un sommelier ou un œnologue qui voudra affiner son nez et son palais, par exemple) ne pourra que venir renforcer le potentiel naturellement présent. Peut-être ce potentiel est-il dû à la présence de connexions neuronales ou de récepteurs sensoriels en plus grand nombre, à une différence de nature de ces récepteurs, à un seuil de perception différent...? Je ne connais pas la réponse à ces questions, et mon pragmatisme l'emporte sur ma curiosité. Je fais au fil des années de plus en plus confiance à l'intelligence intuitive de mes mains, et je les sais, avec le temps, moins faillibles que ma mémoire ou que mes capacités de raisonnement.

La réflexion peut néanmoins venir *a posteriori* tenter de donner une explication logique au travail effectué, les connaissances théoriques acquises en amont lui servant alors de support. Michel Lidoreau a ainsi constaté, en précisant les concepts de sa technique, que les points cutanés chinois « traités » par le biokinergiste au cours d'une séance entraient dans la logique de raisonnement qu'aurait pu avoir un acupuncteur, dont le protocole de puncture est guidé par un diagnostic énergétique préalable. Comme si le savoir de la main, uniquement guidée par les informations reçues du corps du patient, était capable, dans une forme de démarche artistique, de s'affranchir de toute intellectualisation antérieure ou concomitante. Comme si l'intention altruiste et généreuse qui accompagnait l'humilité du geste se suffisait à elle seule, éludant au passage le recours aux prières et autres incantations usitées en d'autres temps et dans d'autres coutumes. Si l'on accepte de s'abandonner à l'autre, la main se comporte comme si elle était invitée à se poser dans telle ou telle zone corporelle, sur tel ou tel méridien, pour initier ou accompagner le potentiel de réparation physiologique présent dans tout organisme vivant. On pourra même constater que la main perçoit, avant même d'entrer en contact avec le corps, des informations sensorielles différentes (du chaud, du froid, une forme de densité ou de résistance, des fourmillements, une attraction ou une répulsion, etc.), témoins de phénomènes énergétiques ou électromagnétiques que je laisse le soin à chacun d'interpréter. Car si la peau est un parchemin sur lequel la vie s'écrit en braille, et dont seule une main experte peut espérer en déchiffrer les caractères, le cerveau pourra toujours tenter d'en comprendre la grammaire pour remonter le fil de l'histoire, la science, le savoir, les connaissances et les croyances sont par nature des facteurs limitants.

D'autres expériences extraprofessionnelles viendront enrichir mon rapport à la main, et démontrer par la même occasion que l'exécution de tâches inhabituelles nécessite bien de recourir à des fonctions cérébrales de réflexion, de raisonnement, d'anticipation et de coordination motrice extrêmement corticquées. Que ce soit pour la fabrication d'une guitare acoustique dans l'atelier du luthier Dominique Bouges ou pour l'initiation à la sculpture auprès d'Éric Delaclos avec la réalisation d'un poing fermé (encore une histoire de main !), l'expertise des hommes de l'art et leur savoir-faire ont été des guides indispensables pour mener à bien les deux travaux. L'utilisation par ailleurs d'outils adaptés à chaque étape du processus de fabrication a nécessité d'appréhender au préalable chacun d'entre eux, ainsi que la précieuse matière (différentes essences de bois pour la guitare, le calcaire pour la sculpture) qui pouvait potentiellement se trouver altérée de façon irréversible sous le coup d'un mauvais geste. Une patience et une application dignes d'un chirurgien ont alors été les prérequis indispensables au novice que j'étais !

Une autre main de pierre accueille sur le bureau de ma salle de soins chaque patient qui vient y déposer sa plainte, ses souffrances, ses confidences et ses non-dits. Ouverte vers le haut, c'est la main qui donne et qui reçoit, la main tendue vers qui voudra bien la prendre. Si son réalisme anatomique renforce son potentiel symbolique, ce sont bien l'humilité et la générosité qui s'y confondent au plus profond des écorchures taillées dans la paume par le ciseau, comme les stigmates des origines communes de l'Homme avec tout le vivant... autour d'une ligne de cœur et d'une ligne de vie. L'artiste a pris soin de n'y point sculpter la moindre verrue.

Faire les chevaux à sa main

Catherine Rieb-Menard / cavalière

Qu'est-ce qu'une bonne main ? Avoir bonne main ! Voilà ce qui revient très souvent chez les débutants comme les cavaliers confirmés ! Toute petite déjà, je savais que j'utiliserais mes mains pour accomplir mon rêve, mener un cheval de course ! Elles ont été aussi mises à contribution au début de ma vie professionnelle lorsque j'ai été hôtesse de l'air. La présentation et le soin des mains faisaient partie de la formation initiale. Les hôtesses représentaient la vitrine de la compagnie et les mains se devaient d'être belles, accueillantes, rassurantes et directives à la fois.

À douze ans, sans selle, sur le grand poney de mon beau-frère, mes mains agrippées dans la crinière, je galopais à travers les champs.

À vingt et un ans, je montais mon premier cheval réformé, leader aux poulains, dans une écurie de course à Chantilly ! Il n'était pas le plus facile, connaissant tous les trucs et astuces pour « trimbaler » les inexpérimentés dont je faisais partie !

Ma main n'avait de cesse de se pendre de tout mon poids sur les rênes pour aller moins vite, espérant avoir les commandes, mais rien n'y faisait. J'épuisais mon corps et je tétanisais mes mains sur les rênes comme si je tirais de toutes mes forces sur un tronc d'arbre et ça pendant une longue période ! Le cheval trouvait ça amusant et en même temps mes mains transmettaient les mauvaises informations. Pour lui, ça voulait dire « accélère » !

Au bout de plusieurs mois j'ai commencé à poser mes mains sur le cheval pour garder juste une légère pression de rênes, sur mes doigts, pouvant les bouger de gauche à droite, jouer avec sa bouche, tirer sur les rênes, mais toujours en rendant la main pour qu'il se pose gentiment dessus.

À travers cette belle rencontre, le bon entourage, du travail, beaucoup de travail, j'ai décroché le Graal, jockey amateur, nommé, dans le jargon des courses, *gentlemen-riders* et cavalières.

Nombreuses étaient les heures d'apprentissage au côté de Fred, cavalier d'entraînement désigné par l'entraîneur et doté d'une extrême patience. Il avait des mains en or, il montait les pires comme les meilleurs, ses mains transmettaient toujours les bons ordres et savaient s'adapter sans exception à tous les chevaux, il était un cavalier hors norme ! L'utilisation de ses mains à cheval était sa base de transmission, tant d'informations passent par là, par la caresse qu'on donne au cheval pour le féliciter, le rassurer ou se rassurer soi-même.

L'envie d'apprendre et d'enrichir ma pratique m'a motivée à passer mon « permis d'entraîner les chevaux ». J'ai pu les « faire à ma main », comme on dit dans le métier.

Lorsqu'on entraîne des chevaux de sport en dehors de l'écurie de course et du groupe de cavaliers, notre attention est extrême et quasi permanente. La main prend son rôle d'informateur, de médiateur rapidement au sérieux, quelquefois avec maladresse, peur, mais toujours avec détermination !

En résumé, on pourrait la comparer à un *hub*, elle concentre les données pour les transmettre, c'est une plateforme, comme dans un aéroport, réunissant des lignes en correspondance !

Les mains sont en contact avec la bouche du cheval à travers des rênes ajustées, c'est notre ligne téléphonique ! Un contact franc et léger, « une main de fer dans un gant de velours ».

Une main précise, douce à travers la tenue des rênes et des petites tapes de félicitation, qui amène la confiance du cheval. Une main sans à-coups qui sait se faire oublier dans un parcours pour économiser l'énergie et qui se déplace avec une tension égale, régulière pour accompagner le mouvement de l'encolure. Évidemment pour arriver à cela, il faut travailler l'équilibre pour éviter de basculer en arrière et se tenir aux rênes… Pour acquérir cette notion d'équilibre plus rapidement, on peut se servir d'un simulateur et s'entraîner, pour le coup… sans les mains !

En bref, le cheval ne doit jamais redouter l'action des mains sinon il ne se livre pas complètement, il cherchera à échapper aux mains par des coups de tête de haut en bas, en s'appuyant sur le mors ou tout simplement « en prenant la main du cavalier » en durcissant sa bouche et ne répondant plus à l'action des rênes, imaginez plus de 400 kg contre 54 kg…

À travers le toucher, mes mains détectent également les tensions musculaires, tendineuses, perçoivent l'état de forme du jour.

Comme dit, elles rassurent et récompensent par des caresses, mais aussi donnent des ordres et me sauvent la vie quelques fois en quittant une trajectoire dans une course où ça allait mal se terminer ! Elles prennent des initiatives et suivent simultanément mon intuition !

Aujourd'hui, j'ai pu faire de ma passion mon métier. À travers un simulateur de cheval de course, je peux à mon tour transmettre et donner des mots-clés aux élèves de l'École des courses hippiques de Chantilly, sur l'importance de l'utilisation des mains. La machine ne remplacera jamais l'animal, mais le jeune peut apprendre à travailler sur des mains souples et mécaniser le déplacement de celles-ci sur les rênes, sans la crainte d'énerver le cheval.

Avec les années, mes mains se sont usées par les exigences physiques de la discipline (chutes, charges très lourdes à porter, paillage des boxes et chevaux dont il faut temporiser l'allant), mais elles ont atteint une sorte de sagesse et de bienveillance. Elles continuent à communiquer, s'adapter à tous les caractères et guider les jeunes et moins jeunes chevaux dans leur apprentissage et entraînement. Peut-être aussi que les chevaux que je monte uniquement à l'entraînement maintenant, sentent ces mains qui ont vécu, plus matures et humbles et qui disent encore quelques fois : « Je n'y suis pas arrivée ! »

Aujourd'hui, plus du tout en quête de compétitions, mais simplement de plaisir à mener mon petit galop sur la main, n'est-ce pas pour moi le début d'une bonne main ?

Savoir, faire

D. C.

Tout apprentissage nécessite une base théorique conséquente qui oblige nos cerveaux à accumuler des connaissances. L'apprentissage manuel ne déroge pas à la règle. Même si le novice est impatient de prendre les outils en mains et plonger dans la matière, il devra d'abord éreinter ses méninges avant d'abîmer ses mains. Toutefois, une question se pose : apprend-on mieux en observant qu'en faisant soi-même ? Malgré les manuels ou autres encyclopédies savantes, peut-on acquérir un geste dans une forme d'abstraction pure ? Dans cet exercice fastidieux de la formation théorique, la main semble tristement hors-jeu car elle n'a pas saisi, ressenti, agi. Surtout, le geste juste ne vient-il pas après de nombreuses années de pratiques et d'innombrables échecs ?
Comme un leitmotiv dans la plume de plusieurs auteurs de ce livre, la répétition apparaît comme la source de savoir et donc de faire. En chirurgie, ceci passe par une étape ancestrale, certes peu ragoûtante et que l'on voudrait remplacer par des stimulateurs en tout genre : la dissection sur cadavres. Dès la deuxième année de médecine, les étudiants sont confrontés à cette épreuve singulière et inoubliable... La première vue de la salle est marquante ; plusieurs corps inanimés

alignés sur des tables métalliques. Aucun n'a l'air vivant mais on peut facilement savoir quelle est leur ancienneté dans cette reconversion post-mortem, d'abord à leur flétrissement, mais aussi au nombre de cicatrices que d'autres ont déjà laissées. Car c'est bien à leurs côtés qu'il faudra apprendre et répéter, que les mains vont accumuler du savoir. Pendant ces séances macabres, les mains du carabin ressentiront la consistance d'un foie ou d'un cœur - sans toutefois en percevoir la chaleur et la pulsatilité du vivant. Ses doigts décolleront un rein, crochèteront un tendon ou écarteront un muscle. Les chirurgiens en herbe assouviront ainsi leur passion naissante pour la dissection du corps humain, acte presque érotico-morbide qui vise à entrer dans le corps d'autrui. Plus tard, en chirurgiens aguerris, ils sauront pénétrer ces mêmes corps - animés - pour les détourner de la mort. Tous, artisans et artistes, connaissent ce parcours de labeur, même si les supports et les enjeux diffèrent. Tous ont eu leurs gammes à apprendre, des gestes à répéter des milliers de fois pour parfaire leur technique et faire de leurs mains in fine leur véritable expertise.

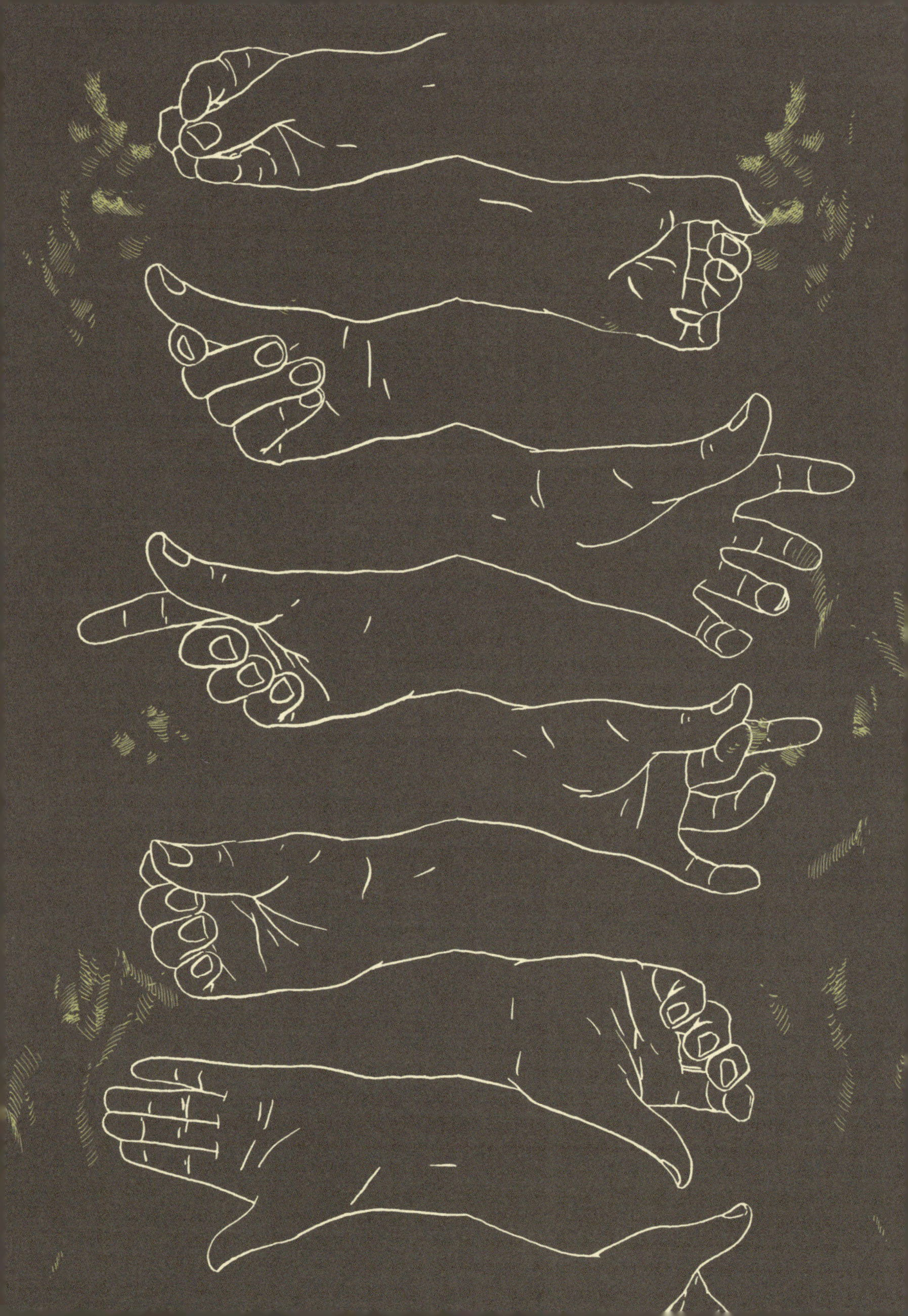

LE BEAU GESTE

Thierry Marx / chef cuisinier

Dans ma famille, tout partait de la main. Mon père était ouvrier spécialisé dans le bâtiment et mon grand-père maréchal-ferrant, je me souviens encore de la texture de ses mains. Il pouvait saisir une braise à même la forge sans se brûler, ses mains me semblaient invincibles. Comme il faisait de la boxe, il m'emmenait couper du bois dans la forêt, à l'image des entraînements de l'époque, à la Marcel Cerdan. Je revois encore ses mains manier la scie ou cogner une bûche à la hache avec un coin, des mains puissantes et en totale maîtrise.

Toucher, palper, tirer, pousser… Le rapport à la main vous instruit presque involontairement et forge petit à petit votre savoir-faire. La mémoire passe nécessairement par les yeux qui observent, mais de façon encore plus forte par le geste et la main. Je crois au faire pour apprendre, qui passe par la main. « Fais, construis, puis, avec tes manques, va chercher les connaissances théoriques dans les livres. » À 13 ans, j'ai quitté un parcours scolaire moyen, pour mettre un pied dans le judo, sport où l'observation est cruciale. Son apprentissage, comme celui de la cuisine et tant d'autres d'ailleurs, passe par le concept des trois M : mimétisme, mémoire, maîtrise. Et j'ajouterais même un quatrième M : la main ! J'avais un vieux professeur de judo au Japon, dont la vue avait baissé avec l'âge, qui me disait : « Je vois beaucoup moins bien que toi, mais je te vois avec mes doigts. »

La cuisine n'est pas l'art de la recette, mais celle des gestes. Qu'elle soit occidentale ou asiatique, elle commence par l'observation de la nature et des produits qu'elle nous donne. Au départ, il y a donc une compréhension tactile des aliments. À la manière du boulanger, qui a son toucher de pâte, le cuisinier mesure la cuisson d'un soufflé à l'index en appréciant le rebond de l'appareil. Il palpe une viande ou un poisson pour trouver le bon sens de coupe. Ce rapport à la main en cuisine est crucial. Un chef japonais m'a transmis sa vision du métier : la cuisine c'est le geste, le feu, le temps. Le geste, car une coupe juste apporte le goût juste ; le feu, avec la maîtrise des cuissons ; le temps passé pour faire un plat, mais aussi celui de la saisonnalité.

Le premier des gestes est la tenue du couteau: la main ne doit pas se crisper, les doigts se dissocient en ne serrant pas le manche de la même façon, afin d'obtenir la coupe parfaite. Un légume mal coupé est indigeste, un fruit mal coupé s'oxyde plus vite, un poisson mal coupé devient ferme. Ce sens et cet art de la coupe étaient déjà décrits en France au XIXe siècle dans un ouvrage qui s'appelle *L'écuyer tranchant*. Le geste passe aussi par la verticalité corporelle. Notre société renonce petit à petit à cette verticalité, qui permet d'ailleurs d'appuyer nos actes sur la respiration. Il ne peut y avoir de bon geste sans respiration. La mécanique du corps doit être respectée. Je le dis régulièrement à mes apprentis: redressez-vous ! Pourquoi donc notre société se courbe et renonce? MacArthur disait qu'en se penchant on regarde la terre qui va nous ensevelir... J'aime à lutter contre ce renoncement et à mettre en valeur le goût de l'effort, qui redonne du sens à nos mains.

Je considère qu'un grand chef ne doit pas quitter ce rapport au geste, ce serait une perte de sens de l'artisanat. Je me souviens d'un de mes maîtres, Claude Deligne, chef triplement étoilé, qui ciselait une échalote avec une perfection absolue. Cette précision du geste, qu'on qualifierait de « classique » aujourd'hui, effectuée avec un couteau parfaitement affûté avait un sens, car on sait à présent, aidé de la science, que la taille d'une échalote détermine son comportement dans la poêle: trop fine elle s'évapore, trop épaisse elle n'est pas digeste. Au Japon, il n'y a pas de frontière entre artisan et artiste. Le mouvement répété précède naturellement la création. En France et dans le monde occidental, cette frontière existe et c'est dommageable.

La beauté du geste tient dans son utilité. En cuisine, la précision d'un geste donne de l'esthétique à ce dernier et un geste parasite perd son sens, car il n'en avait pas au départ. Quand je vois une rouelle d'oignon parfaite en épaisseur et en régularité, ou un filet de poisson savamment taillé et dénervé, je sais que la gestuelle a été efficace. Le beau geste est propre, net, précis, épuré, sans forfanterie.

Mais la main peut être davantage encore: une poignée de main peut être belle et annonciatrice d'un bel échange. Pour moi, qui ai grandi dans une cité et suis passé par l'armée et les compagnons du devoir, la main a un rôle de reconnaissance fort. Dans les quartiers, ce ne sont pas des poignées de mains, mais plutôt la main sur le cœur, l'accolade. Dans l'armée, c'est le salut. Dans la compagnie des devoirs, il y avait un « code de la main », qui est aussi présent dans la franc-maçonnerie. La main véhicule une confiance entre les hommes et symbolise une appartenance.

La main de monsieur Tout-le-monde pense, sans aucune gêne

Bébel / magicien

Si nous nous amusions à regarder discrètement la vie des mains de monsieur Tout-le-monde, nous y décèlerions certains indices. Nul besoin d'être voyant. La main est l'ombre de l'esprit. La pensée se fait mouvement. Les mains ont la liberté que les mots n'ont pas. Elles resteront muettes pour ceux qui ne savent pas voir.

Il y a des mains qui ont de la tenue, d'autres qui aiment toucher, puis il y a celles qui ne savent plus où se mettre. Les mains sont directement reliées au cerveau, elles sont douées d'une certaine intelligence.

Lorsque l'on débute en magie, on a tendance à avoir les mains trop près du corps, on se protège, mais la communication avec le public est moins bonne. Il suffit d'avancer les mains pour que les gestes prennent de l'ampleur, et la communication fait de même ainsi que la confiance en soi. Il suffit donc de changer la façon dont on utilise ses mains pour changer son état intérieur.

Les cartes ne peuvent se mettre en mouvement sans les mains (sauf exception magique). Les mains mues par des intentions acquièrent une certaine cadence en se servant de l'ampleur, de la tonicité, de la rapidité, ou de la lenteur, etc., elles sont au service de ce que les cartes demandent.

Les mains, dans ma discipline, ont au moins deux rôles à jouer : celui de cacher et celui de montrer (ou de laisser voir l'effet magique). Pour cela, le magicien a plusieurs outils : le mouvement et son analyse, l'attitude de la main face à la technique, les intentions qui masquent les contraintes techniques, les feintes comme interprétation du mouvement et l'esthétique du geste qui sert de justification et de *misdirection*.

L'attitude particulière que prend la main pour exécuter la technique est perçue comme une manifestation expressive en rapport avec la situation réelle ou fictive qui découle de l'effet produit. Cette manifestation expressive est perçue par le public comme un atout esthétique, alors qu'en réalité elle sert à masquer la technique. C'est ce que l'on appelle tout simplement le « *touch* ».

La restitution de la technique par les mains est teintée de nos humeurs, de notre tempérament. Cela devient notre marqueur kinesthésique.

C'est après un long travail de réflexion, d'analyse et de répétitions, c'est lorsqu'il n'y a plus aucun effort, aucune tension, que le mouvement devient agréable à faire, que les cartes et les mains finissent par s'apprivoiser et entrer en osmose.

Il me semble plus facile et plus rapide d'acquérir une nouvelle technique si on s'imagine déjà savoir la faire parfaitement.

C'est d'abord l'esprit qui manipule. La main se fait directement l'écho de la représentation qu'on se fait de la technique. Plus on a une idée claire de la technique, plus la technique est facile.

Il semble qu'il y ait une histoire secrète entre les mains et les objets qu'elles rencontrent.

Par exemple, je n'ai pas beaucoup d'atomes crochus avec les pièces de monnaie. Que s'est-il passé quand la pièce et la main se sont rencontrées pour la première fois ? Je l'ignore, mes yeux n'étaient pas là pour le dire.

Peut-être est-ce le métal, que je trouve froid, dur et sans vie ? Le simple plaisir de manipuler les cartes stimule ma créativité.

Bien sûr, tout ne se réduit pas aux mains mais, quel que soit le domaine auquel on s'intéresse, les mains y prennent souvent une grande part. Je crois qu'il en est de même pour la rencontre d'un musicien avec son instrument. Après tout, peut-être que ce sont nos mains qui décident à notre insu.

Le rapport que nous avons avec l'objet qui nous passe par la main peut conditionner toute notre vie.

Les mains ont aussi de la mémoire. Lorsque, dans le fin fond de mon esprit, j'entrevois la possibilité d'un tour formidable que j'aimerais concrétiser, et alors que ma pensée n'arrive qu'à saisir des souvenirs fugaces, je fais confiance à mes mains. Il suffit que je mette les cartes dans mes mains et que je les laisse chercher pour que, la plupart du temps, je retrouve l'intégralité du tour. Quand ce n'est pas le cas, il suffit de faire appel à la logique, et parfois ce « coup de pouce » est suffisant pour que les mains retrouvent leur chemin.

Une bonne mémoire kinesthésique est d'une grande aide pour l'improvisation. Ce sont les mains qui prennent les commandes. La pensée laisse la place à l'intention pour laisser les mains agir sans rupture de cadence. Les gestes, les mouvements et la technique s'associent pour devenir l'expression directe de l'effet magique. Il suffit de penser au résultat… et les mains font le reste.

Faire confiance à ses mains, c'est se donner la possibilité de se surprendre. En public, dans le débit des tours, des mots et des interactions, on n'a pas le temps de l'analyse et de la réflexion. On n'a que celui du ressenti et de l'anticipation, et les mains, à ce moment-là, peuvent avoir le sens de l'à-propos.

Il est nécessaire, pour cela, de faire comme si on avait tout oublié, pour que les sentiments, les impressions, les sensations, au lieu d'être exprimés par des mots, soient racontés par les gestes que font les mains. Tout oublier, comme si les cartes avaient pris le contrôle de nos mains. En inculquant leurs mouvements aux cartes, les mains leur ajoutent un supplément d'âme, elles leur prêtent vie.

Ayant contracté la polio très jeune, qui a touché mes mains, je me suis posé la question: comment apprendre mieux et plus vite? Je me suis rendu compte que, dans la grande variété de techniques cartomagiques, il existe des catégories de mouvements. Par exemple les mouvements liés à:

La glisse: les étalements, la distribution, les éventails, les comptages, etc.

Les coupes: couper le jeu, fioritures avec des paquets, les mélanges par coupes multiples, les jets de paquet, etc.

Les effeuillages: mélanger à l'américaine, lâcher les cartes une à une à l'aide d'un ou plusieurs doigts, lâcher le jeu en cascade, etc.

Le ressort naturel des cartes: l'accordéon, les cartes éjectées d'une main à l'autre, les cartes propulsées de différentes parties du jeu, les claquements ou craquements, etc.

Les cartes pincées: pincées ou clippées avec un ou plusieurs doigts, les transferts, les couvertures, les alignements.

Cela m'a permis de mieux comprendre les manipulations qui résistent. Après réflexion, je fais un découpage de la technique qui pose problème et j'étudie chacune de ses parties que j'apprends en plusieurs phases. D'abord avec une main, puis l'autre. Je me concentre sur la sensation, en variant la vitesse, en élargissant ou réduisant les gestes. Au bout d'un certain temps, les mains finissent par comprendre, elles s'éduquent. À ce moment-là, je travaille la technique dans son entier. J'ai remarqué qu'il y a des jours où l'apprentissage se fait plus facilement. Je sais d'expérience qu'il ne faut pas lâcher ces moments. Je coupe le téléphone et je m'arrange pour ne pas être dérangé afin de travailler la technique. Je sais que j'y gagne un temps précieux.

Le corps et les mains travaillent de concert. Quand la technique est totalement maîtrisée, elle devient plus que de la technique, elle se trouve au bout de nos doigts et dégage un sentiment subtil qui donne une sorte de personnalité à nos mains, en les rendant plus expressives. La technique a dépassé son rôle. Cette danse des mains peut être émouvante et toucher le public.

Cette capacité expressive de la main peut se communiquer aux objets. Elle peut exprimer de façon subtile les intentions conscientes et inconscientes d'une personne. En spectacle, la main peut exprimer l'intention dramaturgique de l'artiste.

La main est aussi comédienne, parfois elle exprime l'émotion ressentie ou ce qui doit être vu pour cacher ce qui ne doit pas l'être. Et c'est un outil formidable pour l'illusionniste.

Il y a cette carte sous ma main, qui, je le sens, cherche à s'évanouir. Comme elle est aux premières loges, c'est la main qui, mieux que les mots, va aider et accompagner le public à vivre la sensation de la disparition inéluctable de la carte. D'abord par des petits mouvements, comme si elle était prise de picotements, l'hésitation s'installe, puis enfin le silence, la main ne bouge plus ; le public retient son souffle. Deux à trois secondes passent… la main se lève… la carte a disparu !

L'ARME NATURELLE

Georges Salinas / policier, romancier

J'ai encore le souvenir de ces hommes et ces femmes qui m'entouraient devant la salle du Bataclan, au moment des commémorations des attentats. Je revoyais tous les acteurs, otages et victimes de cette nuit tragique, certains pour la première fois. Ils s'approchaient et se mettaient autour de moi. Certains avaient les larmes aux yeux et me prenaient la main comme on touche la main de l'ami qui vous est proche, ou quelqu'un de votre famille. Ils me remerciaient sans cesse, provoquant en moi un émoi jamais aussi puissamment ressenti. La gorge nouée, je leur serrais alors les mains avec force et douceur, en essayant de leur faire passer par ce geste de la main mon émotion intacte, mais aussi la certitude que j'avais accompli mon travail du mieux possible.

Le rôle de la main chez le policier, je l'associe immédiatement à la protection. Cette main, elle se rapproche finalement de la main de « Dieu ». Quand elle frappe, c'est pour le bien de la société, elle porte le glaive de l'application du droit et de la sauvegarde de nos fondamentaux sociétaux. Cette même main est aussi celle du réconfort, auprès de la victime qui vient de se faire agresser ou qui vient de perdre un être cher. Le rôle de la main dans le métier de policier est essentiel, elle va devenir de plus en plus experte dans la maîtrise de l'arme et le tir, les gestes techniques en intervention, la *self*-défense et l'écriture.

La maîtrise de l'arme et le tir

Au début de sa carrière, le policier touche, parmi les éléments de son équipement, une arme de service. La première fois que l'on a une arme entre les mains, on est saisi par la froideur de l'objet, métal glacé et inerte, comme la mort qu'elle projette. Cette arme, entre les mains du policier, deviendra le bouclier protecteur bienveillant. La chaleur de la vie va être sauvegardée par ce monstre métallique. Cette transformation entre froid et chaud, mort et vie, c'est la main du policier qui va la provoquer.

Un entraînement spécifique au maniement de l'arme est effectué tout au long de la carrière. Cet objet fait partie de la main, il doit être sa continuité. Son emploi doit susciter le même niveau de stress qu'un stylo lors d'une rédaction !

Chaque tir effectué provoque une secousse qui nécessite une prise en main ferme de l'arme, mais en même temps relativement souple, pour éviter un effet d'effort trop intense pouvant influer sur la qualité du tir. Combiné à une respiration contrôlée, le tir parfait pourra avoir lieu. Le geste doit être sans cesse répété lors des entraînements, comme un charpentier travaillant le bois. Le tir doit devenir un réflexe contrôlé.

Chaque arme est différente et plus ou moins efficace en fonction de la taille de la main. Pour un tir efficace, outre la partie psychologique sur la gestion du stress, il y a la technique. L'index est posé pendant toute la phase de préparation du tir le long du pontet, pour éviter un tir accidentel, puis on positionne le doigt sur la détente, et enfin, à la suite, on exerce une action souple et continue sur cette dernière pour ouvrir le feu, et ce, sans geste parasite pour éviter de rater la cible. Le coup de feu exerce un léger traumatisme de la main qu'il faut appréhender et maîtriser pour un éventuel autre tir. Il est à noter que le suivi médical des policiers ne fait pas état de déformations de la main à la suite de nombreux tirs. En fait, c'est la main qui s'adapte…

Apparaît, dans ce contexte, le sujet de la main forte et de la main faible. Un droitier aura une plus grande maîtrise de son arme avec sa main dominante, mais la nécessaire adaptation à une situation de crise peut amener le policier à se servir de l'autre main. Ces situations où est simulée une blessure de la main directrice sont effectuées en entraînement. Enfin, une multitude d'armes d'épaule est tenue par les deux mains. Elles sont alors complémentaires pour une plus grande efficacité.

J'ai été confronté dans ma carrière à des fusillades face à des malfaiteurs ou des terroristes. Lorsque la vie des gens, de vos collègues, ou la vôtre sont en jeu, la main qui doit ouvrir le feu ne doit pas trembler. C'est votre seule chance de sortir indemne d'une fusillade. Je me souviens encore d'une arrestation mouvementée en banlieue. Des braqueurs venaient d'attaquer un fourgon et, après l'avoir dévalisé, s'étaient confrontés à la police locale. Ils avaient utilisé des armes de gros calibres et avaient copieusement arrosé les voitures de police intervenantes. Nous les attendions à leur voiture relais, qui devait leur servir à fuir incognito. Arrivés sur place, les malfaiteurs décidèrent de repartir sur un autre coup, leur butin étant maculé de produit indélébile. J'entrepris avec mes collègues d'intervenir et de les arrêter. Immédiatement les voyous répliquèrent et tentèrent d'ouvrir le feu sur les policiers de mon service. Je me souviens encore de cette scène où l'un des braqueurs porta sa kalachnikov à l'épaule, et je revois mon réflexe conditionné d'ouvrir le feu sur lui pour l'empêcher de tirer. Je me souviens de ma main tenant en joue l'homme déterminé et de mon tir le neutralisant. Cette main qui n'a jamais tremblé, avant, pendant et après l'action. L'arme était devenue la continuité de ma main, celle de la loi.

Les gestes techniques en intervention, le langage tactique

Un policier en intervention doit communiquer avec ses partenaires sur une progression en milieu hostile ou dangereux en toute discrétion. Les groupes d'intervention spécialisés, forces de police ou de l'armée, travaillent à une communication opérationnelle par gestes de la main, sans paroles, un peu comme un langage de muet. Chaque opérateur connaît la signification du geste et peut immédiatement comprendre l'ordre ou la signalisation d'un danger. Pour exemple, une main à plat qui fait des allers-retours au-dessus de la tête signifiera que l'on veut une couverture de la colonne d'assaut avec une arme longue. Un poing fermé avec un bras à angle droit signifie un arrêt immédiat de la marche en progression. Chaque geste correspond à une action tactique (avancer, reculer, s'arrêter, contourner, en ligne, en file indienne, etc.).

La main devient donc un outil de communication efficace et discret, essentiel pour la réussite des missions avec une sécurité des intervenants.

Le 13 novembre 2015, j'étais avec mes hommes de la brigade de recherche et d'intervention, en première ligne, face à des terroristes meurtriers, armés lourdement et déterminés, dans la salle de spectacle du Bataclan à Paris. Personne n'a oublié cette funeste soirée, terrible et traumatisante. Lorsque nous progressions à l'intérieur du site, nous étions à la recherche des terroristes, ne sachant pas où ils étaient cachés. Ces hommes étaient prêts à en découdre avec nous après leur parcours mortifère. Je me souviens de ces progressions, dans la pénombre, dans le silence uniquement troublé par le gémissement des blessés. Les hommes étaient concentrés et chaque action était calculée. Le silence de la colonne, ne communiquant que par gestes, interrompu parfois par des messages radio très courts, a fait notre force et a permis de localiser et confiner les terroristes. Cette action a ainsi permis d'accélérer le sauvetage des gens encore dans la fosse du Bataclan et de préparer un plan d'assaut pour délivrer les otages toujours détenus. Aujourd'hui, je me souviens encore de ces progressions silencieuses et de la communication par gestes dans cet enfer.

La *self*-défense

La main de l'homme peut être elle-même une arme. Les nombreux arts martiaux enseignent la manière de se servir de son corps et bien sûr de ses mains. Tous les services de sécurité, et peut-être encore plus ceux d'intervention d'élite, suivent un entraînement pour un combat à mains nues. La main est l'arme naturelle par excellence. Chaque opérateur peut se trouver en situation où le dernier recours est l'affrontement direct au corps-à-corps. Les mains doivent pouvoir assurer une défense et une attaque. Chaque geste, à l'égal de l'arme de poing, doit être travaillé pour acquérir une dextérité.

Je me souviens d'un malfaiteur d'une force inouïe, il avait un passé de lutteur, mais malheureusement s'était spécialisé dans les braquages à domicile. L'homme était d'une rapidité extrême malgré sa forte corpulence. Il se savait recherché et s'était caché dans l'appartement de sa petite amie, dans le 12e arrondissement de Paris. Prudents, nous avions décidé de l'interpeller en dehors de chez lui et j'avais été désigné pour être le premier au contact. J'avais laissé mon arme dans la voiture avec mon collègue, arme que je jugeais gênante pour cette opération. Dès sa sortie de son domicile de fortune, j'avais décidé de l'interpeller par surprise, à la rencontre, c'est-à-dire en le croisant dans la rue comme un passant. L'homme était méfiant et je sentais son regard attentif. Je me dirigeais vers lui et au moment opportun, je le cisaillai avec ma main dans le visage et dans son cou. Cette action me permit de prendre le dessus et de l'amener au sol grâce à des gestes techniques de blocage avec mes mains, empêchant toute action de délivrance. Mes mains avaient fait l'essentiel, ces mains que j'entraînais au combat depuis mon adolescence et que j'avais perfectionnées en entrant dans la police.

L'écriture

Enfin, un homme de terrain, quelle que soit son unité, lorsqu'il est dans une administration, doit rendre compte de tout ce qu'il fait. L'écriture reste un geste opérationnel. Si aujourd'hui, l'ordinateur a remplacé le stylo bille, l'écriture et la signature restent un acte fondamental de procédure. La main qui tape sur le clavier ou qui écrit fait partie intégrante des actes essentiels des policiers ou des militaires. La transmission du savoir doit être écrite et gravée dans le marbre. Cette notion fait partie de la formation des policiers parce que, en définitive, c'est la procédure écrite qui reste et qui fait foi.

Ceux qui parlent avec les mains

Romain Béthoux / pilote de chasse

Première leçon de pilotage dans l'armée de l'Air et de l'Espace, l'instructeur me briefe le déroulement de la mission, c'est-à-dire les étapes successives du vol – décollage, transit, atterrissage – puis les manœuvres de base. Vingt ans plus tard, devenu pilote de combat, ancien leader de la Patrouille de France et commandant de l'École de l'aviation de chasse, je ne me souviens ni du nom ni même du visage de cet instructeur qui a déployé mes ailes, en revanche je me souviens d'une chose… de ses mains !

C'est très connu dans l'armée de l'Air et de l'Espace : on identifie les pilotes de chasse tout simplement car ce sont ceux qui parlent avec les mains !

Ils miment avec elles les trajectoires, les combats aériens, les passes de tir. Les mains représentent alors l'avion, l'avion de chasse, cette machine extraordinaire, mélange de technologie et de puissance. Par sa présence, il incarne la volonté politique. En ouvrant le feu, il défend la nation, en dessinant des arabesques et le drapeau français, il fait rêver nos concitoyens.

Tout a commencé il y a vingt ans sur la base aérienne 709 de Cognac, pour mon premier vol. À l'étude, les figures de voltige élémentaires : virages, oreilles et boucles. Ainsi, en utilisant ses mains pour décrire les évolutions de l'avion et m'expliquer les manœuvres, mon instructeur inconsciemment transforme ses dix doigts en outil d'apprentissage et de transmission de la connaissance.

Escadron de combat

Une fois en escadron opérationnel, les missions de combat succéderont aux manœuvres de base et c'est un système d'arme qu'il faudra mettre en œuvre. Pour autant, la main reste l'actrice principale. En effet, même si le pilote automatique dans un Mirage F1 est devenu une aide indispensable, il s'agit maintenant dans les phases critiques – ravitaillement en vol, passes de tir, utilisation du radar, phases de décollage et d'atterrissage – de ne pas s'en remettre à la machine entièrement. Ainsi, les mains deviennent le prolongement de la volonté. Elles sélectionnent les interrupteurs dans un certain ordre. Elles insufflent la précision pour faire rentrer à 600 kilomètres/heure et à 20 000 pieds la perche de ravitaillement dans le panier du C-130 afin de continuer la mission d'appui aérien en Afghanistan. Les mains activent le mode adéquat du capteur de reconnaissance en territoire ennemi lors d'un survol de Tripoli. Lorsqu'il faut ouvrir le feu, la tension est à son paroxysme et ce sont les mains, une nouvelle fois, sûres et déterminées, qui font le travail. L'index droit vient sélectionner le canon sur le panneau d'armement, le pouce gauche relève la sécurité armement, le « *master arm* », la main droite par pression sur le manche met l'avion en piqué face à la cible alors que la gauche réduit légèrement les gaz et la puissance du réacteur. Une fois les ailes à plat, fondant sur son objectif, le pouce droit appuie sur la partie supérieure du manche pilote et libère la gâchette de tir. À la bonne distance à partir de 1 800 mètres, l'œil analyse les paramètres et transmet à l'index droit l'information de faire feu. Celui-ci presse alors la gâchette et déchaîne le feu sur les ennemis de la France, une rafale d'obus incendiaires de 30 millimètres s'échappe du canon DEFA 553 à 1 350 coups/minute.

Au sol avec les mécaniciens

Au sol avant de décoller, les mains sont un lien avec les mécaniciens. Tout d'abord, lorsqu'on prend en compte un avion en piste, on fait ce que l'on appelle le « tour avion » avec le mécano afin de vérifier l'intégrité de l'aéronef. C'est ainsi que le mécanicien passe ses mains sur les différentes parties de l'avion à vérifier : les trappes, les capteurs anémométriques, les sondes, les pneus, les gouvernes, les feux de navigation, etc. Une fois assis sur son siège, le pilote se brelle. Il doit se harnacher au siège éjectable et les mains du mécanicien se mélangent aux siennes pour fixer les sangles, les rappels de jambes, les inguinales. Une fois le cockpit fermé, il n'y a pas moyen de communiquer oralement entre le pilote et son mécanicien. Et après la mise en route, n'en parlons même pas, les décibels d'un moteur d'avion de chasse qui propulse de l'air à plus de 800 degrés rendraient sourd quiconque s'en approcherait sans protection auditive. C'est pourquoi la communication est visuelle et passe uniquement par les mains. Des signes spécifiques décrivent la demande de mise en route, le branchement du groupe de parc, la sortie des volets ou des aérofreins, le test des commandes. Enfin, lorsque l'avion se met à rouler et que le pilote passe devant le mécanicien qui vérifie une dernière fois qu'il n'y a pas de fuite éventuelle ou une quelconque anomalie, le pouce levé traduit le « GO ! ». Les deux hommes se saluent et la main prend alors un autre sens, celui du salut militaire, du respect, de la transmission de la responsabilité, de la confiance et du consentement.

Vol en patrouille

Les avions s'alignent généralement à deux sur la piste de la base aérienne et, cette fois encore, les mains jouent un rôle capital. Sur la fréquence de la tour de contrôle, les communications doivent être limitées au maximum pour fluidifier le trafic et éviter les messages radio inutiles. Par conséquent, lors d'un décollage en patrouille serrée, simultané des deux avions, les signes préparatoires s'annoncent avec les mains (mise plein gaz – moulinet avec l'index –, avion checké et prêt au décollage – pouce dans la verrière –). Le signe exécutoire étant le coup de tête vers l'avant. En vol en patrouille serrée, c'est la même chose, la main mime la réduction ou le réajustement aux gaz (avancer ou reculer lentement la main), le changement de position vers la formation de manœuvre offensive (mouvement de renvoi avec le plat de la main), la sortie du train (moulinet avec le poing), celle des volets (va et vient d'avant en arrière de la main courbée légèrement en forme de volets). En cas de panne radio, les pilotes expliquent d'autres avaries éventuelles via le code HEFOE, où le nombre de doigts annonce une panne de type hydraulique (H), électrique (E), pétrole (Fuel), oxygène (O) ou moteur (*Engine*).

À la Patrouille de France

Mais c'est à la Patrouille Acrobatique de France, la PAF, que mes mains ont été le plus grand reflet de mon engagement en vol. Certains auront eu la chance d'assister au briefing de l'équipe avant une démonstration aérienne. Les huit pilotes se préparent une heure avant le décollage et réalisent ce que l'on appelle « la musique », la répétition dans leur intégralité des actions qui seront effectuées au cours du vol. Chacun joue sa partition, les équipiers agissant à la seule voix du leader. C'est alors que les yeux se ferment et que les mains s'animent. La visualisation, la projection mentale de la mission peut débuter. Au tempo du numéro un, de ses annonces de changement de formation, de branchement des fumées ou de coups de palette pour changer la couleur, les équipiers exécutent les actions systématiques leur permettant de tenir leur position dans la formation. Le leader ajuste la trajectoire de la patrouille, le centrage des figures, l'enchaînement des trèfles, tourne à droite, tombé gauche, tonneau envoyé… Chacun se projette dans son avion et, avec les mains, peaufine sa position, son étagement, son retrait, son écartement. La main gauche grappille les quelques centimètres des deux manettes des gaz de l'Alphajet pour rester en place à trois mètres les uns des autres pendant la boucle. La main droite et surtout le pouce agissent sur le manche pilote et sur le *trim*, ce compensateur de la gouverne de profondeur, afin d'être le plus précis dans sa tenue de place et de maintenir une parfaite synchronisation avec l'avion du leader. C'est alors à un véritable ballet aérien, cependant toujours au sol, auquel les quelques spectateurs privilégiés assistent. L'harmonie et l'union se créent au gré des annonces du leader : « Formation, TOP ! Fumée coupée, TOP ! Tonneau, TOP ! » Les huit pilotes coupent fictivement la fumée bleue, blanche ou rouge de leur avion avec leur index. Au même moment, leur main droite claque leur cuisse gauche, d'un seul bruit, un seul, révélant la synchronisation parfaite qu'ils exécuteront une trentaine de minutes plus tard lors des tonneaux simultanés en vol. La tension est à son paroxysme, elle le sera encore davantage en admirant ces dauphins ailés pendant le show. Ainsi, la fierté, l'émotion et le sentiment patriotique s'expriment grâce aux mains du pilote.

L'ART AU CREUX DE LA MAIN

Nicolas Salagnac / graveur médailleur

À chacun son profil, sa nature profonde… Moi, par exemple, depuis tout petit, je crois que je me construis, me réalise tel un manuel sensible à l'harmonie comme à la révélation de ses sens. Tous. Sans interdit. Une sensualité palpable, profondément connectée au monde par le langage d'une main qui, comme par magie, se fait le prolongement de l'esprit, de mon âme. Bricoleur, je commence mon expérience de la vie en arpentant la forêt de Saint-Martin de Boscherville en Normandie. Je grimpe alors à la cime de ses immenses feuillus pour y accrocher mes cabanes, je leur invente une histoire et en fabrique tous les accessoires. Mon corps exulte, ma main transcende l'idée, ma personnalité commence à éclore à l'écoute d'un environnement aussi sain que fertile. Je touche des doigts la plus belle des vérités, celle que l'on appelle liberté. Plutôt doué et passionné par le dessin, le bricoleur en herbe finit par s'installer, durablement et avec grande fidélité, dans le costume sur mesure du graveur de médailles. Grave bien, non ? Ma main continue d'inventer des histoires. Elle donne du relief à ma vie. Elle sert avec passion les contours d'un art ancestral qui lutte avec la vie contre le temps qui passe, inexorablement.

En 1985, j'entre à l'école Boulle, je rejoins la formation de graveur en modelé de Pierre Mignot. Je ne le sais pas encore, mais 15 ans plus tard, mes pairs vont me recevoir comme un des Meilleurs Ouvriers de France en gravure en modelé, le seul graveur médailleur en activité encore aujourd'hui.

Je revêts avec grande fierté le col tricolore pour allonger mes ambitions de quelques rêves. Pour moi, ce titre signifiait : « maintenant tu peux y aller, tu peux voler de tes propres ailes. »

Alors cette main intelligente, ce travail manuel… La main, une simple fonction ou plus ?

Pourquoi est-ce que j'arrive à faire ce que je fais ? Ai-je au départ un don, une capacité particulière ? Sans doute un terrain propice. En tout cas, et sans aucun doute, une passion, une envie et du travail, beaucoup de travail. Pas de miracle. Je n'ai rien mesuré au départ, alors difficile de savoir, de quantifier et d'argumenter sans chiffres, ni barèmes.

Depuis mes premiers dessins, je m'implique pleinement, j'ai toujours ce sentiment de fierté (mesurée !) d'avoir produit la huitième merveille du monde.

Mais force est de constater que quelque temps après, chaque fois, la « merveille » perd un peu de sa superbe… Pour autant je garde la foi, j'y crois et continue d'avancer.

À l'école Boulle, et grâce à mon professeur d'atelier et maître, Pierre Mignot, je chemine sur la voie de l'acquisition du métier de graveur en modelé. Nous commençons par fabriquer nos outils dans une barre d'acier, que l'on forge, lime et traite thermiquement. Puis les premiers exercices simples, avec avant tout un bon tracé pour guider notre chemin dans cette matière, l'acier.

Vingt et une heures par semaine en atelier pour apprendre les gestes, apprivoiser la matière pour y transposer nos dessins/desseins. Cette composition mise au point sur le papier, voire modelée en Plastiline pour bien saisir les bas-reliefs parfois subtils, car en matrice le sujet est à l'envers et en creux, pas toujours simple mais bon… c'est un métier !

Et alors, quel est le geste du graveur médailleur ? Le graveur utilise des burins et des onglettes frappés au marteau de toute taille. Ainsi, dans l'acier, il enlève copeaux après copeaux pour faire apparaître son motif. Il faut suivre ses lignes dans un premier temps puis creuser ses volumes légers et subtils.

C'est la main gauche qui tient l'outil coupant, et la main droite donne les coups de marteau tout en suivant les mouvements de l'outil qui bouge. L'œil aidé du microscope, ne regarde pas l'outil ni le marteau, il suit les lignes et anticipe le parcours.

Puis il y a les échoppes, les rifloirs, et les ciselets pour compléter la palette qu'utilise le graveur pour créer ses médailles.

L'expérience apporte le ressenti, l'écoute de son outil, de sa coupe… Ici donc la technique, mais n'oublions pas que c'est aussi un art, sculpté, subtil et petit…

Travailler cette matière et ces techniques forgent aussi la personnalité.

Les mains ne disent rien, mais elles sont là, elles accomplissent naturellement le travail à faire, jusqu'au jour où je crois malin de montrer à Benoît, mon petit frère, comment sauter un tremplin en vélo. Je rajoute des rondins de bois sous la planche pour faire une belle envolée. Le vol fut beau, enfin je l'espère, car ce fût court, le sol est arrivé bien trop vite. Double fracture du pouce droit…

Opération, broche et blocage de la main.

J'étais en troisième année à l'école Boulle, dernier semestre, une période cruciale pour mon orientation et la suite. J'ai alors redoublé d'efforts pour rebondir et finalement réussir mon année avec les félicitations.

Mais il a fallu rééduquer cette main, retrouver les gestes, les sensations. J'avais la main à l'équerre, le pouce dans le prolongement du bras… Mes premiers exercices étaient de se serrer la main, plus si simple. Là, ma kiné – merci à elle ! – a pourtant senti ma poigne et ma force. En discutant, je parle de ma formation, elle comprend et m'explique que la musculature s'acquiert jeune, et dans un métier un peu physique, il est bon de commencer tôt. Au bout de quelques mois, yes ! Je récupère ma main droite. Elle reste fragile, et toujours tellement précieuse…

Graveur médailleur, installé à Lyon, où a été frappée la première médaille française en 1499 pour le passage de Louis XII et Anne de Bretagne, je suis fier des commandes confiées : que ce soit pour la Gendarmerie Royale du Maroc ou le palais de l'Élysée pour le président de la RF, pour la villa Médicis ou la mairie de Lyon, ou dernièrement avec la création des médailles de « l'ordre français du rayonnement gastronomique ». Mes médailles voyagent partout dans le monde. Les symboles mythologiques côtoient les références historiques, les influences de la Renaissance se rehaussent à l'aune de l'Art Nouveau et du Bauhaus. Noyé sous mes échoppes, mes poinçons héraldiques, mes délais, mes devis, mes factures… ; assailli par les exigences de délicatesse et de minutie, le médailleur que je suis n'en a jamais fini de parfaire ses gravures pour redonner à mon métier ses lettres de noblesse dans le monde, pour réduire la part industrielle de production, et pour retrouver l'art du geste, l'art du créateur, l'art au creux de la main, la médaille comme un art à part entière.

Le revers et la main

Cédric Pioline / tennisman

Pendant ma carrière de tennisman, j'ai été considéré comme un joueur « ayant de la main ». Cela fait référence à la finesse de sensation que la main recueille au contact de la raquette et de la balle, mais également au fait qu'elle transmet, car la connexion cerveau-main est décisive. Cette sensibilité se développe au fil des années pour affiner les gestes et obtenir un certain degré de subtilité tennistique. Je pense à tous les coups de toucher, des volées aux amorties, qui impliquent beaucoup de délicatesse et aussi une adaptation permanente aux trajectoires, aux vitesses de balle et aux conditions météo.

La main est l'outil qui permet cette adaptabilité accrue. Avec le recul, je comprends les personnes qui voient une forme de don dans ce toucher de balle. Cela nécessite énormément de travail et de répétitions pour parvenir à cette maîtrise. Il faut éduquer nos mains à cette sensibilité, ce, dès le plus jeune âge. *A contrario*, il est vrai que certains joueurs, y compris des champions, m'ont déjà dit avoir « une main en bois ».

En juillet 2000, alors que j'étais 5e au classement mondial, je me suis cassé trois métacarpes de la main gauche au volley-ball; cet accident a été synonyme d'une descente aux enfers, aboutissant *in fine* à l'arrêt de ma carrière. Malgré l'opération et le fait que ce n'était pas ma main directrice, je ne m'en suis jamais vraiment remis. Ce traumatisme m'a fait perdre la représentation dans l'espace de ma main gauche, ce qui a complètement perturbé mon revers à une main, pour lequel tout le membre supérieur gauche joue un rôle de balancier et d'équilibration du geste. C'était très gênant aussi pour le lancer de balle au service, pour mon coup droit aussi, car je pointais la balle avec cette main gauche. Donc, tous mes coups s'étaient déréglés. Je ne sentais plus où était ma main et l'équilibre corporel global que je connaissais était rompu. Jusqu'à ce moment-là, je n'avais pas du tout conscience de l'importance de cette main gauche dans mon jeu.

On associe la main à un organe fragile au tennis, mais je n'ai pas souvenir de joueurs qui se sont gravement blessés aux mains. Mes mains continuent à me servir dans la pratique du golf, sport qui a des points communs avec le tennis, en particulier une excellente représentation du corps dans l'espace, notamment pour le swing, où la préparation se fait derrière soi avant l'impact avec la balle. Le golf est même plus « sensible » que le tennis, car le rapport entre la surface d'une tête de club avec la balle blanche, comparé à celui du tamis d'une raquette de tennis avec la balle jaune, est beaucoup plus étroit, donc plus exigeant. De plus, il y a beaucoup moins de coups au golf qu'au tennis, la plupart étant des coups sur la sensation pour s'approcher du trou avec le plus de précision.

MES MAINS M'ONT PRÉSERVÉ ET ACCOMPAGNÉ

Guillaume Gomez / ambassadeur pour la gastronomie

Cuisiner sans elles, impossible… mes mains font partie de ma vie de cuisinier, elles ont tremblé quand je n'étais pas sûr de mes gestes, m'ont soutenu quand j'étais fatigué. Elles portent des stigmates, coupures et brûlures dues aux gestes peu assurés du débutant, quand en désossant une pièce de viande, un carré de gibier ou en levant un filet de poisson, l'imprudence fait que la lame du couteau les entaille. Lors d'un découpage ou taillage de légumes, des bouts de doigts abîmés et mutilés par la nouveauté du geste et l'inexpérience. Quand, par imprudence et étourderie, je me saisissais d'une queue de casserole bouillante ou d'un plat sorti tout juste du four, avant que les automatismes se mettent en place et que ces mains, mes mains, soient toujours protégées. Quand, au début de ma carrière, abîmées et meurtries par l'eau, les coupures non cicatrisées ou mal cicatrisées, mes mains n'étaient que cicatrices et cloques… endolories par les lavages incessants nécessaires à une bonne hygiène. Blessées, elles se retrouvaient enfermées à macérer dans des pansements et des gants chirurgicaux, attendant le moment de délivrance, le moment où un baume, une crème cicatrisante viendrait apaiser les maux… Toujours fidèles, elles m'ont préservé et accompagné dans ce métier que je pratique depuis près de trente ans, année après année, poste après poste, maison après maison, recette après recette, concours après concours, au point de m'amener à ce titre d'un des Meilleurs Ouvriers de France en janvier 2004. Ce sont elles encore qui m'ont accompagné page après page dans l'apprentissage de mon métier par la lecture, qui ont manipulé les livres, soulevé les tomes, classé et rangé les revues, les menus, tous les documents liés à la gastronomie française que je conserve depuis tant d'années. Mes recettes, mes fiches techniques pour mémoire ou pour mes concours, la rédaction et le travail de recherche des huit livres que j'ai écrits ainsi que les contributions, sont toutes signées de ma main.

Le Cœur sur la Main

Paule Persil / calligraphe

Accroupie près du petit bureau, c'est si doux de poser ma Main sur l'avant-bras de l'enfant qui écrit. Tout est déjà dit à cet instant. Douceur, encouragement, confiance pour l'enfant. J'accompagne aujourd'hui des enfants dans une classe d'école primaire. Leurs mains sont maladroites tant par leur jeunesse que par le manque de méthode dans l'apprentissage de l'écriture.

Calligraphie, *calli*, signifie en grec « beau » et *graphen*, « dessiner ». Comment arriver à faire de belles lettres tout en apprenant à écrire et à lire ? L'apprentissage est difficile, les règles strictes. Il demande concentration, précision manuelle, méthodologie. La main s'éduque comme tout apprentissage par le maintien du Corps, la manipulation de l'outil. Le Corps a besoin d'être tenu. La Main est l'outil sacré de prédilection. Tout ce qui passe par la Main est acquis en sensations, en émotions, en mémorisation cellulaire, appelée mémorisation kinésique, avec laquelle s'inscrit la pérennité. L'apprentissage manuel des lettres laisse une trace motrice dans le cerveau. En situation de lecture, il se produit une sorte d'écriture mentale de la lettre pour la reconnaître. C'est un réel apport au niveau cognitif.

Harmonie des lettres, justesse des mots, respiration, ma Main sait transcrire mon existence, mes sentiments. Elle articule et rend « vivant » au rythme de la respiration. Toutes les civilisations connaissent cette Respiration : *Chi* en chinois, *Prana* en sanskrit, pratiquée en Lenteur, en Silence, pour découvrir en Conscience notre « Soi ».

Le côté sacré signifie le respect de l'Acte, le respect de l'Instant. Il y a bien une notion de « dignité de l'acte » qui passe par la Main. Elle témoigne donc de mon identité philosophique et spirituelle, de mon entité avec sa particularité physique.

« Esprit de l'Être » devient alors « Esprit de Lettre »

Apprendre à manipuler, et comprendre ce qu'est une pression d'un stylo plume, d'un crayon bille, d'un pinceau. L'école est l'endroit le plus favorable à cette éducation et la Main sera alors libre de transcrire la pensée de celui qui, sur un papier, confiera ses mots avec Sincérité, Endurance, Confort et Joie.

La Main n'est pas archaïque. Elle est bien contemporaine. Seule la machine s'interpose entre Pensées et Mots. Interférence pouvons-nous penser ? Oui justement, la profondeur, la vibration du Cœur ne peuvent pas toujours être banalisées par une lettre stéréotypée. Mais il est aussi nécessaire dans notre système actuel d'avoir des techniques rapides et efficaces. Alors pourquoi vouloir opposer les deux apprentissages, digitalisation et Main ? La complémentarité est souveraine. La Main organise nos idées avant de mettre en forme sur clavier.

Que d'expériences vécues à travers ma Main !

Stages, écoles primaires, organismes de formations des instituteurs, graphistes, directeurs artistiques, entreprises, Ephad, centres d'accueil psychiatriques, intérieurs de particuliers, magasins…

Ne dit-on pas « Le Cœur sur la Main ? » Nous en avons chacun deux.
Quelle chance nous avons !

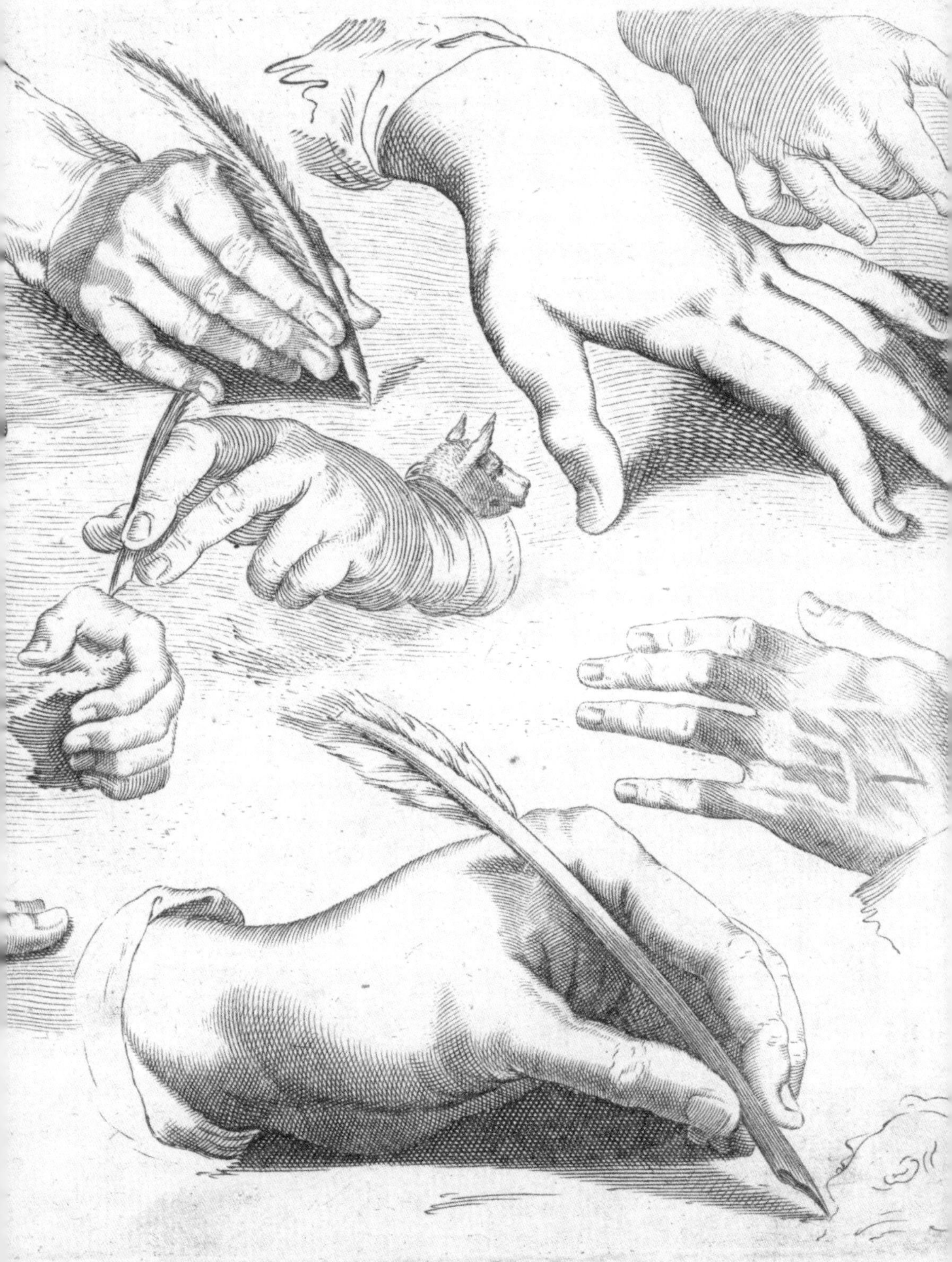

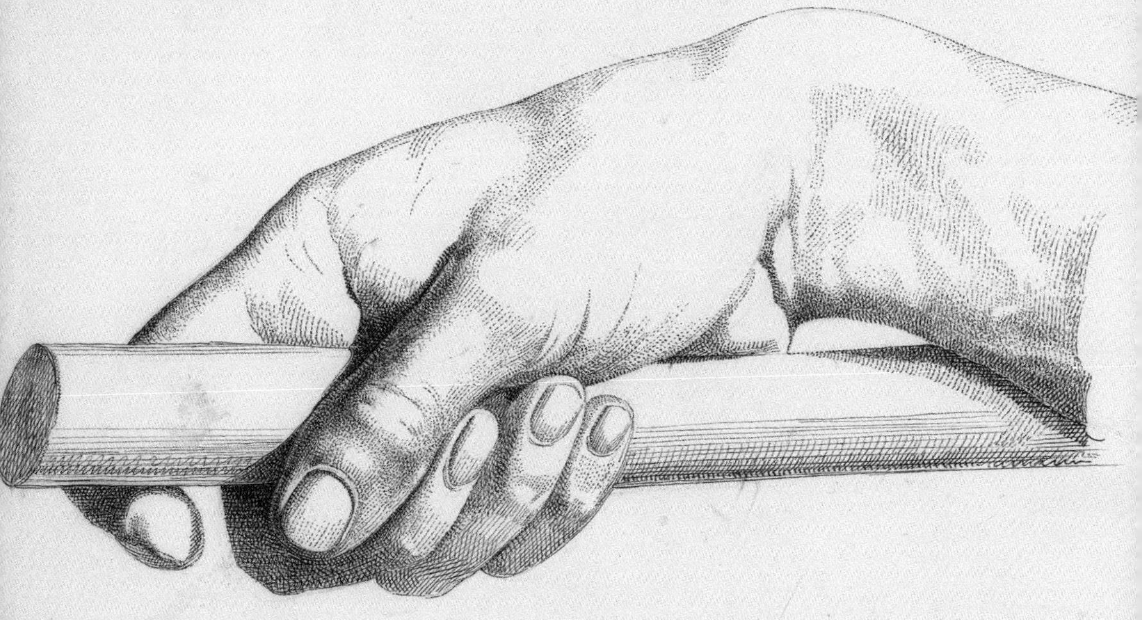

LA MAIN QUI FRAPPE ET QUI SOUFFRE

Samuel Favre / percussionniste

Une légende hindoue raconte comment un dieu créa l'univers en frappant dans ses mains. La naissance du monde serait donc le fait d'un des actes de percussion les plus simples... À de rares exceptions qui impliquent les pieds, les instruments à percussion classiques sont majoritairement joués à la main. À part quelques accessoires comme le tambour de basque ou les castagnettes, ils sont frappés à l'aide de baguettes. Il n'y a donc pas de contact physique direct avec l'instrument, à l'inverse des instruments à vent, du piano ou des cordes. Cependant, la baguette vibre bel et bien après un coup, et cette vibration se transmet au percussionniste via la main qui la tient. La « sensation du son juste » est donc guidée par l'oreille, mais est aussi associée au toucher. Le percussionniste découvre la richesse de ses instruments tant par leur nombre et leurs sonorité que par la myriade de microsensations qui se développent dans sa main. Utiliser correctement une baguette, c'est comme se saisir d'un stylo et savoir d'expérience comment précisément le tenir pour pouvoir tracer notre plus belle écriture.

Il existe une grande variété de techniques de jeu, qu'elles soient liées à un instrument en particulier, ou à une école particulière, mais le percussionniste se doit d'en maîtriser plusieurs. Par exemple, les baguettes sont différentes au tambour, où elles sont en bois, et au xylophone, où elles se constituent d'une tête en bois, fixée sur un manche en rotin, donc bénéficiant d'une certaine souplesse. La main doit exercer une pince à l'endroit où elle tient la baguette afin que cette dernière puisse s'en servir comme point de pivot. Généralement, cette pince est exercée entre le pouce et l'index, le reste des doigts venant renforcer et affiner l'action du poignet et du bras.

Sur les instruments à clavier, comme le marimba ou le vibraphone, le jeu à quatre baguettes (deux dans chaque main) est très répandu. Dans ce cas, les zones sollicitées sont encore différentes, des baguettes pouvant être maintenues entre majeur et index, ou entre majeur et annulaire. Il n'existe donc pas une seule façon de jouer, et la musculature et l'ossature sont sollicitées différemment suivant la technique qu'on utilise.

L'action de frapper, qui est à la base du jeu des percussions, n'est pas du seul ressort de la main. Elle est plutôt comme un rouage intermédiaire, dans un mouvement qui peut impliquer le bras, l'avant-bras, la main, et pour finir, la baguette.

Il est indéniable que la main du percussionniste se doit d'être forte ! La première image qui vient à l'esprit est sans doute celle d'un homme frappant énergiquement sur un tambour, ou d'un batteur jouant vite et fort. Dans le jargon, on dit d'une personne dont le jeu allie vitesse, amplitude et endurance qu'elle possède « de bons poignets ». Qu'il s'agisse de préhension ou d'action du poignet (flexion, rotation), les muscles sollicités se trouvent au niveau des avant-bras, et non pas directement dans la main. Le percussionniste développe et entretien cette musculature via des exercices techniques tout au long de sa carrière, et à l'instar d'un sportif, l'entraîne et l'endurcit pour pouvoir jouer vite, fort, longtemps. Le travail de l'endurance et de la vitesse est à prendre en considération égale avec le développement d'un contrôle fin de ses mouvements.

Sa main souffre, également. Face à la friction des baguettes, aux sollicitations extrêmes. Elle est vulnérable aux pathologies liées à une pratique intensive. Ampoules, tendinites, pour n'en citer que deux. En réaction, elle se fortifie naturellement en développant des cals, de la « corne » ou de la graisse aux endroits malmenés.

La grande famille des percussions digitales est un cas à part des percussions « classiques ». D'ailleurs, leur technique n'est que peu ou superficiellement enseignée dans les conservatoires. Les techniques de jeu, et leur développement sont différents. Leur enseignement est lié au style de musique qui les porte, ainsi, vous n'avez que peu de chances d'apprendre à jouer du djembé dans une école de musique cubaine, qui vous apprendra tout sur les congas. Pourtant, ces deux instruments et la façon de les frapper sont très proches.

Pour le cas où ces instruments requièrent de la puissance, on assiste à une véritable transformation de la main. Pour avoir il y a longtemps participé à des séances d'initiation aux percussions cubaines, je me souviens de la différence flagrante entre le professeur capable d'une puissance et d'un claquant saisissants, et ses élèves, inhibés par la douleur qu'ils ressentent en tentant de jouer aussi fort. Autant taper contre un mur. La main finit donc par s'insensibiliser progressivement, elle s'adapte. On le voit aussi très nettement dans le cas de ces tambours joués de façon asymétrique, comme le *sabar* sénégalais, avec une main qui joue à la baguette, et l'autre non. Les doigts de la main qui joue de façon digitale finissent par s'épaissir, à force de développer des cals et de la graisse pour se protéger, tandis que l'autre paraît plus normale.

La main du percussionniste, donc…

Si on la compare à celle du pianiste, réputée pour l'agilité de ses doigts, celle du percussionniste se voit comme une chose plus brute, moins délicate, et plus comme une extension du bras dans le geste de taper. Elle est pourtant dans un rôle très semblable, en tant qu'élément du corps le plus proche de l'instrument. Ses compétences et sa sensibilité en font une vraie extension du cerveau du percussionniste, à la fois sensitive et motrice.

Ces mains qui « voient » plus vite

Charly Palmieri / sellier-harnacheur

Tant que le geste n'est pas acquis, le résultat n'est pas au rendez-vous ; une massue sur le coin du nez, une mauvaise carte retournée ou une jolie entaille sur l'avant-bras, souvenir d'une buse qui avait du caractère ! Très jeune, j'étais attiré par les rapaces et j'ai eu la chance d'être formé en fauconnerie par une personne qui m'a poussé à poursuivre mes autres passions, la jonglerie et la magie. Pendant une grande partie de mon adolescence, je me suis exercé et j'ai peaufiné mes figures de jonglerie, mes techniques de magie… tout en prenant soin de mes mains lorsque j'étais en compagnie des oiseaux de proie, car je devais être vigilant. Dans ces trois domaines, la main est un outil à affûter et travailler pour que le geste devienne sûr et automatique à force de répétition. Pour parfaire le cliché de tout adolescent se respectant, j'ai également coché la case musicien de garage : je faisais trembler les murs de la salle de répète avec l'ampli de ma basse poussé à fond ! On jouait fort, on se faisait saigner les doigts, on était contents ! Là encore, mes mains ont été mises à rude épreuve, car, au début, elles ne comprenaient pas les positions de doigts que je leur demandais, puis avec les heures de jeu, elles se sont mises à voyager toutes seules sur le manche au rythme de la batterie ! Les mains ont donc une mémoire.

Au fil de mes années de spectacle, j'ai découvert le travail du cuir en côtoyant de nombreux cavaliers et chevaux dans les parcs où j'ai travaillé, auprès d'amis et également en réparant et fabriquant moi-même mes accessoires de spectacle. Puis j'ai décidé de faire de la sellerie mon métier et du spectacle mon loisir. J'ai donc suivi des formations en maroquinerie et en sellerie-harnachement. À l'issue de mes études, en août 2012, j'ai la chance d'intégrer les ateliers Hermès. Je réalise les sacs dans l'atelier de maroquinerie pendant un peu plus de trois ans, puis je rejoins l'équipe des selliers.

Avec mes mains, je viens tirer, mettre en tension et pousser la peau pour la placer sur le siège d'une selle. Je viens plier entre mes doigts une petite bande de cuir pour faire un petit jonc. Je tape sur des mousses pour les coller ensemble. Je frotte la tranche du cuir avec la pulpe de mes doigts pour la lustrer. J'utilise mon ongle pour gratter ou marquer un endroit bien précis d'une pièce de cuir. Je galbe la peau entre mes phalanges pour la mettre en forme. Et bien d'autres gestes encore où j'utilise directement mes mains comme outil de travail. Ensuite la main va tenir les outils dont elle aura besoin pour réaliser une manipulation qu'elle ne peut pas faire seule. Même si nous utilisons des outils, c'est, après le cerveau, notre main qui les guide.

Lorsque j'utilise un couteau pour couper le cuir, la main avance, recule et tourne pour s'adapter à la forme du gabarit à couper. Quand j'utilise une griffe à roulette, ce sont mes doigts qui guident la griffe le long du bord du cuir. Pour fixer le siège sur l'arçon, lorsque je tends mon cuir avec une pince à tendre, c'est ma main qui serre et relâche la pince selon la tension dont j'ai besoin. Ensuite mon pouce gauche maintient la peau en place pendant que ma main droite « préplace » la semence avant de saisir le marteau pour enfoncer la pointe dans le bois ! Les doigts jonglent avec l'alène et les aiguilles lorsque je réalise un point sellier (qui se nomme également « couture main »). Le frottoir ou le champignon (deux outils en buis) sont tenus à pleine main et j'utilise de l'huile de coude pour appliquer deux surfaces de cuir ensemble. Bref, nos mains s'associent aux outils pour réaliser toutes les étapes de fabrication de la selle.

Les mains sont nos yeux : par le toucher, la palpation et la manipulation, la main accède à l'information. Oui, parfois mes mains seront mieux placées que mes yeux pour me dire ce qu'elles voient. Pour une couture main, on utilise une pince à coudre, une grosse pince en bois calée entre les jambes pour maintenir le cuir : une troisième main en quelque sorte. Dans chacune de mes mains se trouve une aiguille et dans la main droite se trouve l'alène (pour percer le cuir). Avec la main droite, je perce le cuir à l'aide de l'alène. C'est là que ma main gauche va « voir » à ma place : mon index gauche va se poser sur l'alène et guider l'aiguille de cette même main dans le trou tout juste réalisé. Je ne peux pas voir cette étape, car elle se trouve de l'autre côté de la pièce de cuir que je couds. Je suis aveugle de ce côté-là, ce sont mes mains qui « voient » à ma place. Avant de couper une peau ou un cuir, je passe mes mains dessus et dessous afin de « voir » la surface de la peau sous un autre angle. Je peux ainsi ressentir une veine creuse ou boursouflée, une cicatrice, un défaut que l'on ne repère pas forcément au premier coup d'œil. Les mains « voient » plus vite que les yeux. Une selle a une armature assez complexe : l'arçon. À divers moments de sa fabrication, je ne peux plus accéder visuellement aux étapes précédentes. Ce n'est qu'en passant le doigt ou la main que je peux m'apercevoir si une vis ou un clou dépasse, si le cuir est toujours bien collé, etc. Je me sers également de mes doigts pendant un astiquage pour savoir si la tranche de cuir comporte des aspérités, du grain ou non. En effet, si je ferme les yeux et que je passe mon doigt dessus, je « vois » mieux ces défauts-là qu'avec mes yeux. Je recherche un aspect doux, lisse, satiné, sans défaut. Le toucher permet de porter un jugement sur les qualités d'une surface. Je me sers donc de mes mains pour avoir une autre vision de mon travail.

Les mains ont un sixième sens. Nous arrivons à ressentir des choses avec nos mains que l'on ne peut ressentir d'aucune autre manière. Quand je tends une peau, la tension que je vais y mettre est « inquantifiable », pourtant je sais quand je vais tendre trop ou pas assez fort. De même, si je tends très fort, le moment juste avant que le cuir ou la toile ne craque, la main va le ressentir. C'est une sensation extrêmement difficile à décrire que je ressens justement comme un nouveau sens.

Les mains ont une mémoire. Lorsqu'on apprend un métier manuel, une passion, etc., la phase d'apprentissage consiste à répéter des gestes afin qu'ils deviennent automatiques. Au début, il faut penser et décortiquer chaque étape du geste, alors qu'une fois enregistré, il devient « instinctif » et permet même de faire autre chose en même temps. Aujourd'hui, quand je réalise une couture main, je ne pense plus aux différents gestes et manipulations. De même qu'il m'est plus difficile de le décortiquer pour l'expliquer. Les mains se souviennent donc des gestes appris (comme pour mes morceaux de basses).

J'utilise également différents matériaux comme des mousses, du feutre, des toiles. Pour qualifier leur tenue, leur densité, on parle de « main ». Je choisis chacun de mes matériaux en les touchant, pliant, tirant. Si quelques mois ou années plus tard, je dois retrouver les mêmes matériaux avec la même « main », c'est en touchant que j'aurai le même ressenti.

Les mains salvatrices. Dans certains cas, les mains sont un outil de soin. Mais également un outil de défense ou de protection. Ce sont elles que j'avance lorsque je suis dans le noir pour guetter les obstacles, ce sont elles qui, par réflexe, vont amortir ma chute, ce sont elles que je vais utiliser pour tester une température, une solidité... Les gestes qui sauvent sont bien souvent réalisés par nos mains.

LA MAIN AUGMENTÉE

Stéphane Hans / chirurgien ORL

Dans les couloirs du bloc opératoire de l'hôpital européen Georges-Pompidou, j'avais vu le robot da Vinci que la Fondation Carpentier avait acquis depuis 2000, la plupart du temps inutilisé… Alors que j'étais invité au congrès de cancérologie ORL nord-américain à San Francisco, j'ai assisté à plusieurs présentations par des équipes pionnières américaines qui avaient commencé à opérer des patients atteints de cancer ORL avec le robot da Vinci. Dès mon retour en France, j'en ai parlé à mon patron, le professeur Daniel Brasnu et nous sommes partis à New York pour visiter le service du professeur Marvin Fried, l'un de ses amis. Son assistant, Richard V. Smith avait commencé la chirurgie robotique et je restai trois semaines dans le service pour m'initier à cette technique. De retour à l'HEGP, nous avons opéré le premier patient dès 2008.

La chirurgie robotique est clairement un changement de paradigme en chirurgie. Ce n'est pas, selon certains chirurgiens, une *machine à coudre* pour des chirurgiens manquant de talents !

Dans la chirurgie robotique, le positionnement de l'opérateur est différent, il n'est plus en contact direct avec le patient. Le chirurgien est assis confortablement à la console, à quelques mètres du patient, et manipule les instruments par l'intermédiaire du robot. Grâce à un vidéo-endoscope comprenant deux caméras, le chirurgien voit le champ opératoire en 3D en haute définition avec un grossissement douze fois. Avec ses mains et plus particulièrement ses doigts, le chirurgien réalise à la console des mouvements précis qui sont transmis aux instruments portés par les bras du robot.

Ainsi depuis le XVIIe siècle, pendant lequel Louis XIV décida d'élever les barbiers chirurgiens au rang de médecins à part entière, malgré l'opposition farouche des médecins, qui regrettaient l'époque des barbiers où le cerveau était le médecin et la main le chirurgien, les chirurgiens sont en contact étroit avec les organes du patient. Dans la chirurgie robotique, la main est « augmentée » par le robot et permet de faire des gestes que la main seule n'aurait pu faire.

Nous avons découvert que l'intérêt du robot da Vinci, en cancérologie ORL, était double : une excellente vision en 3D HD et la capacité des instruments du robot de réaliser des gestes complexes dans les trois plans de l'espace (7 degrés de liberté, rotation à 360°), ce que l'entreprise Intuitive Surgical nomme « EndoWrist ». Ainsi il est même possible de réaliser des points de suture à distance !

La réalisation de l'intervention chirurgicale en cancérologie ORL en utilisant le robot a pour les patients des intérêts majeurs par rapport à la chirurgie classique par voie externe : moins de trachéotomie et de sonde d'alimentation (<10 % versus 100 %), reprise de la déglutition beaucoup plus rapide et durée d'hospitalisation nettement diminuée (1 semaine versus 3 à 4 semaines) avec des résultats oncologiques équivalents à ceux obtenus par chirurgie classique.

Bien sûr, cette chirurgie a quelques inconvénients : son coût et l'absence de retour de force des instruments. Néanmoins, l'expérience de l'opérateur et l'excellente vision en 3D rendent ce dernier point négligeable. Depuis 2008, j'ai opéré plus de 450 patients. Il s'agit de la plus grande série française et de l'une des plus importantes d'Europe. Par la suite, guidés par l'innovation, nous avons développé plusieurs travaux permettant d'étudier d'autres indications de la chirurgie robotique.

L'avenir de la chirurgie est à la robotique, c'est une « nouvelle frontière » à explorer. L'introduction d'un ordinateur comme interface entre le chirurgien et le patient est un changement de paradigme en chirurgie et annonce une révolution semblable à celle permise par l'informatique en aéronautique. Les prochaines années vont être marquées par l'arrivée sur le marché de nouveaux robots chirurgicaux. En dehors de la robotique, les technologies comme la 3D, la réalité augmentée et l'intelligence artificielle vont rapidement arriver dans nos blocs opératoires. Ces technologies permettront au chirurgien d'avoir un assistant virtuel, de voir à travers les organes, et offriront la possibilité d'automatiser certains gestes simples. Mais nous resterons des chirurgiens !

La main se souvient

Arnaud Pradat / joaillier

Acquérir le geste parfait est la quête de chacun de nous. Dans nos métiers, on parle de nos secrets, mais ce n'est pas un secret de dire qu'avoir une maîtrise parfaite, ou qui tend vers la perfection, demande de répéter et répéter encore ses gestes techniques, et un jour, c'est acquis, le geste est sûr. Il arrive bien sûr que malgré ce travail de répétition, cela ne passe pas, alors une petite pause, des vacances, quelques jours de repos… et lors de la reprise, la main se souvient, elle fonctionne, le geste est là, sûr et précis. On dit que l'on apprend en dormant, les mains aussi aiment le repos.

La main a besoin d'être guidée, elle a besoin de répéter le geste et d'expérimenter. Ce n'est qu'une fois cet apprentissage maîtrisé que les jeunes vont pouvoir se risquer vers l'inconnu, en dehors des sentiers battus, et se réinventer si besoin pour nous proposer par des expérimentations futures leurs visions du métier.

MES MAINS RÉPARENT CE QUE DES MAINS ONT ÉRODÉ

Muriel Burkhart / relieuse

Quelle étrange introspection que celle de s'interroger sur ses mains. Compagnes discrètes, inlassablement présentes, je ne m'étais jamais questionnée à leur propos. Il a suffi d'un mail…

Je suis née dans une famille « manuelle ». Grand-père dessinateur en soierie, parents relieurs, mère également fine couturière, oncle kinésithérapeute, ancêtres artisans depuis de très longues générations… Il y avait des dispositions à nous servir de nos mains. J'avais à ma portée de quoi occuper et exercer les miennes : papiers de toutes les couleurs, morceaux de cuir, crayons, gouaches, ciseaux. De plus, les yeux bienveillants de toute cette famille encourageaient positivement mes tentatives et, avant les miennes, celles de mon frère, qui deviendra un excellent dentiste, habile et doux. Le geste m'intéressait, et je m'appliquais inlassablement à copier tout ce qui se créait autour de moi. Une belle école où le mouvement bien exécuté me plaisait, comme une danse, une chorégraphie des mains impeccablement bien réglée.

En plus de ces occupations manuelles variées, j'avais une passion sans limites pour les animaux, tous les animaux. Là, mes mains m'ont permis de découvrir la douceur de fourrures innombrables. Mes mains se souviennent encore du pelage de mon premier chien, un setter dont le dos montrait des poils très légèrement ondulés. Comme on n'oublie pas le goût extraordinaire du chocolat chaud de notre grand-mère, je n'ai pas oublié la caresse de mes doigts sur son poil. Tout comme les pelages de mes autres chiens, de mes chevaux, les crinières, ou encore le frémissement de la robe de certaines juments chatouilleuses. Mes mains se souviennent, et la seule évocation de ces sensations m'apaise et me fait sourire.

Je n'ai pas vraiment choisi mon métier de relieur. Ce fut une proposition de mon père, relieur lyonnais, qui croulait sous le travail. L'année de ma terminale, j'ai donc regardé cette activité comme une possibilité de gagner ma vie immédiatement et de rejoindre la campagne et mon cheval à courte échéance. J'ai donc pris les outils en main, refait les gestes à la suite de mes parents. Rien de très compliqué dans l'ensemble. Rigueur, propreté, observation. Les ouvrages sur lesquels je travaille sont anciens, précieux, souvent rares, il n'y a pas le droit à l'erreur ou à la maladresse.

Mon métier est simple, apporter une couverture (si possible belle) à des feuilles qui s'abîmeraient et se perdraient sans cette protection. Je crée cette reliure ou restaure celle que le livre porte depuis souvent plusieurs siècles. C'est une succession d'opérations techniques, manuelles, les mêmes, depuis le XVe siècle. Mes doigts, au fil des années, ont acquis des automatismes, et cet enchaînement d'opérations, effectuées en série, demande juste d'être attentif et soigneux. Chaque phase a une incidence sur la suivante, comme pour toute confection ou réparation.

La pose du cuir sur l'ouvrage préparé à le recevoir est plus délicate. La peau doit être de belle qualité : basane lisse et douce, chagrin très classique ou maroquin au grain de peau marqué, tellement à la mode au siècle dernier. Le veau, le porc sont aussi utilisés, selon le goût du client et les habitudes de l'atelier. Le cuir, donc, enduit de colle, assoupli par l'humidité, est alors malléable, mais aussi très vulnérable. Le moindre appui trop prononcé sur le grain ou, pire, le moindre outil qui le heurte ou l'effleure crée une marque irréparable, une cicatrice impardonnable. Malgré ce risque, il faut tendre à pleines mains cette peau sur l'ouvrage pour l'obliger à endosser l'habit, faire saillir les nerfs à travers le cuir, insister jusqu'à la prise de la colle sur le carton. Arc-boutée au-dessus du volume, mes paumes insistent, caressent avec force la peau qui résiste, contraignent le cuir à s'étirer doucement, appuient sans marquer la peau, qui épouse lentement le dos du livre. Jusqu'au séchage complet du cuir, il restera très fragile, et toute manipulation se fera avec beaucoup de délicatesse et d'attention. C'est pour cela que mes mains ne sont jamais très « féminines ». Ongles courts, pas de bagues ou même d'alliance pour ne pas toucher le cuir mouillé et risquer de le blesser.

Puis enfin, il y a la dorure. Décoration à la feuille d'or, pour titrer le livre et l'orner. Ici aussi, mes mains sont très sollicitées. Le travail demande de la force, surtout pour les grands ornements, la pression exercée étant proportionnelle à la surface du fer. Tout est effectué « manuellement », sans mécanisation, à pleines mains ! L'apprentissage a été long tant la concentration demandée est importante. Les fers sont chauffés à presque 90 °C, il faut trouver la bonne posture, être très stable, positionner l'outil au-dessus du dos du livre, mettre le fleuron droit, au bon endroit, et pousser la feuille d'or juste assez pour que la forme s'imprègne dans la peau, mais pas trop et pas trop longtemps pour ne pas brûler inexorablement le cuir et devoir refaire la reliure. Au début, le composteur me brûlait l'ongle du pouce, je mettais trop longtemps pour stabiliser le fer chaud… Puis, le geste s'est assuré, l'ongle s'est endurci et c'est devenu facile. Facile comme tous les gestes appris, comme tous les maniements de marteau, de plioir ou d'aiguilles.

J'ai malmené mes mains. Trop de travail. J'avais l'impression, en maîtrisant les gestes, qu'elles étaient des outils inusables. Mais elles ont fatigué, se sont lassées. J'ai eu des fourmillements, des pertes totales de sensation au bout de certains doigts, des douleurs le soir dans la main entière. Je suis passée à deux doigts de l'opération ! Mais j'ai refusé celle-ci au neurologue, malgré l'électromyogramme très significatif. J'avais trop d'ouvrages en cours pour prendre le temps de me faire opérer ! J'ai réalisé que c'était sérieux, calmé un peu le travail, changé certaines postures, manipulé différemment les gros volumes, réparti les tâches pour ne pas forcer plusieurs jours de suite de la même manière. J'ai pris enfin soin de mes mains. Je ne voulais pas leur porter atteinte, je ne me rendais simplement pas compte de ce que j'exigeais d'elles. Je n'ai pas été opérée.

Je ne suis pas une artiste, je récuse l'appellation pour mon travail. Je suis artisan. Il y a du concret dans cette appellation, une idée de labeur et de pérennité qui me plaisent. Je m'applique à façonner l'objet sous mes doigts, à redonner un habit à ces textes anciens ou à réparer les blessures du temps qui marquent ces ouvrages qui ont traversé les siècles. Ces usures, dues à des manipulations innombrables, je les soigne avec tendresse. Un livre est fait pour servir, pour être ouvert mille fois, pour transmettre. Mes mains, patiemment, réparent ce que des mains, au fil du temps, ont érodé.

Je ne souhaite pas m'arrêter de travailler, malgré l'âge de la retraite. Tant que mes mains ne tremblent pas, tant qu'elles en ont la force. Mais quand ce moment viendra, je saurai que j'aurai été un artisan, simplement, et que mes mains m'auront comblée.

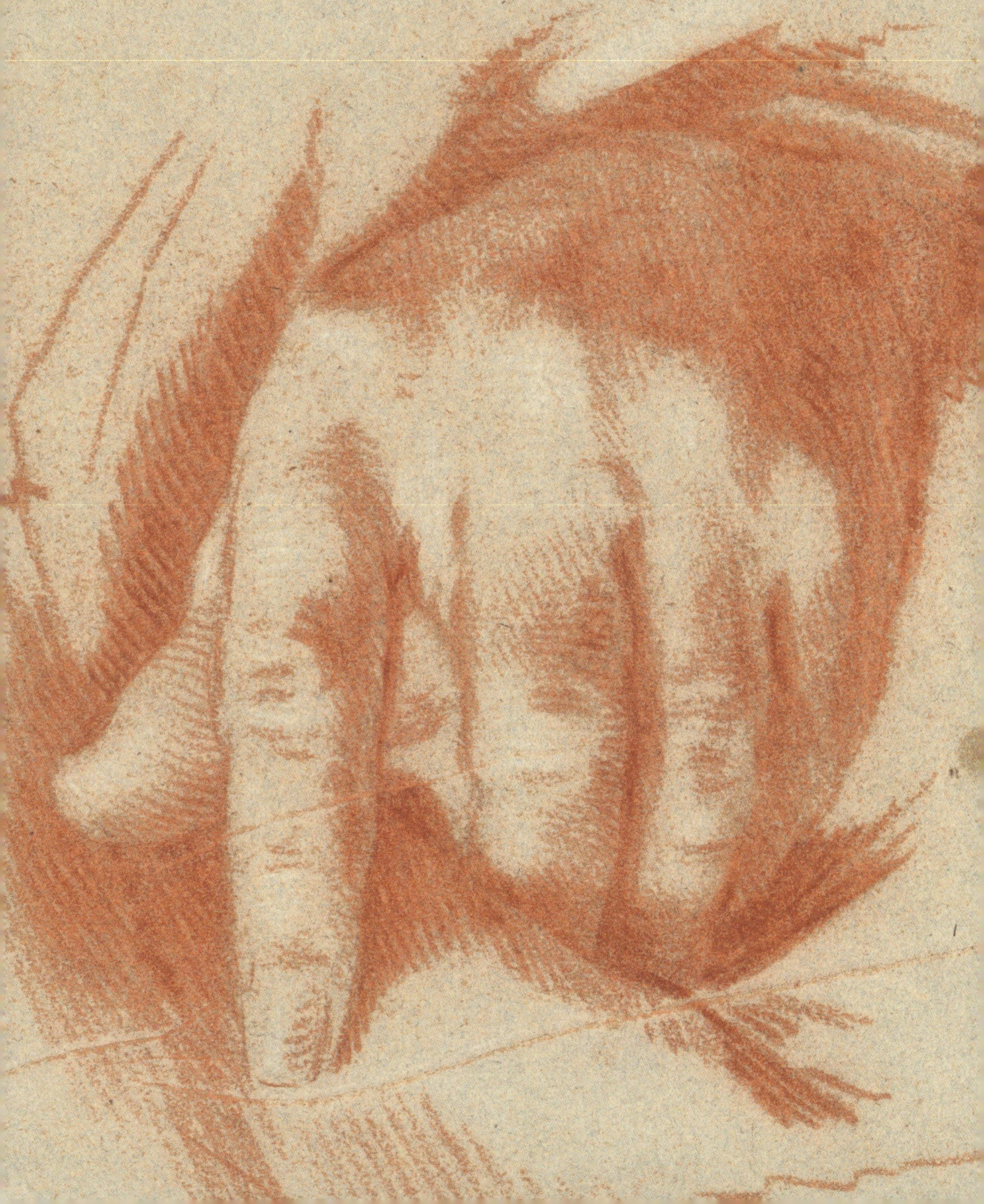

Faire revivre les mains

Jean-Michel Dubernard / chirurgien

Le remplacement d'une partie visible du corps humain comme la main fait partie de l'imaginaire collectif, il est décrit sous des formes variées dans toutes les mythologies et cultes de l'Antiquité. Jésus-Christ lui-même réimplanta les mains d'un soldat blessé… Les greffes de main sont aussi présentes dans l'imaginaire individuel, très fortement dans celui des patients amputés qui rêvent de retrouver une qualité de vie et une image corporelle normale, mais aussi dans celui de professionnels de santé en contact avec ces patients ou impliqués en transplantation. Pour ma part, c'est un cheminement ancien commençant à Noël 1952, quand la première greffe de rein réalisée en France par Jean Hamburger à Paris déclencha mon rêve de la transplantation. Plus tard, en médecine, j'allais emprunter cette voie. La tâche s'avéra difficile, et en premier lieu il fallut tout simplement trouver un patient…

Effectuer une greffe de main en même temps qu'une greffe de rein aurait simplifié les démarches, mais le seul candidat potentiel que nous avions était insuffisant rénal et diabétique, il était candidat à une double greffe rein-pancréas: impossible de greffer en plus une main ! En septembre 1996, mon ami chirurgien Earl Owen vint d'Australie passer un week-end à Lyon. Je lui parlai du projet auquel il adhéra immédiatement et proposa de trouver des candidats à la greffe parmi sa patientèle. C'est ainsi que deux ans plus tard, Clint Hallam, un Néo-Zélandais amputé de la main droite en 1984 à la suite d'un accident de scie circulaire, devint notre premier receveur. Il voulait retrouver une vie normale et même pouvoir jouer à nouveau du piano… Une fois les contraintes administratives et financières réglées, un triple problème se dressa devant nous: faire venir le patient, réunir toute l'équipe et attendre un donneur. Finalement, le 23 septembre 1998, un donneur se présenta à l'hôpital de Valence, où je me rendis très tôt le matin pour faire le prélèvement des organes abdominaux et de la main droite. De retour à Lyon notre équipe de douze chirurgiens prépara le greffon, le moignon, et réalisa la transplantation. Le patient participa activement à sa rééducation, et la récupération motrice et sensitive s'avéra très satisfaisante. Les médias s'emparèrent du sujet, sur le plan national comme international, au point qu'il fut impossible de contrôler la communication. Au quatrième mois, le patient disparut et réapparut aux États-Unis, où il passa plusieurs mois financés par de grands journaux et des chaînes de télévision. Notre seul contact avec lui fut indirect, par l'intermédiaire de l'un de nos transplantés hépatiques avec qui il s'était lié d'amitié. C'est ainsi que nous avons pu contrôler à distance l'évolution et le traitement. Il revint à Lyon quelques mois après, très satisfait sur le plan fonctionnel. Il était enchanté d'avoir retrouvé une image corporelle normale, de pouvoir aller au restaurant sans se faire remarquer, de pianoter et surtout de pouvoir conduire une voiture. Il ne présentait pas de signes de rejet. Par contre sur le plan psychologique il vivait plutôt mal le fait d'avoir en permanence sous les yeux deux mains différentes. L'appropriation semblait très compliquée. L'année 2000 fut difficile pour lui, car la première greffe des deux mains, très présente dans les médias, avait fait disparaître sa notoriété. Le pape Jean-Paul II avait reçu, au début de l'été, Denis Chatelier, le très croyant premier greffé des deux mains. Clint se rendit à Rome à l'automne, mais ne put rencontrer le pape. Est-ce la raison, associée au fait qu'il n'avait toujours pas réussi à s'approprier la main malgré l'amélioration très significative de sa qualité de vie, qui le conduisit à diminuer puis à arrêter le traitement immunosuppresseur? Quoi qu'il en soit, un rejet s'installa progressivement et conduisit à l'amputation du greffon 29 mois après la greffe initiale.

Fin 1998, Denis Chatelier, un habitant de Rochefort, au fait de la première greffe, entra en contact avec nous puis nous envoya une lettre émouvante. Il y racontait comment il avait été amputé des deux mains un peu au-dessus des poignets à la suite de l'explosion d'une fusée artisanale alors qu'il jouait avec ses neveux. Il n'était pas satisfait des prothèses myoélectriques dont il avait été équipé et considérait la qualité de sa vie comme nulle. Nous organisâmes une rencontre avec d'autres patients greffés, et le bilan effectué chez Denis fut très favorable: il impressionnait l'équipe, notamment les psychiatres, par sa volonté et sa ténacité d'ancien coureur de marathon. Il était aussi soutenu par sa foi chrétienne qui l'avait conduit à se rendre tous les ans à Lourdes, persuadé que « Dieu, qui lui avait enlevé les mains, les lui rendrait… ». L'indication de double greffe était logique pour nous et nos coéquipiers étrangers, que nous avions décidé d'associer à nouveau. La transplantation eut lieu le 13 janvier 2000, à partir d'un donneur local, avec l'équipe initiale renforcée, car il y avait en fait 7 opérations à réaliser: prélèvement des mains, préparation des 2 greffons, préparation des 2 moignons et implantation des 2 greffons. Au total, 34 personnes (18 chirurgiens, 14 infirmières, 2 anesthésistes) furent impliquées pendant les 17 heures de l'intervention. Les suites furent simples. Au début, Denis ne voulait pas regarder les mains greffées immobiles et insensibles. Puis, grâce à la rééducation, au soutien psychologique et à sa volonté, il commença à se les approprier, demandant aux infirmières: « Comment trouvez-vous LES mains? » dans les premières semaines, puis « Comment trouvez-vous MES mains? » après quelques semaines et le début de la réapparition d'une ébauche de motricité et de sensibilité. Au fil de sa rééducation, de nombreuses activités manuelles réapparurent: écriture, utilisation de ciseaux, port de charges, ainsi que les gestes plus complexes (ouverture d'un bocal, manipulation d'une fermeture éclair et utilisation d'un téléphone portable). Il était très fier de pouvoir enfiler une aiguille. Les mains étaient devenues les siennes.

LA MAIN SAVANTE, LA MAIN S'INVENTE

Grégory Cuilleron / chef cuisinier

Mon rapport avec ce membre est singulier. C'est le cas de le dire. Outre le fait qu'il soit devenu, par la suite, mon outil de travail, ma main m'est très précieuse. Comme tout le monde, me direz-vous? Non, deux fois plus que tout le monde! En effet, je ne suis né qu'avec une seule d'entre elles. L'autre ne me manque bien évidemment pas, car je ne l'ai jamais connue. Je serais d'ailleurs très embêté si l'on me dotait maintenant d'une main gauche, car ce très encombrant cadeau représenterait un véritable fardeau avec lequel il faudrait tout réapprendre. J'ai tout de même choisi un métier manuel, cuisinier.

N'y voyez pas là un quelconque sens du défi, mais simplement une volonté de ne pas m'empêcher de faire ce qui me plaisait. Cette main donc, si précieuse et si utile, m'a permis de découvrir, de m'adapter, et d'apprendre. L'adaptabilité, c'est d'ailleurs le point commun entre la main et le handicap. Ou comment réussir à surmonter une problématique, une épreuve, pour laquelle, dans l'imaginaire commun, on n'est pas capable, pas doté.

Fort heureusement, la main apprend, se reprogramme, et trouve des solutions. Ces cinq doigts et cette paume, tel un canif suisse, remplissent pour nous une multitude de fonctions. La main permet à certains de nager, à d'autres d'écrire, de modeler ou encore de peindre. Dans mon cas, elle me permet d'apprivoiser la matière, de la sentir, de la toucher, de l'évaluer, de la travailler, de la malaxer.

Comme tout bon outil, il faut la ménager, la guérir de ses meurtrissures.

C'est là tout le dilemme, elle nous est indispensable, mais nous la faisons souffrir, nous amoindrissons ses facultés. Ainsi, parfois, ma main me provoque des frayeurs lorsque je la blesse, la tords ou l'engourdis. Souvent, je me demande ce que je ferais sans elle. Je n'en ai pas de rechange, et elle est mon bien le plus précieux. Dans de tels moments, je tâche de reprendre mes esprits, d'aller de l'avant et de continuer à saisir la vie à pleine main.

Toucher l'intangible

Alain Masquelet / membre de l'Académie de médecine

On dit que la main est le propre de l'homme. Ce qui sous-entend que l'homme aurait quelque chose en propre qui définirait sa spécificité, qui serait caractéristique de sa nature présupposée. Une histoire de l'humanité rapportée à la main, et plus particulièrement à la main chirurgicale, devrait pouvoir nous en convaincre. À moins que, par l'une de ses ruses coutumières, l'Histoire ne nous montre le contraire…

La main libérée

Aristote avait bien noté l'importance de la main en tant qu'« instrument des instruments ». Au philosophe Anaxagore, qui prétendait que l'homme est le plus intelligent des animaux parce qu'il a des mains, Aristote rétorquait qu'il est plus rationnel de dire que l'homme a des mains parce qu'il est le plus intelligent des animaux. De ce point de vue, Aristote inaugurait la longue tradition d'un naturalisme finaliste qui perdurera jusqu'au XIXe siècle: la fonction d'un organe est conforme à son anatomie, et les êtres vivants sont organisés en degrés de complexité croissante (la fameuse échelle des êtres) pour aboutir à l'Homme, à la fois achèvement et but de la création. Une première faille dans cet édifice fut la théorie lamarckienne du transformisme, selon laquelle la fonction n'est pas née d'une anatomie prédéterminée des organes, mais que ce sont les circonstances et les habitudes de vie qui, avec le temps, ont modelé la forme des organes. Darwin tenait l'explication de Lamarck pour fantaisiste. Pour lui, la pression sélective du milieu induit des variations légères qui se reproduisent à l'infini. Le fait que l'aile de la chauve-souris, la nageoire du marsouin, la patte de l'ours, la main humaine soient construites selon le même agencement des os qui les composent témoigne indiscutablement d'une origine commune à partir de laquelle les espèces auraient divergé. Pour Darwin, la main de l'Homme a été libérée par l'évolution, ce que de minutieuses observations attestent. Cependant, les singes supérieurs, comme le chimpanzé, ont, eux aussi, une main munie d'un pouce opposable aux autres doigts. En réalité la main humaine diffère de la main du singe par la libération du carrefour ulno-carpien qui autorise la pronosupination (mouvement des marionnettes). Cette fonction éminemment complexe permet à la main humaine de s'orienter dans l'espace et de remplir sa double vocation de préhension et de tact: la main qui prend et la main qui touche. *In fine*, la main libérée par l'évolution est libératrice de l'évolution en étant ce par quoi l'homme est désormais capable d'écrire son histoire et d'apprendre à être le maître de son destin.

La main libératrice

La plasticité sans limites de la forme de la main est annonciatrice de l'action que l'homme va mener sur le monde. L'anatomophysiologie de la main, en effet, contient les prototypes de tous les outils. La main qui se creuse grâce à la projection antérieure du 5e rayon fait office de récipient. Les doigts à demi écartés et semi-fléchis, dans un vif mouvement de retrait du membre, mettent de l'ordre dans la chevelure hirsute, anticipant le peigne, ou bien raclent le sol en esquissant le râteau à venir. La main ouverte qui frappe à pleine paume dessine la batte ou le fléau. On l'aura compris; les outils élaborés par l'homme sont l'amplification et l'intensification de la fonction d'une forme donnée de la main. Outils, instruments, appareils, machines scandent alors les grandes étapes du progrès de la civilisation technique. Déjà, on voit poindre, en négatif, un retrait de la main cependant que la prodigieuse évolution de la technique est marquée par un tournant singulier: la production de machines ne se propose plus de satisfaire les besoins de l'homme, mais de fabriquer de nouveaux besoins. L'homme est animé par le désir de se dépasser lui-même en dépassant les limites incarnées par son propre corps. L'épopée de la main est celle de ce désir vertigineux pour l'homme de se posséder pleinement en devenant le maître absolu de sa genèse historique et biologique. Par sa vertu libératrice, la main fait plus qu'améliorer notre humaine condition; la main est désormais l'agent de la transmutation, l'agent de la métamorphose de l'espèce, en marche dans l'Histoire.

La main reléguée

À l'orée du XXIe siècle, on est forcé d'admettre, devant les avancées techniques, que la double vocation de la main, prendre et toucher, exige d'être réexaminée, notamment à l'aune de l'exercice médical. Dans ce but, je questionnerai trois champs d'intervention de la main dans le domaine médical: l'examen clinique, la pratique chirurgicale et le statut de l'instrument.

L'examen clinique traditionnel est-il encore pertinent?

La méthode anatomoclinique, née au début du XIXe siècle, est, avec la médecine expérimentale, le pilier de la médecine occidentale moderne. Toute démarche clinique est guidée par la présomption d'un lien causal entre les manifestations symptomatiques et les changements structurels des organes. Dès lors, le diagnostic médical ne consiste plus à isoler un ensemble de symptômes et de signes, mais à présumer des lésions par l'interrogatoire des signes. De cette démarche, l'examen clinique est la pierre angulaire. Dans l'exercice de ses sens naturels, au lit du malade, le médecin a recours en particulier à la palpation, forme spécifique et orientée du toucher. À travers l'enveloppe opaque des corps sur laquelle se brise le regard, il s'agit, par un lent travail d'exploration en surface, « de faire affleurer ce qui gît invisible en profondeur », selon l'admirable formule de Foucault, d'avoir accès à une intériorité. La main clinique expérimente, elle ne saisit rien, elle ne manie rien; elle tente précisément de parvenir à ce qui est au-delà du toucher, non pas à l'intouchable qui lui est défendu, mais à l'intangible. C'est peu de dire que le toucher clinique, dans sa dimension de sollicitude, opère un lien physique, charnel, fusionnel même, et rassure le patient comme pourrait le faire une caresse. Or, ce toucher si précieux de la main, dans le culte duquel nombre d'entre nous ont été formés, est à présent bouleversé par l'essor inouï de l'imagerie. En effet, l'imagerie moderne (IRM, échographie, scanner, et les reconstructions en trois dimensions) livre l'intérieur des corps au travers d'une enveloppe devenue transparente et qui n'offre plus aucune résistance. Au toucher singulier et intime, extraordinaire rencontre d'une main qui palpe et d'un corps souffrant, s'est substituée une vue panoramique offerte à tous. Les médecins que nous sommes sont passés du statut de toucheur au statut de voyeur.

Qu'est devenu, dans le même temps, le *kheír érgon*, le travail de la main dans la pratique chirurgicale? La large ouverture des corps, apanage de la chirurgie traditionnelle, ne permet pas systématiquement de mieux voir. Une fois la peau franchie, l'obstacle des organes se révèle et le regard glisse à nouveau sur une surface impénétrable. Il s'agit plus de toucher que de voir, pour établir un lien organique entre la main-esprit et la lésion; de chercher, dans l'obscurité des formes, le clivage des plans anatomiques; de faire le tour, au doigt ou à la main, de ce qui demeure invisible, afin de se faire une idée de sa forme et de sa grandeur et, selon les cas, de l'extraire ou de le réparer. Il s'agit d'exploiter par un entraînement permanent cet organe propre à l'homme qu'est le toucher, « le seul sens de la perception externe immédiate… et celui qui enseigne avec le plus de certitude tout en étant le plus grossier », selon Kant. *Exit*, actuellement, la chirurgie des grandes incisions; la chirurgie moderne caractérisée par la clôture des corps s'est plaquée sur l'imagerie. Puisque désormais on voit tout (ou presque) avant d'ouvrir et que l'objectif de l'ouverture n'était que de toucher ce qui restait en partie invisible, quel intérêt à poursuivre cette invasion des corps? De cette réflexion sont nées la chirurgie mini-invasive et la chirurgie vidéo assistée. Le chirurgien regarde l'écran et opère sur l'écran. La révolution chirurgicale des trente dernières années, de même que la révolution de la clinique, est une révolution des sens. Au toucher de la main s'est substituée la vision. Le toucher, ressort intime et ultime de la relation du clinicien ou du chirurgien au corps du patient, ne pouvait être partagé. Il s'acquérait au terme d'un long parcours d'expérience individuelle, enrichie par cette forme si particulière d'élévation qu'est le compagnonnage. La vision, elle, s'offre à tous dans une objectivité qui efface le sujet agissant et relègue le toucher de la main. Le retrait de la main, et donc du sujet, s'achève en toute splendeur lorsqu'on franchit la dernière étape de la distanciation pour confier la gestuelle opératoire à un robot chirurgical. Pour prendre la mesure de cette évolution irrésistible, il est temps de jeter un œil sur les différents statuts de l'instrument de chirurgie au regard de la main.

Qu'est-ce qu'un instrument de chirurgie?

On parle en effet couramment d'instruments de chirurgie; il semble essentiel d'établir une distinction entre les divers objets que nous utilisons dans les opérations chirurgicales, en fonction de leur rapport entre la main et le corps des patients. L'outil et l'instrument sont radicalement différents.

L'outil chirurgical

Ce qu'il conviendrait de nommer « outil chirurgical », plutôt qu'instrument, est l'intensification de la fonction d'une forme donnée de la main. Le marteau est la transcription massive, dense et insensible du poing qui s'abat sous l'effort du manche constitué par l'avant-bras. La pince à disséquer est la projection de la pince pouce-index, la rugine est le doigt qui décolle et repousse les tissus. De même, l'écarteur à palette ou la valve reproduisent les formes de la main susceptibles, de refouler, de retenir et de contenir les viscères. Le bistouri lui-même, sorte de couteau amélioré, plonge ses racines dans l'ongle dur et acéré de l'homme primitif déchirant la chair de l'animal abattu; voilà donc quelques objets chirurgicaux qui méritent l'appellation d'outils – entendus comme formes amplifiées de la main. L'opérateur fait usage de l'outil, et il convient d'insister sur ce que recouvre le mot « usage ». L'usage implique une réponse adaptée, ou plus précisément une main qui s'adapte à l'outil, puisque ce dernier n'en est que le prolongement. L'usage de l'outil nécessite un apprentissage parfois long et laborieux, toujours subtil. C'est l'outil qui établit une relation de connivence entre l'opérateur et le corps, en ce sens que, à travers l'outil, l'opérateur éprouve la résistance et la consistance des tissus avant l'émergence d'une nouvelle forme: l'outil est à la disposition de l'opérateur. À travers la main qui s'adapte à la forme de l'outil, s'établit une relation d'équivalence le temps d'une action: l'opérateur est l'outil, l'outil est l'opérateur. C'est dire que l'opérateur, comme l'artisan, doit prendre soin de l'outil, l'inspecter et le respecter. Ce qui fait la grandeur de l'outil, son étroite dépendance vis-à-vis de l'opérateur, est aussi sa faiblesse: l'outil – esclave musclé de la main – est caractérisé par un vide théorique total.

L'instrument chirurgical

Le fondement théorique d'un objet est, en effet, la distance incommensurable qui sépare l'outil de l'instrument. Mais on aurait tort de croire que l'instrument est nécessairement d'une anatomie plus compliquée que l'outil; alors que la fonction de l'outil dérive directement d'une fonction de la main, l'instrument, lui, a un but précis, une finalité inscrite dans un savoir. L'instrument présuppose des connaissances en amont de sa fabrication, un instrument donné est une incarnation d'une théorie. Par exemple, les lunettes grossissantes, bien qu'étant une amplification d'un appareil sensoriel, sont un instrument en ceci qu'elles impliquent la théorie physique de l'optique. Nul n'aurait l'idée de qualifier ces lunettes « d'outil », sans doute en raison de l'extrême précision du montage.

Pour conclure, les métamorphoses successives de la médiation entre la main du chirurgien et le corps des patients ont transformé la chirurgie. De la *tékhnē*, au sens grec du terme, qui désigne l'art en général et la capacité de s'orienter dans un domaine inconnu, de construire des formes et, partant, de donner du sens, la chirurgie est passée au rang de technique conçue comme moyen au service de fins immédiates. La continuité secrète entre cerveau, main, outil et matériaux, le tissu vivant en l'occurrence, est en passe d'être rompue. En témoigne la dégradation du statut des outils, qui demeurent néanmoins indispensables. Ainsi, le bistouri qui incise et ouvre le corps existait il y a une cinquantaine d'années sous forme d'un scalpel forgé d'une seule pièce et régulièrement affûté. L'époque est actuellement au bistouri jetable, au manche de plastique. La production industrielle en a fait un objet de masse, un objet de consommation immédiate qui occulte la relation entre la main et les tissus. Mais il y a, nous semble-t-il, conséquence plus grave; la perte d'intérêt pour les outils se double d'une indifférence à l'égard des tissus, alors que le chirurgien, comme l'artisan, doit répondre aux matériaux avec lesquels il entre en résonance.

Il faut ajouter à cela une dimension contemporaine d'envergure: la numérisation du monde, qui se déploie actuellement sous nos yeux, bouleverse, comme jamais dans l'histoire de la médecine, les trois domaines que nous avons évoqués (relation clinique, pratique chirurgicale, statut de l'instrument). L'irruption de l'IA sous toutes ses formes (utilisation des *big data*, programmation assistée par ordinateur, extension des gestes automatisés, réalité augmentée) sonnerait-elle le glas de la « main chirurgicale » qui fonctionne comme un marqueur de la réalité de la main dans tous les domaines de l'existence? On serait tenté de s'en tenir à une première conclusion un brin désabusée; la main serait définitivement reléguée. Dans la longue histoire de l'humanité, l'évolution de l'homme orientée par l'homme aurait consacré l'involution de la main. La main, pour l'homme, n'aurait alors été qu'une parenthèse, une étape historique nécessaire dans la libération de sa condition. Cette spéculation sur le futur, logiquement inscrite dans la continuité des événements qui rythment l'aventure humaine, suffirait à montrer que la main ne serait pas toujours, nécessairement, le propre de l'homme…

À cette vision technopessimiste, il faut opposer, croyons-nous, la ferme conviction que le progrès technique, quel qu'il soit, n'entachera ni la créativité nécessaire à l'exercice de la chirurgie ni la fonction symbolique de la main dans la pratique de la solidarité interhumaine.

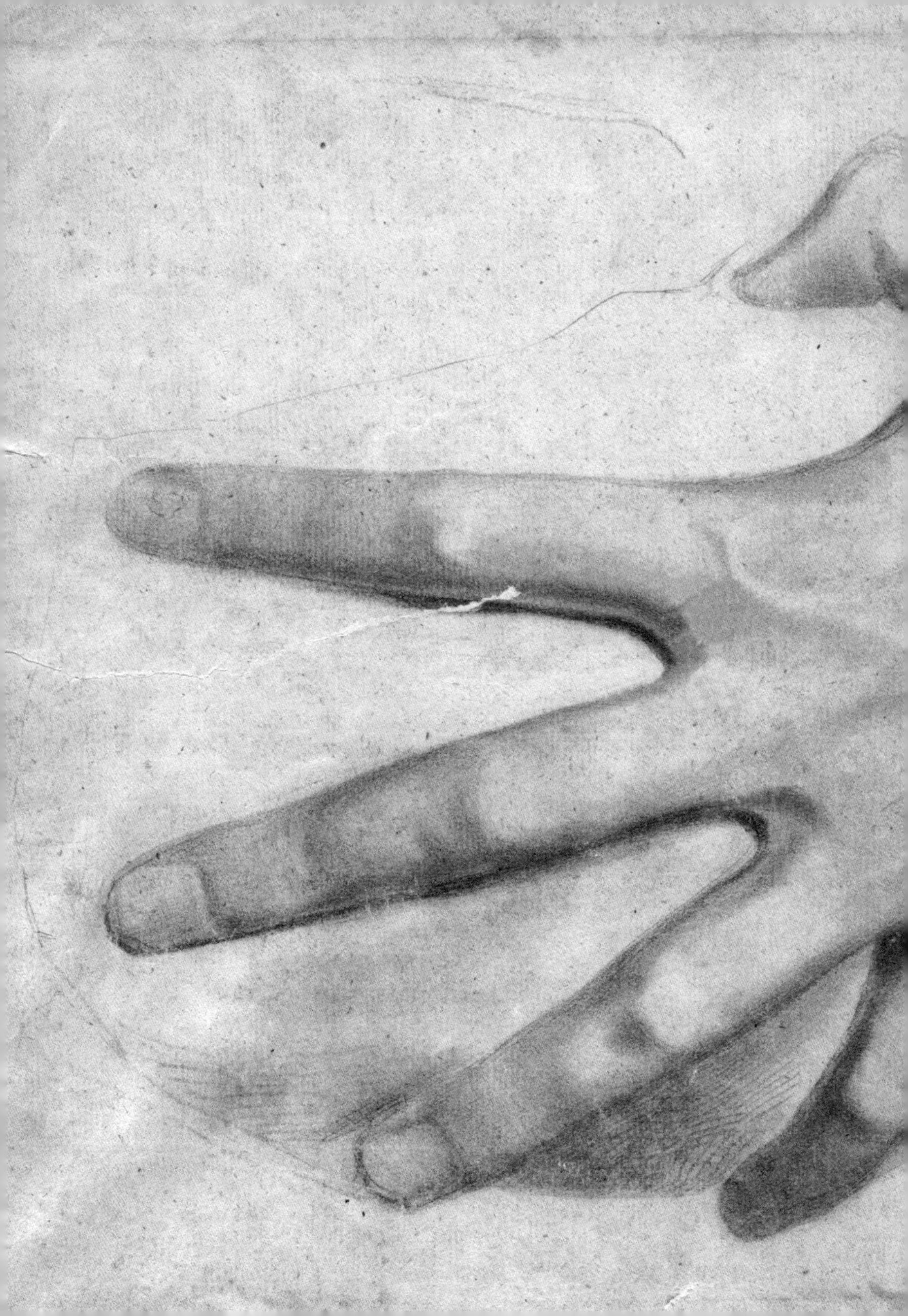

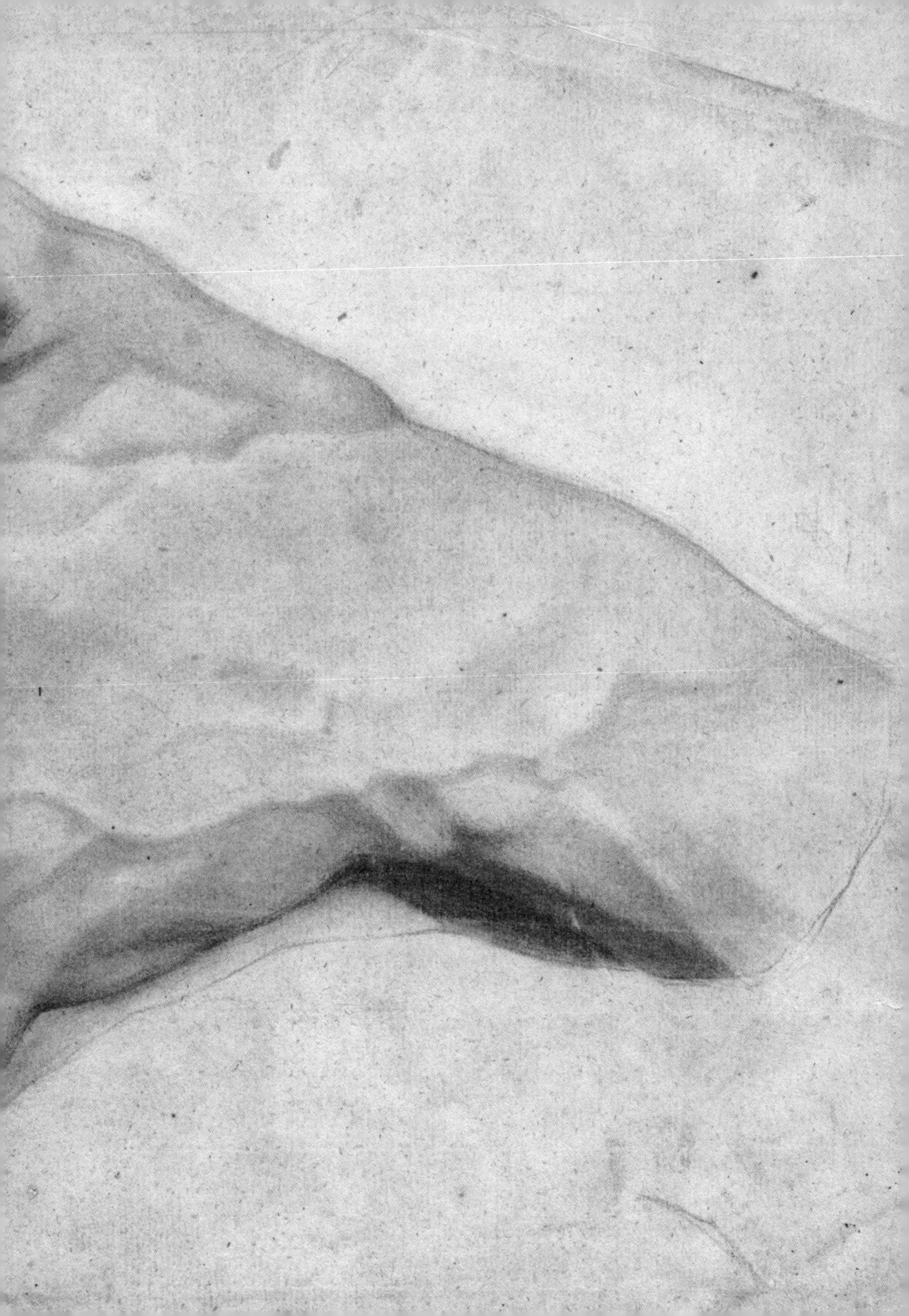

NOS MAINS NOUS DONNENT À VOIR LE MONDE

Arnaud Magnin / artisan d'art, bronzier

Alors qu'elles sont la partie de mon corps la plus soumise à mon regard, et que leurs actions rythment mon quotidien, je n'ai éprouvé qu'une seule fois le besoin d'écrire sur mes mains. C'était il y a peu, un poème adressé à la femme que j'aime et dans lequel mes sentiments amoureux s'exprimaient au travers du seul toucher. Je m'étais fait la réflexion qu'il y avait forcément derrière cette sensibilité singulière le fruit d'un quotidien d'artisan : nos mains nous donnent à voir le monde, tout autant qu'elles nous permettent de lui parler. C'est particulièrement difficile à faire comprendre, et quoi de plus déroutant pour un étudiant fraîchement débarqué dans mon atelier que de s'entendre dire qu'il doit fermer les yeux pour ne plus être aveugle ?

À plus y réfléchir, je me rends compte que mes mains sont également au cœur d'un de mes plus anciens souvenirs. J'ai encore en tête ces images, dans le salon de mes parents, probablement âgé de trois ans, de moi en train de tenter de me couper les ongles avec une minuscule paire de ciseaux fins et courbés à la forme de nos bouts de doigts. Alors que ma main gauche profitait de la dextérité (relative) de ma main droite, l'application à la tâche de ma main droite ne fut récompensée que par un terrible carnage perpétré par la gauche ! J'avais été choqué par l'injustice de la situation et j'avais mis un point d'honneur à refuser cette fatalité. Utilisant une démarche très empirique, je finis par comprendre l'importance de l'orientation des efforts du pouce et de l'index lors du croisement des deux lames: il fallait que celles-ci soient plaquées l'une contre l'autre pour empêcher l'ongle de se dérober sous l'outil. Mais pourquoi ce geste était-il si naturel avec ma main droite et si compliqué avec la gauche?

Ce fut l'intérêt porté à l'ergonomie des objets par mon père designer qui me donna la solution. En effet, dès notre plus jeune âge, il nous habitua à utiliser des outils de qualité, considérant que notre manque d'habileté ne devait pas en plus souffrir du handicap d'outils mal pensés et mal fabriqués. Ainsi, je pus comparer les ciseaux Fiskars rouges de ma grande sœur gauchère et ceux, orange, de son frère jumeau. Je compris alors que le secret ne résidait pas dans la couleur du manche en plastique, mais dans la position relative des deux lames qui étaient inversées. Ce fut une magnifique victoire et, probablement de façon très inconsciente, j'ai dû y faire germer l'idée que le monde doit être compris pour ne plus être subi. Devenu professeur responsable d'un atelier à l'école Boulle, et de ce fait confronté à la nécessité d'élever les étudiants dans la voie du dépassement de soi, j'ai dû mettre en mots ce que j'avais vécu quarante-cinq ans plus tôt : « Seul celui qui se questionne a une chance de comprendre. Seul celui qui a compris peut prétendre maîtriser. »

Dès lors, on conçoit aisément que la main et l'esprit ne fassent qu'un. Certains résument cette symbiose dans la formule « l'intelligence de la main ». C'est réducteur, voire trompeur selon moi, car nos mains ne sont faites que de capteurs et de muscles, les neurones sont ailleurs. Certes, la théorie des intelligences multiples parle « d'intelligence kinesthésique », mais c'est une façon de souligner la prédisposition de certains à une performance corporelle, le fruit de caractéristiques physiques, mais aussi d'une intuition innée et d'un sens de l'espace. Les travailleurs manuels et les sportifs l'ont, les artisans touchant l'excellence et les sportifs de haut niveau ont bien plus. De la même façon qu'un musicien virtuose est le produit d'un talent et d'un apprentissage long et rigoureux, une main experte aura nécessité un même engagement dans son sujet. Ce sont des évidences, mais ce sont des évidences coûteuses lorsqu'il s'agit de former.

Je parle de ce temps long de l'imprégnation du geste. Comment puis-je donc prétendre à l'excellence manuelle alors que je fus formé aux sciences fondamentales et durant plusieurs années professeur des écoles ? Effectivement, ayant été dans ma jeunesse logé dans la case du bon élève, j'ai suivi une formation universitaire toute tracée dans le domaine de la physico-chimie des matériaux – non sans envisager, fut un temps, la possibilité d'un départ chez les Compagnons alors que la théorie de mes études me pesait lourdement. Néanmoins, mon besoin de contact avec la matière m'interdit d'engager une carrière de chercheur ou d'ingénieur et je décidais de renoncer à ma thèse pour tenter en candidat libre le concours d'enseignant. La matière était l'humain et ça me plaisait, jusqu'au jour où mes mains osèrent me signifier leur besoin d'entrer au cœur de ma vie professionnelle. Était-ce trop tard à trente-cinq ans ? Pour en arriver à mon niveau actuel, très probablement, si je n'avais commencé à jouer ma musique d'artisan de la main et de l'esprit dès mon plus jeune âge. Je dois tout à mon père, celui-là même qui prit la peine de différencier les ciseaux de ma sœur gauchère et de mon frère droitier.

Ma route a alors croisé des gens formidables qui m'ont fait confiance, jusqu'à me faire don de leurs savoirs ou m'embaucher en finançant une formation continue. J'ai ainsi passé pour la première fois la porte de ce formidable lieu qu'est l'école Boulle, un chaudron de savoir-faire et de savoir-être unique et fragile. Unique, car certains métiers ne sont plus enseignés que là, unique également par la diversité des savoir-faire que l'on y trouve et des échanges qui s'y opèrent. Fragile, car lieu de rivalité entre une vision ancrée dans la réalité de nos métiers, dans des apprentissages de gestes longs, et une vision déconnectée des métiers d'art qui donne aux mots plus d'importance qu'aux gestes. Ici aussi, certains méprisent nos mains, pas assez nobles et trop coûteuses. Effectivement, former au geste et enseigner certains fondamentaux de nos métiers singuliers nécessite de soi-même en maîtriser les sujets.

Heureusement, les étudiants savent ce qu'ils viennent chercher à l'école, et le temps passé à l'atelier, l'outil à la main, est au cœur de leurs attentes. Je pense alors souvent à l'importance du maître dans un parcours d'apprentissage, et c'est probablement l'explication du lien très fort que j'entretiens avec mes étudiants, un mélange d'exigence et de bienveillance sincère. Pour moi, l'attention de l'apprenti, au sens premier du terme, doit se porter sur la réflexion, ensuite sur son geste et ses mains : il faut apprendre à sentir pour voir l'invisible. Il faut également comprendre l'outil et la matière pour agir avec respect. Ce sont nos compagnons d'atelier et les connaître permet de les amener au plus près de leurs limites sans jamais les dépasser. C'est un parcours initiatique long et angoissant, mais c'est le prix pour viser l'excellence. L'excellence n'est pas la perfection et pour y arriver, il faut s'appuyer sur des erreurs ; c'est la voie pour dépasser ses propres limites. Le droit à l'erreur, voilà la première pierre angulaire d'un apprentissage. La deuxième, c'est notre capacité à analyser l'erreur pour la dépasser. On en revient toujours à cette symbiose entre l'esprit et la main. Je n'avais pas conscience de tout cela lorsque je me suis lancé dans le concours des meilleurs ouvriers de France. Heureusement, car l'enjeu aurait peut-être été différent et mon état d'esprit aussi. En 2013, je m'y suis engagé avec l'envie de prendre du temps pour moi et de me faire plaisir. Ça n'aurait pas été le cas si la pièce m'avait été imposée, ou si j'avais perçu l'enjeu en matière de reconnaissance professionnelle auprès de ceux qui me résumaient alors à un professeur des écoles, et je n'aurais probablement pas tenté l'aventure. En effet, j'ai l'âme d'un créateur et pas seulement « une bonne main ».

Dessiner et concevoir une belle pièce, improbable par sa complexité, a été mon véritable défi, alors que la réalisation, pourtant extrêmement exigeante, fut presque secondaire. En effet, le processus de fabrication m'est apparu comme une longue marche qui n'impressionne plus lorsque chaque étape est parfaitement préparée et qu'il ne s'agit plus que de mettre un pied devant l'autre. Tout était déjà joué à l'avance, grâce à l'expérience accumulée et une main capable de produire l'exacte réplique d'une intention. Je réalise en le disant que c'est juste un pouvoir incroyable sur la matière qui doit être incompréhensible à qui ne le possède pas. Ça marque d'ailleurs toujours les étudiants lorsque d'un seul geste je parviens à régler un problème devenu insoluble pour eux. L'explication est qu'aucun geste n'est impulsif, chaque action est pensée au regard d'une analyse raisonnée de la situation. Sans cela, il serait inefficace, voire catastrophique. Je passe alors beaucoup de temps à verbaliser ma réflexion lorsque j'enseigne. C'est un outil pédagogique indispensable si l'on veut développer l'autonomie des étudiants et leur donner la capacité à gérer l'inconnue. Bien évidemment, si la main n'a pas acquis la dextérité et la sensibilité suffisantes, à aucun moment elle ne sera capable de sentir l'outil et la matière pour les amener dans la zone d'efficience. C'est très vrai lorsqu'il s'agit d'effacer un pli sur une tôle. En effet, il faut sentir le moment exact où le contre-pli aura effacé le défaut, sans en créer un nouveau. Or on travaille à l'aveugle, la tôle étant souvent bridée et les efforts exercés sur des cales pour assurer une répartition homogène de la pression. Pour ne pas nous aider, la matière a en plus un comportement élastique avant d'accepter de se déformer de façon permanente. Il faut donc ressentir l'imperceptible : le moment du glissement des plans atomiques ! C'est une sensation impossible à décrire, mais elle existe.

L'enjeu est alors de ne pas « faire » pour impressionner et nourrir un ego, mais au contraire de mettre ma pratique au niveau des étudiants. Je dois assez bien y arriver puisqu'ils continuent d'oser pour enfin y arriver seuls. La réussite est une sensation extrêmement puissante et certains développent parfois le sentiment qu'ils ont « dépassé le maître » dès lors qu'ils sont diplômés. C'est un manque d'humilité qui m'amuse, car je sais bien qu'on ne passe pas jusqu'à six années ensemble sans avoir à un moment donné besoin de s'émanciper pour se construire.

Je suis un passeur de savoirs, et un peu plus…

Toucher la vigne pour la comprendre

Loïc Pasquet / vigneron, *avec Jacky Rigaux*

En des temps où le vin est devenu la boisson de la mondialisation, où il est de plus en plus élaboré de manière industrielle, il est bon de rappeler que le vrai vin, qu'on appelait jadis « vin fin », est un vin qui exprime un goût singulier, un goût unique, le message gustatif de son lieu de naissance dans le respect de son fonctionnement naturel. Le vigneron connaît chacun de ses « hauts lieux » propices à l'éclosion d'un vin authentique, singulier, l'originalité gustative dans son expression première, c'est-à-dire qui ne se trouve que dans un seul lieu et qui ne ressemble à rien d'autre au monde. On est ainsi en présence d'une préoccupation culturelle et esthétique. Pour la production de vins séducteurs, flatteurs, faciles à comprendre, qui expriment plus le savoir-faire que la quête du message gustatif du lieu, la question de l'importance du lieu ne se pose pas. On produit du vin comme on produit des sodas ou des savonnettes. Le grand vin d'aujourd'hui est de plus en plus celui qui dépasse les quatre-vingt-dix sur cent dans les évaluations modernes. Avec la notation des vins, on les a fait sortir de leur dimension culturelle pour les ouvrir au consumérisme. S'est ainsi estompée l'importance du lieu qui signait jadis le grand vin, au profit de la signature de l'homme. On ne parle plus de vignerons, mais d'exploitants viticoles asservis à l'industrie agroalimentaire.

Nous, vignerons de lieux, de « hauts lieux viticoles », comme ici sur l'anticlinal de Villagrains-Landiras, au cœur des Graves, sommes les héritiers de ces moines bénédictins qui cherchaient à comprendre la nature plutôt qu'à la dominer, pour y enfanter des vins qui sont le pur fruit du travail de l'homme qui se veut accoucheur, plutôt que démiurge. Avec patience, chaque génération se transmet un savoir-faire de la main au service de ce « haut lieu » fragile, mais fécond, que l'on appelle terroir. Ainsi, le vigneron qui arrive dans sa vigne, chaque matin, commence par la toucher, remet un rameau en place, palpe la grume naissante ou prête à être cueillie, tâte le sol, fait rouler un peu de terre entre ses deux paumes... Bref, la dimension tactile de l'acte du vigneron est présente tout au long du cycle végétatif et fructifère de la vigne.

Le vrai vigneron, c'est celui qui recherche l'osmose avec le lieu. Il ne rentrera pas dans sa vigne si le sol est encore trop humide. Il le laissera « ressuyer » avant de poursuivre les travaux qu'appelle la plante en fonction de son cycle naturel. Au moment de la taille, quand se décide la future nouvelle récolte, c'est une main instruite par les aînés qui façonne le pied pour qu'il se sente le mieux possible dans son terroir. Auparavant, au moment de la plantation, c'est une main qui sait choisir le bon cépage pour le bon endroit. Le cabernet sauvignon, né dans la région viticole des Graves, se plaît en terrains graveleux, drainants, plutôt acides et bien exposés. Le petit verdot ne peut survivre sur de tels sols et aime les terrains de palu, fertiles, chauds et de bonnes expositions. Le Castets débourre tard et mûrit vite... Avec une grande diversité de cépages, c'est une symphonie qui se joue en terroirs bordelais, à condition que chaque variété exécute sa partition en étant implantée au bon endroit ! Comme avec un instrument de musique, c'est bien avec la main que tout se joue dans la vigne.

Avant de commencer la cueillette, la main du vigneron palpera les grumes pour en apprécier la maturité, puis il en écrasera délicatement une pour apprécier la flexibilité de la peau, extraira un pépin pour en évaluer la qualité, avant de mettre en bouche peau et pépins pour une autre appréciation tactile, le sens du toucher y étant également bien présent. Arrivés au chai, les raisins doivent être mis entre de bonnes mains ! Ils seront égrappés, mis en cuve, éventuellement avec un peu de rafles, afin que le chapeau se soutienne mieux, qu'il ne se fende pas et pour qu'il ne forme pas d'ouvertures par lesquelles l'alcool volatile s'évaporerait... Dom Denise, moine cistercien, aimait à rappeler que « pour s'assurer que la fermentation est arrivée à son accomplissement, on ouvre le "chapeau" avec la main, jusqu'à une telle profondeur que l'on touche le vin ». Ainsi, apprécions-nous d'abord avec la main le nouveau vin dans la cuve qui le voit naître. Par la suite on le « tastera » souvent en bouche avec le bien nommé « tastevin ». La bouche, où le sens tactile est bien présent, prend alors le relais de la main pour célébrer en nos palais ravis le vrai vin de lieu.

LA MAIN POUR CONVAINCRE

Philippe Pernot / kinésithérapeute

Même estropiée de la main, la génération de nos grands-parents, anciens poilus pour la plupart, continuait à travailler dans les usines ou dans les champs. Un menuisier amputé du quatrième doigt parlait du métier qui rentrait lorsqu'il allait voir ses compagnons d'atelier. Les mutilations provoquaient alors moins de souffrance, car elles étaient plus acceptées par l'entourage. Dans la société actuelle, où la main, comme le reste du corps, tombe souvent dans le piège de l'apparence narcissique, le handicap et le dysmorphisme d'une main sont vécus avec une souffrance aiguë. Ne plus pouvoir porter son alliance, sa bague de fiançailles, sa chevalière ou tout bijou est ressenti comme une perte. En fait, le patient doit apprendre que cette main qui lui donnait à manger, qui donnait du plaisir – et qu'il ne voit plus que comme une main de souffrance – doit redevenir une main de plaisir et une main nourricière. L'exercice est souvent périlleux, et le point d'orgue de ce chemin est d'abord avant tout la main sensible.

« Le dos est le carrefour des angoisses ; la main, le parking de ces dernières », Professeur Villain.

C'est la première chose que l'on tend à l'autre (malheureusement sauf en période de Covid). Pour le patient blessé, opéré, la main traumatique est un tsunami social, fonctionnel et affectif. C'est un chaos, une atteinte à la vie professionnelle, familiale, intime.

Quelle que soit la lésion, ce n'est jamais une petite lésion. Les éléments nobles de la main (tendons, nerfs et artères) ne sont souvent qu'à deux millimètres de la surface de la peau. Quel que soit le type de traumatismes (réparés ou non), il y a toujours une composante négative d'atteinte de la sensibilité. La restriction du mouvement, la diminution de la sensibilité, l'apparition d'une hypersensibilité dans le cadre de la réparation du nerf font que cette main, qui était autonome, qui était « la partie visible du cerveau » (Kant), se trouve réduite dans toutes ses capacités. Cette main, dont le propriétaire n'a jamais perdu de temps à savoir ce qu'elle faisait, qui remplaçait l'œil, qui permettait de se guider dans le noir, qui renseignait le cerveau, qui permettait d'asseoir le verbe, se retrouve emprisonnée dans un processus de cicatrisation, dans un pansement et, de temps à autre, dans une immobilisation.

Le principe de notre art est d'intervenir le plus rapidement possible pour éviter non seulement les enraidissements articulaires, les collages tendineux, mais aussi pour que cette main ne tombe pas dans l'oubli et n'atteigne pas le stade de non-retour, que nous appelons « l'exclusion fonctionnelle ». Notre arme majeure est de redonner âme à la sensibilité à travers l'immobilisation, à travers le pansement et malgré les sutures chirurgicales, de façon que le cerveau reconnaisse des informations ascendantes le plus rapidement possible.

Le trio que forment le chirurgien, le rééducateur et le patient ont pour but commun une récupération fonctionnelle tendant vers la restitution *ad integrum* du membre supérieur.

Nous demandons aux infirmières les pansements les plus fins possibles afin de ne pas aveugler les pulpes des doigts et de libérer un mouvement et une sensibilité. Le patient doit apprendre à gérer ses douleurs ; à la fois celle du traumatisme, celle de la réparation chirurgicale et celle de l'appréhension. Au-delà de cette douleur, il y a une vraie souffrance, assez régulièrement un stress post-traumatique lié à la perte de la qualité de la spécificité du geste. Le patient entrevoit cette immense montagne à gravir qu'est l'obligation de repasser par une courbe d'apprentissage pour recouvrir un geste qui ne sera peut-être plus comme avant. Il peut exister des séquelles, des variations de sensibilité. Le patient va être obligé de repartir au tout début de cette courbe d'apprentissage, souvent comme s'il était un jeune apprenti.

Au début : le verbe

Bâtir le schéma directeur de la rééducation demande un besoin de compréhension de l'accident, du traumatisme, du mode de réparation. Le besoin aussi d'une empathie constructive dans l'écoute du vécu et du ressenti du patient. Le verbe prend toute sa place pour présenter au patient les différentes phases du binôme que nous allons constituer ensemble et pour l'aider à prendre en compte différents types de douleurs : accident, appréhension, mémoire de la douleur liée à sa bibliothèque des douleurs et décryptage du diptyque entre douleur et souffrance.

Durant le temps du verbe se déroule un fondu enchaîné durant lequel le verbe se mélange au premier contact des mains du rééducateur avec la main blessée. Captage à travers cette sensibilité de l'appréhension, de la peur. Les mains du thérapeute quitteront alors le site officiel de rééducation pour se dérouler sur l'entièreté du membre supérieur : l'épaule et la nuque. Perception par les mains du soignant de la peur, de la contraction, d'un repli du membre supérieur sur le schéma originel du triple retrait. Associer un verbe rassurant à des mains qui palpent, qui détendent, à des mains qui quittent ce premier site pour peut-être ne pas y revenir tout de suite, mais se garantir que le patient accepte ce toucher défini comme « les préliminaires du contact ». Pour chacun, il faudra associer son verbe, la chaleur, la dextérité, la douceur et le contact de ses mains pour apprivoiser, mettre en confiance, rassurer. Toucher une main, à travers un pansement ou à pansement ouvert, pour redonner une sensibilité doit se faire d'une façon enveloppante. Le pansement n'est qu'un artefact temporaire et, dès le premier contact, nos mains doivent permettre au patient de comprendre l'importance de la mobilisation des cicatrices afin de l'entraîner vers le chemin de la lutte contre les adhérences. Envisager une mobilisation post-chirurgicale ou post-traumatique sans déclencher aucune douleur est impossible, mais la présence de nos mains doit permettre au patient de rentrer dans l'acceptation de cette douleur modérée, que nous sentirons au travers de notre tact.

Dans ces premiers temps, il s'agit de rejoindre la finesse des personnes déficientes visuelles pour garder un entraînement permanent de notre tact. Il ne faut pas hésiter à couvrir la main du patient de façon à annuler son contrôle visuel et à laisser ces trois mains (celles du rééducateur et celle du patient) travailler simplement en « aveugle ».

Nous sommes des rééducateurs, des masseurs kinésithérapeutes, des « kinés » dans le langage courant. Aussi des masseurs, car le massage a des vertus empiriques qui soulagent et aident à la détente du patient. C'est pourquoi les mains du rééducateur se promènent sur l'intégralité d'un membre supérieur, ce qui peut surprendre le patient. L'épaule est le socle de la main.

Ce premier contact physique brise la « bulle » dans laquelle le patient se réfugie, se protégeant de ses douleurs, de ses appréhensions. Ce premier geste, ce premier toucher, peut sembler anodin, mais est primordial dans la relation de confiance que nous établissons avec le patient, car nous entrons dans son intimité.

La qualité de nos mains est au service du but à atteindre. Elles doivent être chaudes, enveloppantes, rassurantes, précises, habiles et excessivement sensibles. Les mobilisations sont souvent à faire dans un cadre articulaire défini. Avec l'habitude, nos mains n'ont plus besoin d'outils de mesure. La perception des angles, du relâché du patient n'est plus dans notre cerveau, mais dans nos mains, qui deviennent autonomes.

Nos mains doivent donc être convaincantes et générer plus de bien-être que notre verbe. Nos pulpes des doigts sont d'extraordinaires détecteurs cliniques. Éléments d'évaluation, elles peuvent palper, enregistrer une température, être un peu échographe. La nature nous a dotés de capacités extraordinaires. La perception d'un contact entre deux points sur une pulpe d'index est de 2 à 6 millimètres, et sur la peau du dos, de 40 à 80 millimètres. J'ai eu la chance d'enseigner aussi à de merveilleux étudiants déficients visuels. La dextérité et la sensibilité de nos mains ne sont pas, à ce jour, un élément de sélection dans nos études, alors que c'est cette notion de feed-back qui guidera l'excellence de nos actes.

« À force de penser avec leurs mains les ouvriers et les paysans ont entrainé leur intelligence à remonter jusqu'à leur cerveau », Raoul Vergez.

On pourrait imaginer un comportement obsessionnel de récupération de la force sur une main, puisqu'elle est capable de délivrer jusqu'à 75 kilogrammes de pression chez certains individus. Mais avant, il faut retrouver une main d'agilité, qui ne peut exister sans récupération de la sensibilité (La sensibilité est le socle d'une mélodie cinétique fluide.). À une époque révolue, les enfants avaient des jeux qui permettaient de faire évoluer cette sensibilité, cette agilité et cette dextérité. La qualité d'un geste est la résultante d'une gestion de contraintes, certaines personnelles (dyspraxie, séquelle d'accident, séquelle de maladie, contraintes personnelles endogènes) et d'autres extérieures (pression de production, précipitation, inconfort). À travers l'étude de cette résultante, on peut aisément comprendre qu'une séquelle, même minime, peut avoir un retentissement impressionnant sur le physique de la personne, avec des impacts sociétaux.

Le travail de la sensibilité doit être une obsession tant pour le patient que pour le praticien. Notre sensibilité tactile n'est pas forcément innée. L'entraînement, filigrane du travail de rééducation, permet de l'acquérir.

Bien que « main à plume vaille bien main à charrue » (Rimbaud), il existe une différence majeure entre la main des villes et la main des champs. La sensibilité de la main est aussi fonction de la couche cornée qui revêt la face palmaire. La réadaptation doit emmener le patient au maximum de sa récupération fonctionnelle en cohérence avec sa vie.

La main du mathématicien

Jacques Malet / mathématicien

Mathématicien, un métier manuel ? Nul ne l'imagine. Pourtant je me sens toujours, et peut-être de plus en plus au fil des années, une âme d'artisan. S'il calcule plus volontiers *de tête* qu'il ne compte *sur ses doigts*, le mathématicien sait pourtant ce qu'il doit à la *main*. Les calculs qu'elle mène lui servent de guide, et ce sont des représentations graphiques, variées à l'extrême, qui aident sa pensée à prendre son envol. Grâce aux figures que sa main a dessinées, il peut voyager vers des contrées inconnues, des mondes inexplorés. Moi qui ai consacré une grande part de ma vie à des activités mathématiques d'enseignement et de recherche, je me dois de ne jamais oublier sa coopération de chaque instant. Lorsque je pense à toutes les pages que j'ai pu garnir de calculs, à toutes ces figures esquissées ou méticuleusement tracées, à tous ces tableaux remplis pour mes étudiants, je mesure ce que mon métier doit à la coopération récurrente de la main, à sa bienveillance et, pour tout dire, à son intelligence.

La quête de beauté et d'harmonie est au cœur des mathématiques. Contrairement aux idées reçues, le mathématicien se situe à l'opposé d'une pensée normative, et l'imagination doit être sa qualité première. Quant à la main, elle est l'indispensable compagne, parfois même le guide de ses aventures mentales. Pour les Grecs anciens, les mathématiques regroupaient arithmétique, géométrie et cosmologie. S'y adjoignaient l'acoustique et la théorie musicale pour s'intégrer, chez les pythagoriciens, à une conception

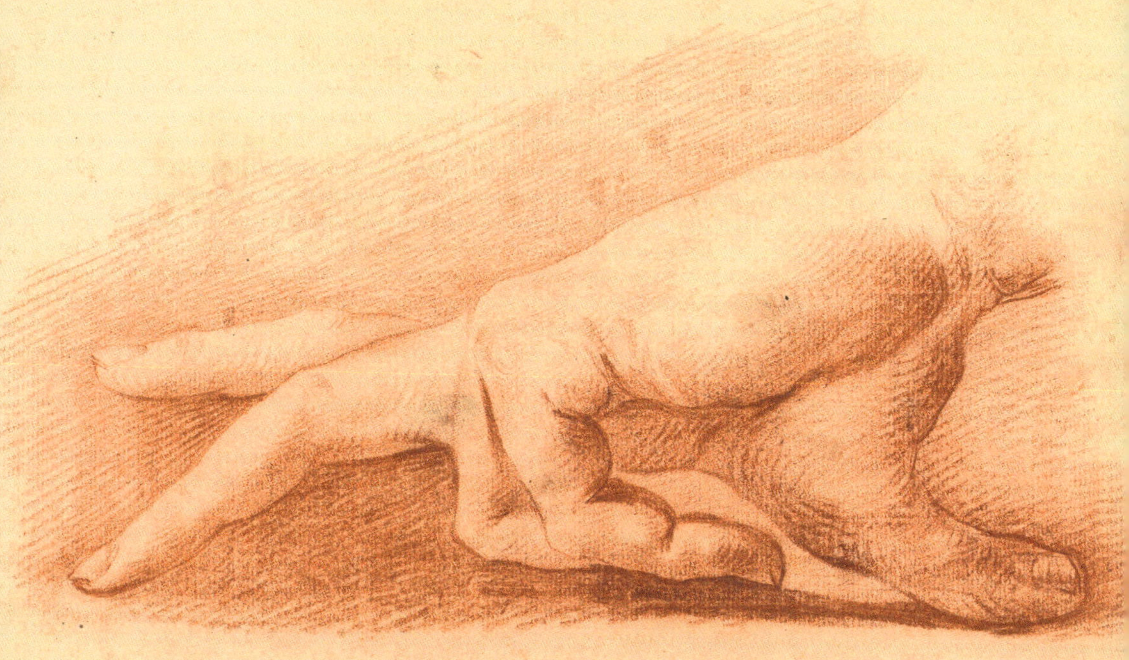

globale du monde, qualifiée plus tard de « musique des sphères », selon laquelle l'Univers et les distances entre les planètes ne pouvaient que respecter des rapports numériques associés à des intervalles musicaux. L'harmonie d'une sphère provient de sa perfection, perceptible une nuit de pleine lune. Certes, la sphère devient récalcitrante quand le professeur s'essaye à la représenter fidèlement au tableau, mais sa main ne se contente pas de la dessiner, puisqu'il peut en écrire l'équation, sous forme simplifiée :

$$x^2+y^2+z^2=1$$

Cette belle équation dit tout de la sphère, dont le centre est choisi comme origine et le rayon comme unité de longueur. Elle est cette sphère rêvée, cette sphère idéale, dont les avatars dans le monde réel ne sont que des variantes approchées. Sans parler de sa calligraphie, qu'il ne faut bien sûr pas négliger, la beauté d'une équation tient à sa simplicité, à la richesse de son contenu et à l'étendue des généralisations qu'elle permet d'envisager, une fois débarrassée de ses charges inutiles.

Tout comme la beauté d'un geste, la beauté d'une démonstration est, elle aussi, liée à sa précision. Les arguments doivent être clairement avancés, structurés, sans digressions inutiles. Un collègue physicien me disait un jour qu'une démonstration mathématique était pour lui comme un échantillon d'intelligence humaine à l'état pur, clarifié de toute contingence matérielle. Malgré les obstacles, cette quête de pureté est essentielle. Les avancées mathématiques, comme les autres, n'empruntent jamais les plus courts chemins, que l'on ne découvre que peu à peu. On qualifie souvent de démonstration « à la main » une preuve qui ne fait intervenir que des calculs. Là encore, l'esthétique est un excellent guide, car un calcul élégant en devient efficace. Il est moins exposé aux erreurs qu'un calcul désordonné. En préservant à chaque étape l'agencement et l'équilibre des formules, si possible leur élégance, on les vérifie aisément pas à pas. Pourtant, à une *démonstration à la main*, on préfère souvent une démonstration plus abstraite, qui ouvre de plus vastes perspectives qu'un simple calcul. Un théorème en est enrichi et son domaine d'application diversifié. Pédagogiquement, il reste indispensable de l'illustrer de nombreux exemples, dans des contextes mathématiques variés, pour en faire comprendre la richesse et le rendre utilisable. Seule cette mise à portée permettra d'accéder à l'universalité d'un résultat, notamment grâce à des tracés et des calculs *à la main*. Encore elle !

Les paléontologues ont montré depuis longtemps combien la libération de la main est inséparable du développement du cerveau humain. Si nos deux mains n'avaient pas compté dix doigts au total, nous n'aurions pas privilégié la base décimale pour représenter les nombres. La main fournit à l'*Homo sapiens* du « temps de cerveau disponible », et pas seulement pour son imprégnation par des messages publicitaires, comme pourrait le penser un dirigeant de chaîne télévisée. Elle suggère, elle interroge, elle met notre pensée en appétit. Sans oublier tout ce que la géométrie doit aux métiers artisanaux et qui mériterait de longs développements, il faut répéter que le mathématicien dessine beaucoup, car les dessins l'aident à comprendre et à faire comprendre un enjeu abstrait. On a certes beaucoup dit qu'il faut savoir raisonner juste sur une figure fausse. Personnellement, je ne vois pas d'inconvénient à faire une figure juste, et si possible jolie. La main permet aussi à l'esprit matheux de prendre son temps. Lorsqu'elle lui impose son rythme, la pensée se déroule au *fil de la main*, librement et sereinement. J'aime penser sous le contrôle de ma main, qu'elle griffonne ou écrive avec application, qu'elle esquisse un croquis ou le trace avec soin. Mon esprit épouse cette activité manuelle, il ne suit pas la main en permanence, mais elle reste disponible, prête à le seconder à tout moment. Il la quitte parfois, pour très vite la retrouver, accompagner ses mouvements, vérifier son travail et, dans le meilleur des cas, contempler son œuvre.

Le caractère abstrait des mathématiques les rend difficiles d'accès. Leurs adeptes sont largement dépassés en nombre par les naufragés d'un enseignement que les professeurs n'ont pas su rendre intéressant, faute d'avoir su en montrer la beauté. Pour relever le défi pédagogique qu'elles représentent, il convient, comme pour enseigner n'importe quelle autre matière, d'être compétent, enthousiaste et fin psychologue. Même si elle ne sert heureusement plus à tirer l'oreille d'un élève indiscipliné, la main joue encore ici un rôle crucial puisqu'en les écrivant, elle déroule les mathématiques devant les étudiants. L'utilisation rationnelle du tableau est vitale pour qui enseigne les mathématiques. Avec la mauvaise foi qui conduit à prêcher pour sa propre paroisse, j'ai toujours prétendu que les gauchers ont un avantage compétitif en la matière. Un droitier, s'il ne cache pas ce qu'il est en train d'écrire, doit de toute manière en provoquer une éclipse en passant devant, à moins d'interrompre son travail d'écriture. Nous autres gauchers pouvons laisser visible ce que nous écrivons de manière continue, donc plus pédagogique. Certes, un problème technique apparaît en fin de ligne, lorsqu'il n'y a pas de place disponible à la droite du tableau. Je résolvais quant à moi ce problème en changeant ma craie de main, sous le regard interloqué des élèves les plus attentifs. Je brillais ainsi à peu de frais, car les gauchers sont plus adroits de la main droite que les droitiers de la main gauche. C'est bien connu ! De nos jours encore, le tableau conserve ses vertus, pour faire percevoir l'enchaînement des arguments et en faciliter la mémorisation. Une succession de *slides* ne fait pas un cours de mathématiques, tout juste un résumé introductif ou conclusif. Voir une figure apparaître progressivement en clarifie le contenu, voir un calcul se faire en structure les étapes. Pour un étudiant, faire une figure ou un calcul lui-même est bien sûr encore plus formateur, mais ne peut le plus souvent être envisagé qu'un peu plus tard. La préparation de documents pédagogiques reste plus que jamais au cœur du métier d'artisan-pédagogue, et l'enseignant dispose désormais d'outils performants qui lui « simplifient la vie ». Le plaisir d'écrire à la main se perd dans l'ivresse du copier-coller, mais demeure celui d'un travail bien fait.

Avec la disparition programmée de l'écriture manuscrite, le champ de la *main* se rétrécit, mais elle n'a pas dit son dernier mot et reste au cœur des activités mathématiques. Certes, un mathématicien s'engage souvent dans des territoires inexplorés, où la main peine à l'accompagner, comme s'il prenait un malin plaisir à lui montrer ses limites, que lui seul aspire à dépasser. Cette aspiration est naturelle, mais sa main ne s'en offusque jamais. Il aime côtoyer l'infini, le grand, le petit ou même le dentelé, avec son goût récent pour des objets fractals, comme la trajectoire d'un mouvement brownien. La main ne peut l'accompagner jusque-là, mais elle l'aidera souvent à aller à l'essentiel, à synthétiser la notion qu'il a imaginée grâce à des figures métaphoriques.

Lorsque les mathématiciens ont inventé des géométries non euclidiennes, la main n'a pas renoncé à dessiner leurs espaces courbes. Lorsqu'ils se sont pris à rêver de dimensions quelconques, même infinies, même fractionnaires, elle s'est peut-être posé des questions, mais lorsqu'il leur a fallu mener des calculs *à la main* dans ces espaces imaginaires, elle tenait sa revanche. Le mathématicien ne doit jamais oublier cette précieuse compagne. Elle reste son ultime ancrage au monde réel.

LES MAINS DES REMUEURS

Olivier Krug / créateur de champagnes

Quand il s'agit de champagne, on pense à sa dégustation, donc plus spontanément à nos sens, ceux des yeux, du nez ou du palais, plutôt qu'à une de nos mains. Pourtant, quelques minutes après ma naissance, j'ai fait l'expérience d'une goutte déposée sur mes lèvres par mon papa, du bout d'un doigt. Il perpétuait ainsi une longue tradition familiale, que j'ai transmise à mes enfants. La main est au cœur du métier, des gestes, du savoir-faire et de la transmission. Débutant dans la maison, j'entends encore mes père et oncle, Henri et Rémi Krug, m'expliquer que ces gestes « retrouvés et réinventés chaque année, et jour après jour, par les grands artisans témoignent de la beauté d'un métier sans cesse nourri de création, de rigueur et de passion ». Une invitation plus qu'inspirante à perpétuer le rêve du fondateur. Ce qu'offre la main va de la douceur, à la puissance, avec une multitude de positions, du moment des vendanges à celui de l'expédition. De la dépose délicate de la grappe dans le panier au dégorgement, de la finition d'un habillage particulier à la prise ferme d'un fût à rouler, le geste est toujours précis, spontané ou répétitif, rarement au hasard, souvent prudent.

Le premier geste qui vient à l'esprit est celui de la vendange. En Champagne, point de récolte mécanique. Bien sûr ! La grappe doit arriver au pressoir dans sa plus pure intégrité. Elle est d'abord choisie, saisie délicatement, tournée pour vérifier l'aspect de toutes ses faces. Une intervention, précise et délicate, peut séparer quelques grains à l'aspect douteux, des élus. C'est là que la grappe, tenue dans une main, se voit détachée de la plante par le coup sec du sécateur tenu par l'autre main. C'est cette première main qui va poser, avec délicatesse, la grappe dans un panier qui, une fois rempli, ira compléter une caisse, elle-même immédiatement transportée au pressoir. Ces quelques gestes, à deux mains, seront répétés plusieurs milliers de fois, chaque jour du temps de la vendange, par une femme ou un homme courbé sur une vigne basse, parfois dans le froid et une certaine fatigue. Si cette scène peut sembler pittoresque, le vendangeur soumet ses mains à rude épreuve. Il doit fouiller sous les feuilles pour s'assurer que de beaux grains ne s'y cachent pas, les doigts collent et malheureusement n'échappent pas parfois à une coupure qui, même légère, ne s'estompera qu'à la fin de la vendange et vient rappeler que le fruit est acide. Ces gestes répétitifs et bien contrôlés sont les conditions de la meilleure sélection possible des fruits de l'année et de leur intégrité à leur arrivée sur le pressoir.

Très différentes, les mains du pressureur, en charge du pressoir, saisissent les caisses de quarante kilos sans les secouer, les pèsent puis les vident – à bout de bras – dans le pressoir. Il reviendra pour la « retrousse », quatre ou cinq fois, pendant le pressurage avec une fourche ou une pelle en bois, tourner le « gâteau » de raisins écrasés, pour s'assurer de l'homogénéité de la presse. La main du pressureur est alors le prolongement de ses bras et de ses cuisses, dont la poussée permet ce travail de force. Elle est calleuse en fin de vendanges. Le jus à peine pressé est alors pris en... main par les experts du vin. Une petite quantité va être prélevée, goûtée, mirée, analysée pour assister les décisions opérationnelles. La vinification peut alors commencer. Il faudrait un livre entier pour décrire les interventions de la main, directes ou indirectes, en particulier chez nous où beaucoup de gestes sont les mêmes depuis 1843.

La particularité de notre approche parcellaire implique de vinifier individuellement énormément de petits lots, eux-mêmes en petits contenants. Nos vins prennent vie en petits fûts de chêne dont nous avons un parc de 4000. Chaque fût sera vérifié et préparé plusieurs semaines avant la vendange avant d'être rangé, prêt à accueillir les jus. Le remplissage est minutieux pour ne pas perdre du précieux liquide. Il est ensuite ouillé pour éviter trop de contact avec l'oxygène. Le vin va alors se clarifier, naturellement, sans aucune intervention extérieure, jusqu'à laisser un vin « clair » et tranquille, prêt à être soutiré. Après avoir essayé toutes sortes de pistes de mécanisation, il a été décidé de perpétuer le soutirage traditionnel, au bassin, fût par fût. Cette opération assez spectaculaire fait appel à la force et au doigté. Force pour desserrer la bonde et ouvrir le fût, y enfoncer rapidement le robinet et le basculer progressivement jusqu'aux dernières gouttes de vin clair, en le séparant des lies.

La nouvelle cuvée est tirée (mise en bouteille) à la fin du printemps et descendue en cave pour une période de plus de cinq ans avant que des mains fermes ne viennent la tirer de son sommeil, la placer sur des pupitres, avec un angle précis et régulier, et commencer le remuage. En quelques semaines, la bouteille va avoir plus de contact avec une main que pendant le reste de sa vie. Cette main, toujours la même, est celle du remueur. Il viendra plusieurs fois, d'un petit coup ferme, décoller le dépôt de la bouteille tout en lui assurant une petite rotation. Cette opération, une des plus spectaculaires du travail de cave, est aussi une des opérations nécessitant le plus de savoir-faire. Les mains du remueur vont ainsi toucher plusieurs milliers de bouteilles par jour. La formation est longue, car chaque remueur doit apprendre à lire ses vins et transformer les informations en une série de gestes spécifiques. Si le dégorgement est principalement mécanisé, celui des très gros flaconnages est encore fait à la main. Il s'agit alors de saisir un flacon important, de le tenir très fort en retirant le bouchon jusqu'à expulsion du dépôt. Là aussi, une opération rare mais de très grande expertise. Enfin, moment moins connu mais important, l'habillage apporte la touche de présentabilité à des flacons qui n'ont pas vu le jour depuis au moins sept ans. Les étiquettes doivent être posées à l'endroit, à l'avant et à l'arrière de la bouteille, les coiffes serrées sans plis et les collerettes ajustées avant de rejoindre des coffres spéciaux. Après toutes ces années en cave, arrive le moment tant attendu de la dégustation.

Ouvrir la bouteille est un art. Combien se sont trouvés vexés de ne pas trouver le tirecelle (du bout des ongles), de ne pas avoir réussi à dérouler le muselet et, surtout, d'avoir perdu le bouchon (voire du précieux liquide) au moment d'ouvrir la bouteille. Quatre doigts serrent le bouchon pendant que le pouce contrôle la pression du bouchon, tandis que l'autre main, qui tient fermement le cul de la bouteille, s'en sert comme un levier permettant de contrôler l'opération. La servir est aussi un art. Regardez un sommelier vous présenter la bouteille, placer sa main, ses doigts, pour en contrôler l'orientation, éviter de perdre le liquide, de le mettre en colère, voire de lâcher la bouteille.

Enfin, nous y sommes. Le champagne est dans notre verre (jamais une flûte ni une coupe… même tournées à la main !). Le moment crucial approche, mais il faut encore passer quelques étapes : observer ce champagne, sa couleur, son flot de bulles, puis le sentir. Tenir son verre nécessite de canaliser sa main pour permettre de donner au champagne un mouvement subtil qui le fera légèrement bouger sans lui faire perdre son effervescence, car les bulles n'ont pas besoin de mouvement pour porter les arômes jusqu'au nez. Il faut laisser tourner le vin dans le verre, pas trop, c'est du champagne, et les bulles apportent les arômes à la surface du verre.

Dernier geste, ô combien symbolique, il faut trinquer. Prendre son verre par le pied, le guider vers celui de ceux avec qui nous partageons, les choquer élégamment en les accompagnant souvent d'un mot qui suscite un sourire. Bonne dégustation ! À votre santé !

La perfection d'un instrument

FeGH / penseur en nourriture

Une recette est un code qui peut s'interpréter ou se réinterpréter. Le geste en cuisine reste, lui, plus complexe, sans sa maîtrise, une mauvaise interprétation du geste mène à l'échec. Je me souviens d'une femme, appelée Lucette, cuisinant avec Grand Art une *focaccia di Recco* à Imperia, spécialité ligurienne, si fine, à la légèreté de l'être; je suppliai Alain Ducasse de la mettre au restaurant Le Louis XV à Monaco. À notre grand étonnement, Mimmo, le mari, donna la recette de sa femme à Alain Ducasse, il nous a semblé d'une charité folle. Le mari dit ceci: « C'est facile: prendre de la farine Manitoba 00, pas de sel en début de cuisson, faire une première abaisse, mettre le fromage stracchino, poser la deuxième abaisse, enfourner à 250 °C... » À mi-cuisson, la cata, la focaccia crevait avec force, lamentablement. Cherchez l'erreur – au lieu de souder les abaisses au rouleau à pâtisserie, les bordures étaient pincées, sacré Mimmo!

Dans la cuisine européenne, on coupe les aliments pour les préparer; dans la japonaise, on les coupe pour en faire ressortir le goût, selon la manière de trancher, la sapidité ne sera pas la même.

Lorsqu'il faut servir au restaurant près de 100 âmes affamées par jour, les instruments de cuisine se doivent d'être parfaits. C'est ce qu'explique Hirohisa Koyama, reconnu comme l'un des plus grands chefs de son époque.

En ce qui concerne le couteau de cuisine, le plus important est qu'il soit bien droit. Si le fil de la lame n'est pas parfaitement dans l'axe de la coupe, on risque de dévier, d'où l'importance de l'affilage de la lame. Or, comme elle mesure plus de 30 cm de longueur, il faut utiliser tout son corps pour corriger l'erreur, on se fait mal à l'épaule et au poignet, c'est douloureux. De plus, si on continue à couper sans faire attention, la coupe de ne sera pas propre et le bras ne remontera pas comme il le faudrait. Cette exigence est nécessaire, elle est perceptible en bouche, et contribue à une sensation émotionnelle lors de la mâche.

C'est ce que va nous démontrer en 2001, Hirohisa Koyama, fervent défenseur de la cuisine japonaise traditionnelle au Japon, ayant subjugué son auditoire lors de sa conférence à la Maison de la culture du Japon à Paris.

Il projeta une vidéo sur la découpe d'un maquereau. Son geste semblait être filmé au ralenti, alors que non – trente ans d'expérience pour arriver à l'excellence de la coupe. Alors que le geste de son second de cuisine, montré en comparaison au microscope, présentait à l'image une chair hachurée à n'en pas croire ses yeux. Invisible à l'œil nu, cependant, quinze ans de pratique n'est pas rien. Quant à son maître, son geste du poignet présentait l'arrondi parfait pratiqué sur le dos du *Scomber scombrus*. L'assistance admirative se leva et applaudit.

La main de nos pères

Hervé Chauvet

De mon père, bourrelier dans les années 1950 et disparu prématurément à 51 ans – j'avais alors 6 ans –, je n'ai que peu de souvenirs tangibles, voire aucun ; si ce n'est une forme de construction établie en associant de rares témoignages que l'on a pu me rapporter.
Il me reste toutefois une petite quantité d'outils, simples ou plus sophistiqués, qui lui servaient à exercer son métier de bourrelier. À l'aide de matériaux tels que le bois, le cuivre, le cuir, il participait à la confection de colliers de chevaux, par exemple ; le travail de la main y était manifeste.
De mon fils Dorian, référence faite au roman d'Oscar Wilde dont le thème m'avait séduit, j'ai pu suivre le parcours magnifique qui l'a mené à exercer son art de neurochirurgien.

Là aussi, si les outils ont beaucoup évolué, le rôle de ses mains est primordial.

J'y ai vu un parallèle entre la découpe du cuir et l'incision du cuir chevelu, et de la peau allant conduire jusqu'au cerveau.

La démonstration impressionnante m'en a été faite quand j'ai eu le privilège d'assister à une de ses interventions où il pratiquait l'exérèse d'une tumeur cérébrale ; sans doute mon plus beau voyage émotionnel.

L'intelligence de la main m'évoque l'image géniale du singe de Stanley Kubrick lançant l'os qui deviendra vaisseau spatial dans le film *2001, l'Odyssée de l'espace*. L'« odyssée » me paraît le terme approprié quant au rôle de la main dans l'histoire de l'évolution humaine.

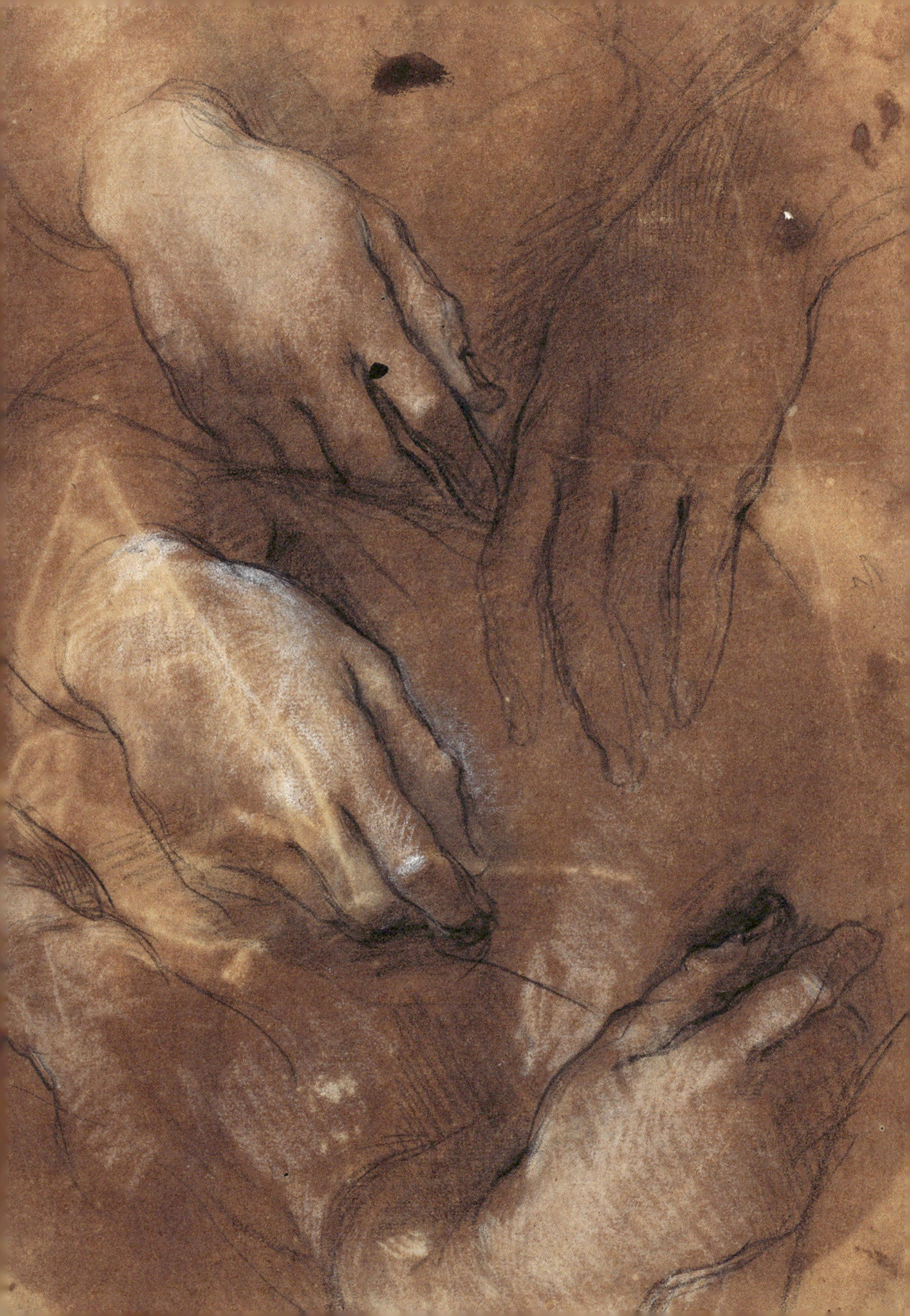

LA VIE DES MAINS

Kassia Knap / artiste peintre

Au commencement, il y a eu l'amour de ma grand-mère maternelle. Mes premières années sont remplies par cette femme qui évoquait la beauté de terres lointaines – terres que je ne connaissais pas –, les paysages de son Ukraine natale qu'elle a dû abandonner, chassée par la guerre. Elle est demeurée très nostalgique le reste de sa vie. En petite fille aimante, j'ai voulu l'accompagner, j'ai voulu restituer son monde perdu à jamais, je croyais cela possible.

Ma grand-mère avait ses mots à elle, moi, petite fille de 3-4 ans, j'avais mes mains d'enfant. Mes mains se révélèrent très habiles, très douées, très maniables. Intuitivement, je donnais des formes et des couleurs aux mots entendus. Il y avait déjà des paysages, surtout des paysages. Je me servais des matériaux que je trouvais autour de moi, matériaux accessibles, comme une bougie, des savons, des bouts de tissu, des crayons, des papiers colorés, des pétales de fleurs, de la terre, des bouts de ficelle, des morceaux de bois, etc. Tout au long de ma vie, j'ai sculpté, j'ai cousu, j'ai assemblé, j'ai coloré, pour rendre à ma grand-mère l'ambiance et les images de sa vie d'avant.

Aujourd'hui, mon travail commence par une toile libre posée par terre. Je la plie, je la froisse, puis je la fixe avec la colle. J'applique ensuite les couches de peinture, avec des pinceaux, des spatules, mais aussi à mains nues pour apporter la sensualité vibrante à mon œuvre. À la fin – si tant est qu'il y en ait une –, se dresse devant moi un paysage de ma grand-mère. Mes mains auront été des « passeuses ».

Charly Palmieri / sellier-harnacheur

Tout commence avec des souvenirs et des passions. Les mains douces, parfumées et aimantes d'une mère lorsqu'elle caresse mon visage, et les mains charnues, musclées et blessées d'un père qui rentre des fourneaux, j'observe déjà là une diversité de l'utilisation de nos mains. Elles travaillent, transmettent, reçoivent, voient, lisent, sentent, ressentent...

Arnaud Magnin / artisan d'art, bronzier

Mon père aurait rêvé devenir chirurgien, mais ses parents se montraient peu enclins à laisser leurs enfants choisir leur avenir. Esprit brillant et élève appliqué, il fut contraint d'entrer dans une filière technique et suivit une formation d'orfèvre. Sans surprise, il excella. Papa aurait eu la main et l'intelligence pour devenir un chirurgien brillant, il fit une carrière de designer industriel remarquable, notamment dans l'agence de Raymond Loewy. Toute mon enfance fut alors bercée par ses projets... et par un atelier omniprésent. Animé par une habileté manuelle hors norme, un coup de crayon envoûtant, une créativité sans limites et une curiosité incroyable, mon père savait tout faire dès lors qu'il s'agissait d'inventer, de fabriquer ou de réparer. J'ai baigné dans son talent, et il a construit les fondations de l'artisan passeur de savoir que je suis devenu. Je me souviens comme si c'était hier quand, à l'âge de 7 ans, il me montra comment utiliser une scie égoïne en respectant le trait de crayon. Je repense avec émotion à ses explications sur le pourquoi de la position de ses doigts et sur l'importance de la posture du corps. Je vois encore ses mains, tellement puissantes, et pourtant d'une telle habileté ! Je suis persuadé qu'il a adoré m'apprendre et, sans m'en rendre compte, parce que c'était mon quotidien, ce sont quinze ans d'apprentissage avec un maître que j'ai eu la chance de vivre. Ainsi, lorsqu'il fut question de ma reconversion professionnelle dans l'artisanat, l'absence de diplôme n'était pas un problème, mon père m'avait déjà construit.

Patrick Baudry / astronaute

Ne m'en veuillez pas, je veux garder en mémoire les mains burinées et ridées de nos grands-mères couturières et de nos grands-pères maçons ou agriculteurs, les mains sur lesquelles nous pouvons encore lire la valeur du combat mené au gré des ans, l'image de ces mains malmenées par le temps.

Philippe Apeloig / designer, typographe

J'ai hérité de mon grand-père une maladie génétique appelée « tremblements essentiels », qui s'amplifie au fil du temps. C'était un ébéniste reconnu du faubourg Saint-Antoine. Je garde de lui l'image d'un artisan travailleur et silencieux. Je revois ses mains noueuses, robustes et agiles, mais tremblantes. Il avait le bout des doigts et les ongles noircis de brou de noix. Ma grand-mère disait qu'il jouait des castagnettes quand elle entendait la cuillère en inox taper la faïence de la tasse de thé où il venait de plonger un sachet de saccharine. Ce bruit résonne encore en moi. Il revient en catimini occasionné par mes propres tremblements.

Thibault Cauvin / guitariste

Au fil du temps, mon père a présenté une dystonie de fonction l'empêchant de contrôler sa main droite lorsqu'il prend une guitare, alors que sa main répond parfaitement dans la vie quotidienne. Le tout sans douleur. Cela a été terrible pour lui qui jouait toute la journée. Il s'est retrouvé privé à jamais de sa main droite. Il y aurait des pistes neuropsychologiques pour expliquer ce trouble. J'ai tendance à penser que le cerveau sature en quelque sorte. D'ailleurs, il s'est résigné à changer son jeu en utilisant un médiator avec sa main droite… et la dystonie a gagné la main gauche. J'ai donc grandi avec cette privation incarnée par mon père et son trouble.

Philippe Malgouyres / conservateur au musée du Louvre

Ces mains de l'*homo faber*, derrière lesquelles se cache l'*Homo sapiens*, m'apparurent enfant sous la forme de celles de mon grand-père menuisier. Toute l'année, à peine l'angélus sonné, à midi et à sept heures, il traversait la route qui séparait l'atelier de la maison et, avant de s'asseoir à table, se lavait les mains. Il faisait tourner le gros pain de savon de Marseille entre ses deux mains gonflées et abîmées par le travail, je crois qu'il avait même perdu le bout d'un doigt. Son gendre, mon oncle, était ébéniste et était très fier d'avoir gardé toutes ses phalanges, ce qui était loin d'être fréquent dans ces métiers. C'est par le tremblement de ses mains au repos que se manifesta d'abord la maladie dont il mourut des décennies plus tard. J'ai vu ces mains au travail, comme j'ai vu celles de mon père, de ma mère, de ma grand-mère réparer, coudre, jardiner, broder, cuisiner: sans qu'ils ne m'aient jamais rien appris, je sais faire certaines de ces choses parce que je les ai vu faire, sans même les avoir observées, sans en avoir été conscient, par un pur processus mimétique. On peut en faire le constat surprenant bien des années plus tard, et voir reparaître sous ses doigts un geste vu quarante ans plus tôt…

Aurélie Sartres / peintre

C'est en voyant les mains de mon père architecte que les miennes commencèrent à vouloir dessiner.

Ces mains carrées et rudes, robustes, lourdes et épaisses, qui traçaient, sans trembler, de toute leur puissance, des lignes délicates, des petits traits légers qui, une fois assemblés, une fois mis bout à bout, composaient une façade, un meuble, un personnage.

J'étais fascinée par la préciosité avec laquelle mon père faisait naître des formes dynamiques et vivantes, de son petit stylo qui paraissait broyé entre ses mains puissantes, où l'on voyait le sang bouillonner dans ses veines.

Stéphanie Bodet / grimpeuse, écrivaine

Je pensais aux phalanges de ma grand-mère, tordues par les rhumatismes et l'excès de travail. Des doigts de fée qui s'étaient transformés, dans son grand âge, en doigts de sorcière. Je les admirais, car ils symbolisaient une vie consacrée au travail et à l'acquisition d'aptitudes variées, le tricot, la broderie, la couture, la cuisine, le jardinage et la coiffure, son métier. Hormis sa main verte, le menu plaisir d'égrainer comme elle une motte de terre entre mes doigts, je n'avais hérité d'aucune des merveilleuses compétences de mon aïeule.

Sandrine Tessier / créatrice en haute-joaillerie

Mon grand-père était bijoutier, émailleur, inventeur, et ma grand-mère miniaturiste sur émail. Je les revois encore tous les deux, ma grand-mère assise devant son plan de travail au-dessus de sa loupe grossissante réalisant un visage à l'aide d'un pinceau effilé ou d'une fine aiguille; mon grand-père à son établi, réparant, restaurant des pièces d'orfèvrerie, de bijouterie, dessinant et créant des œuvres originales émaillées en cloisonné, champlevé ou plique-à-jour.

Mon grand-père un matin s'est réveillé hémiplégique du côté droit. Sa vie a brutalement basculé. Autonome, il est devenu en partie invalide. Manuel et droitier, il n'a plus pu assurer son plaisir de créer. Son cerveau étant lésé, sa main droite n'était plus fonctionnelle. Ce constat tragique rend compte que le cerveau sans main est infirme, et qu'une main avec un cerveau altéré l'est tout autant. Durant des mois, il va s'acharner à éduquer sa main gauche pour reprendre son activité manuelle. Il n'arrivera jamais à acquérir l'habileté, la dextérité qu'il avait avec sa main droite.

Cette situation douloureuse m'a fait prendre conscience que le geste, quel qu'il soit, résulte d'un long apprentissage, et qu'il est d'autant plus performant qu'il s'acquiert au moment où il doit l'être, notamment quand le cerveau est malléable et enclin à engranger des schèmes moteurs.

Une main, ça n'a pas de bouche

Anton (8 ans) et Angèle (5 ans) / frère et sœur

À quoi servent tes mains?

— Mes mains servent à arrêter des tirs de foot, à écrire, à manger, à jouer, à allumer la télévision.

— À prendre des objets et à toucher.

Qu'est-ce que tu aimes faire avec elles?

— J'aime dessiner, arrêter des tirs de foot et jouer au ping-pong.

— J'aime faire des dessins et des jeux comme le maquillage. J'aime faire des choses de beauté.

Qu'est-ce que tu n'aimes pas faire avec elles?

— Je n'aime pas écrire et colorier.

— Rien.

Quel est le premier métier qu'on fait avec les mains qui te vient à l'esprit? le premier jouet? le premier outil? le premier instrument de musique?

— Je dirai chirurgien, des marionnettes, un marteau et un violon.

— Le chirurgien, les jeux de beauté, un tournevis et la harpe.

Qui se sert le plus de ses mains selon toi?

— Ceux qui se servent le plus de leurs mains sont ceux qui font des ombres chinoises. Il y a aussi les mathématiciens, car ils écrivent beaucoup au tableau, et les écrivains, à l'époque où ils utilisaient des pages.

— Je dirai les chirurgiens.

Quelle sensation aimes-tu ressentir avec tes mains? Quelle matière aimes-tu toucher avec tes mains?

— J'aime bien quand c'est doux, comme les oreilles de mon doudou. J'aime bien aussi toucher du métal, car c'est froid.

— C'est quoi une sensation, déjà? J'aime bien quand c'est doux. J'aime bien caresser des chats et des lapins.

Qu'est-ce qui les commande?

— Le cerveau.

— Le bras.

Quels sont les pouvoirs des mains?

— Tu peux tenir des choses et faire plein de trucs que tu ne pourrais pas faire avec d'autres parties du corps, comme les pieds.

— Les pouvoirs de glace, de l'eau et de feu, comme dans *La Reine des neiges*.

Quelle bêtise peux-tu faire (ou as-tu fait) avec tes mains?

— Casser ou renverser un verre.

— Faire mal à mon frère ou renverser des verres.

Les mains sont-elles belles?

— Oui, parce que tu vois moins les veines que quand tu es vieux.

— Oui.

Quel métier manuel voudrais-tu faire plus tard?

— Neurochirurgien.

— Ça veut dire quoi manuel? Ophtalmo-chirurgien.

Si tu devais avoir les mains de quelqu'un, ce serait celles de qui?

— De papa ou de Superman.

— De maman ou de mon frère.

Penses-tu pouvoir communiquer avec tes mains?

— Oui, grâce à la langue des signes; ou alors quand tu es policier, pour pas faire de bruit, tu es obligé d'utiliser les mains pour signaler à tes collègues ce qu'il faut faire.

— Non, une main, ça n'a pas de bouche.

Quels gestes sont beaux?

— Quand un pizzaïolo manie une pâte à pizza, c'est beau.

— Les gestes de la danse, car on fait des mouvements qui sont comme des fleurs.

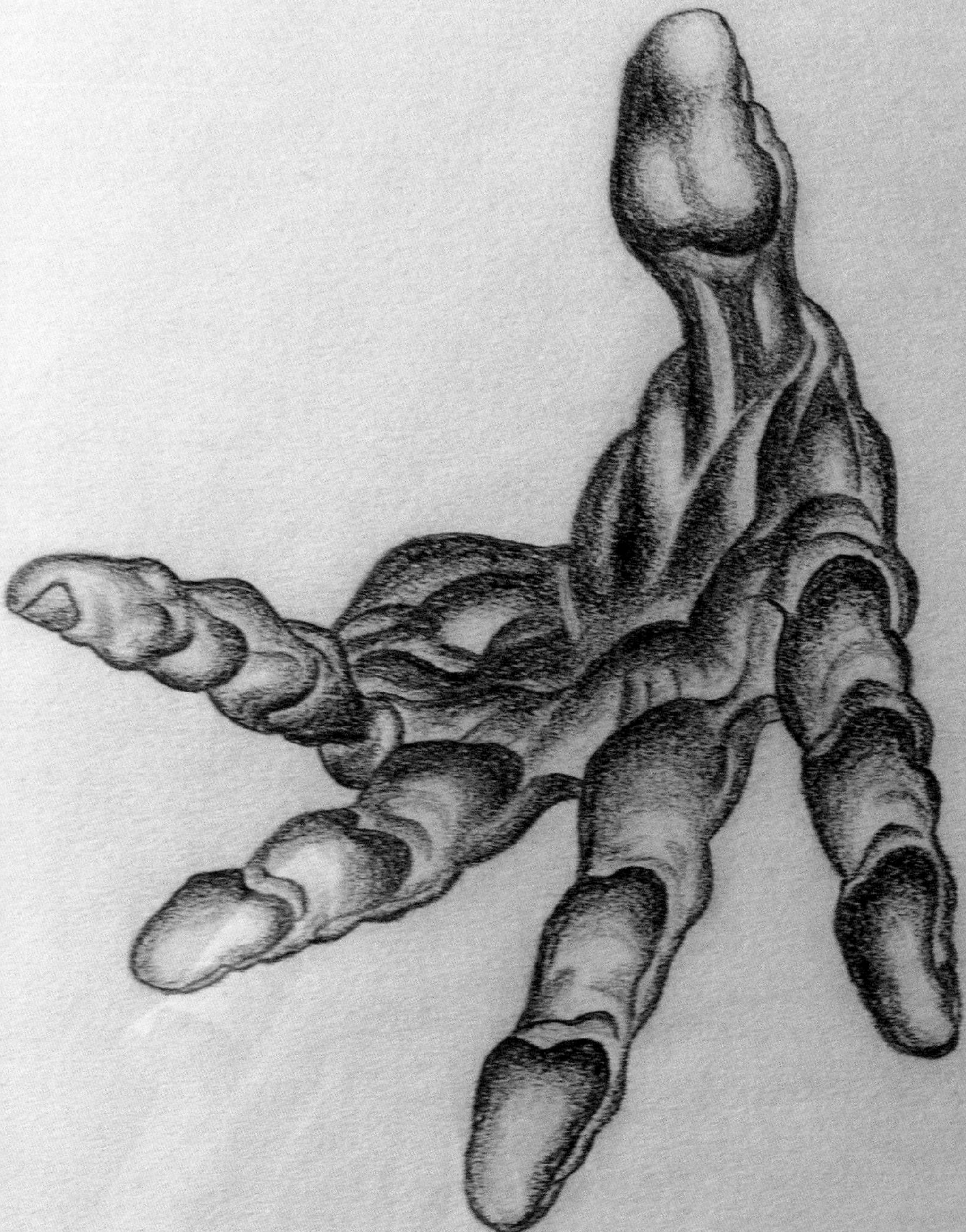

Remerciements

Tous les participants de cet ouvrage reçoivent mes remerciements chaleureux, au premier rang desquels François Ettori, à la genèse de cette idée, Nicolas Salagnac, qui a été un formidable bras droit, Albin de la Simone, dont l'amitié a permis d'ouvrir de nombreuses portes, et Arthur Dreyfus, sans qui ces pages n'auraient pas trouvé éditeur. Au-delà de la petite centaine de contributeurs, il y a de nombreuses personnes associées à cet ouvrage. Pour avoir joué le jeu sans apparaître *in fine* dans ce livre, ou pour leur contribution générale, je remercie Laurence Amette, Elsa Barbeau, Charles Belle, Manon Bouvier, Noémie Briand, Christine Bruand, Ilaria Brunetti, Romain Cappelaere, Gautier Capuçon, Claire Chazal, Jérôme Deschamps, Antoine Dubroux, Catherine Dumas, Dominique Duvivier, Christelle Ebord, Jean Noël Fabiani-Salmon, Elsa Galera, Jean-Pierre Giraud, Guillaume Glorieux, Isabelle Hossenlopp, Marc Jeanclos, Nicolas Joly, Antoine Legouy, Steven Leprizé, Emmanuelle Leroy, Alex Loos, Pierre Mangeant, Éloïse Marchon, Nathalie Piccioni, Sylvie Razzini, Rudy Ricciotti, Caroline Salagnac, Jean Renaud Scordia, David Stone, Alexandre Tharaud, Pierre Toillon, Nicolas Tourrel, Maxime Vachier-Lagrave, Theodolinda Vaghi, Alain et Dominique Vavro, Reinhard Von Nagel, Leslie Vuilliaume et Serge Yegavian.

Ma reconnaissance va à Maria Felix-Frazao, Jean Le Gall et toute l'équipe du Cherche midi qui ont cru en cette entreprise inédite et l'ont soutenue, tout en me laissant la main.

J'adresse ma profonde gratitude à Madame Claudine Talon pour son précieux soutien.

Je salue tous mes amis qui ont subi de nombreux monologues au sujet de ce livre ; les plus inconscients d'entre eux ont même cherché à m'aider…

Je remercie mes parents, dont l'amour indéfectible berce encore aujourd'hui tous mes projets.

Ma dernière ligne rejoint Aurélie, avec qui la vie est un renouveau, une promesse sans cesse renouvelée.

Table des illustrations

Pages 164-165 : Evelyn de Morgan, *La Cadence de l'automne*, 1905.

New York, The Metropolitan Museum of Art.

Page 169 : Bernaert de Rijckere, *Étude cinq mains,* 1562, papier lavé de sanguine. Paris, musée du Louvre (D.A.G.)

Page 180 : Léonard de Vinci, *Étude d'une main*, s.d, papier craie rouge. Venise, Gallerie dell'Accademia.

Page 181 : Francesco Vanni, *Mains jouant du luth*, vers 1590, pierre noire et sanguine. Marseille, musée des Beaux-Arts.

Pages 190-191 : Philippe Otto Runge, *Mains*, 1798, craie noire rehaussée de papier brun. Hambourg, Kunsthalle.

Page 203 : Myriam Santos, dessin au stylo sur papier, 2023.

Page 204 : Adolf Menzel, *Main gauche en appui*, vers 1850, papier de couleur, pastel. Berlin, Kupferstichkabinet (SMPK).

Page 205 : Edmé Bouchardon, *Étude d'une main s'appuyant sur un portefeuille*, XVIIIe siècle,, sanguine. Paris, musée du Louvre (D.A.G).

Page 216 : Illustration originale d'Aurélie Sartres.

Page 223 : Léonard de Vinci, *Étude de mains*, vers 1480. Londres, Royal collection Trust.

Page 240 : Michael Snidjers, *Étude de mains*, fin XVIe siècle, gravure. Amsterdam, Rijksmuseum.

Page 241 : Horatio Greenough, *Main droite tenant une tige*, 1847, plume et encre brune. Washington, National Gallery of Art.

Pages 254-255 : Anonyme, *Étude de deux mains*, vers 1700, craie, papier Amsterdam, Rijksmuseum.

Pages 266-267 : Anonyme, *Étude de mains*, vers 1881. Washington, Smithsonian Museum.

P 279 : Anonyme français, *Étude de main*, XVIIIe siècle,, sanguine. Paris, ENSBA.

P 290 : Federico Barocci, *Mains*, vers 1579. Berlin, Kupferstichkabinet (SMPK).

P 298 : Illustration originale de Dorian Chauvet.

Crédits

Couv.: Man Ray, *Mains solarisées*, 1931. Image : Telimage/Adagp Images.
© Man Ray Trust 2015/Adagp, Paris 2023.

Albin de la Simone : 73.

Aurélie Sartres : page de garde., 6, 14, 81, 88, 123, 156, 216.

BPK Berlin, Dist. RMN-Grand Palais : 204, 290.

Bridgeman images : page de garde, 51, 116-117, 180, 190-191.

CCO/Paris musées : 133.

Dorian Chauvet : 298.

Francesco Turio Bohm/Bridgeman images : 182.

Jordane Saget : 147.

La Collection : 21.

Myriam Santos : 203.

NGW : 241.

Plantu : 59, 60, 61.

RMN-Grand Palais : 4-5, 102-103, 141, 169, 205, 279.

Royal Collection Trust/His Majesty King Charles III, 2023/Bridgeman images : 223.

Rijksmuseum Studio : 240, 254-255.

Smithsonian Museum (WC) : 266-267.

The Metropolitan Museum of Art : 38-39, 164-165.

Table des auteurs

Cet ouvrage a bénéficié du soutien
de la Fondation Claudine Talon

Dépôt légal : octobre 2023.
Achevé d'imprimer en octobre 2023
Par Graphius en Belgique